이 책에 보내 주신 독자 여러분의 찬사

"어린이와 성인 사이의 적절한 위치에 있는 청소년을 위한 역사책!"

역사책을 접하다 보면 두 가지 부류가 있는 것을 알게 된다. 한쪽은 너무 성인 쪽으로 기울어 있고, 다른 한쪽은 너무 어린이 쪽으로 치우쳐 있다. 역사책이 죄다 이런 식으로 편중되어 있으면 중고등학생들은 도대체 무슨 책을 읽어야 할까 걱정하던 중에 참으로 이 책이 반갑다. 청소년들의 눈높이에 맞춘, 청소년을 위한 거의 유일한 역사책이지 않나 생각한다.

_ 떠나는사람님

"내 아이의 역사 공부를 위한 탁월한 선택!"

아이가 쉽고 재미있게 역사를 배우기를 바라는 마음에서 선택한 도서인데 탁월한 선택이었다. 기초부터 차근차근 익힐 수 있도록 단어 하나하나에 엄청 신경 쓴 흔적이 엿보인다. 내 아이의 경우 어휘력이 다소 낮은 편이어서 통틀어 간략하게 전달하는 글보다는 풀어서 설명하는 글이 더 도움이 된다. 이 책이 그랬다. 중학교 역사 교과서를 쉽게 풀어 놓은 중학교 역사 교과서의 해설집이다. 이 책이 중학생 자녀의 역사 성적을 올려 줄 열쇠가 될 것이며, 더불어 역사를 좋아하게 만들어 줄지도 모르겠다. 어른인 내가 읽어 봐도 시간 가는 줄 모를 만큼 재미있었다.

_ bhh76님

"선생님들을 위한 교사용 해설서 같은 역사책."

선생님의 수업을 직접 듣는 듯한 문체를 사용하면서도 내용 전달에 소홀함이 없고 설명이 필요한 단어들은 해당 페이지의 하단에 각주를 달아 잘 정리해 두었다. 현재 중학생인 경우는 물론 예비 중학생이나 어른이 읽어도 무방할 책이라고 생각한다. 풍부한 내용과 뛰어난 구성을 보면 마치 학교 선생님들이 보는 교사용 해설서처럼 보일 정도다.

_ 플리트비체님

"시험 포인트를 콕콕 짚어 줘요."

새 교육 과정에 맞춘 질의와 응답을 활성화해 학생 스스로 자기주도적인
학습이 가능하도록 구성되었다. 세계사뿐만 아니라 우리 역사도 함께 접
할 수 있다는 것이 이 책의 장점이 아닐까 생각한다. 각 단원마다 요점 정
리가 아주 잘 되어 있어서 시험 기간에 이 포인트만 잘 기억해 두어도 좋
을 것 같다.

_ StellaBella님

"중학교 역사 교과 과정에 딱 맞는 해설서!"

교과서 역사 전개 방식과 동일한 구조로 되어 있어서 자녀를 가진 사람들
에게는 필독서가 되지 않을까 하는 생각이 들었다. 역사 공부를 지겨워하
고 어려워하는 아이들에게 중요한 대안이 될 수 있는 책이기도 한 것 같아
강력 추천한다.

_ thfdlv11님

"역사가 어렵다는 편견을 깨 줍니다."

이제는 암기보다는 얼마나 역사의 흐름을 이해하는지 개념을 확실하게 다
져 주는 것이 중요한 것 같아요. 어려운 용어들을 알기 쉽게 풀어서 내용
을 이해하는 데 많은 도움이 되면서 교과 학습은 물론 역사에 대한 흥미를
키울 수 있도록 알차게 구성되었어요.

_ 블루레인님

"중학생 아이들을 위한 선물."

교과서 내용을 충실하게 잘 설명해 주면서 각 단원을 끝낼 때마다 단원 정
리를 해 줍니다. 중학생 아이들에게 반가운 선물입니다.

_ aqua317님

한 번에 끝내는 중학 세계사
① 고대와 중세

한 번에 끝내는 중학 세계사

① 고대와 중세

ⓒ 김상훈, 2021

초판 1쇄 발행 2021년 9월 27일
초판 5쇄 발행 2024년 3월 25일

지은이   김상훈
펴낸이   이성림
펴낸곳   성림북스

책임편집 이양훈
디자인   이인선

출판등록 2014년 9월 3일 제25100-2014-000054호
주소   서울시 은평구 연서로3길 12-8, 502
대표전화 02-356-5762
팩스   02-356-5769
이메일   sunglimonebooks@naver.com

ISBN   979-11-88762-25-5 04900
         979-11-88762-24-8 (set)

한 번에 끝내는

| 김상훈 지음 |

중학 세계사

고대와 중세

성림원북스

역사 교과서를 어려워하는
여러분의 고민을 해결해 드립니다

5년 전이었습니다. 둘째 아들이 중학교 2학년에 올라갈 무렵이었어요. 학교에서 2학년 교과서를 받아 왔습니다. 저는 《통 세계사》와 《통 한국사》를 비롯해 꽤 많은 역사 서적을 출간했습니다. 역사 분야에 관심이 많으니 대뜸 역사 교과서에 손이 갔어요. 아들이 2학년 때 배울 역사 과목은 '역사 1'이었습니다. '역사 2'는 3학년 때 배운다더군요.

당시 역사 교과서는 상당히 많은 정보를 담고 있었습니다. 제가 중학교 시절에 보았던 역사 교과서와는 비교가 되지 않을 정도로 완성도가 높았어요. 중학생 때 교과서만 충실하게 공부해도 고등학교 진학 후 역사 공부가 아주 수월할 거라는 생각이 들었어요. 심지어 오랜 시간 여러 권의 역사책을 쓴 제가 아들의 교과서를 보면서 역사의 맥을 다시 정리할 수 있을 정도였어요. 역시 여러 전문가들이 머리를 맞대니 좋은 책이 나오는구나, 라고 생각했습니다.

그런데 아들은 뜻밖의 이야기를 했어요. "애들이 제일 싫어하는 과목이 역사." 라는 거예요. 아이들 표현으로는 '극혐'이라고 하더군요. 제가 보기에 정말 잘 만든 교과서건만, 아이들은 책을 펼치는 것조차 싫어한다고 했습니다. 이유가 뭘까요? 간단했습니다. 무슨 말인지 도통 알아들을 수가 없다는 거예요.

다시 역사 교과서를 펼쳐 보니 아들의 말을 이해할 수 있었습니다. 중학교 2학년의 눈높이가 아니었습니다. 저처럼 역사 지식이 어느 정도 있는 사람에게는 좋은 책이지만, 역사 지식이 부족하고 아직 지적 능력이 충분히 발현되지 않은 열네 살 청소년이 소화하기에는 어려웠던 겁니다.

지나치게 많은 정보가 짧은 분량에 압축되어 있었어요. 역사 분야에서는 백지 상태나 다름없는 중학교 2학년에게는 압축된 정보를 풀어 낼 능력이 없습니다. 어려운 용어가 많고 이야기는 너무 적었어요. 그러니 아이들 눈에 들 수가 없겠죠.

그때 일종의 '중학 역사 교과서 해설서'를 만들어 보는 건 어떨까 하는 생각을 했습니다. 중학생의 눈높이에서 친절하게 역사의 흐름을 짚어 주고, 어려운 용어는 풀어 주며, 스토리를 들려주면서 역사를 보다 친근하게 공부할 수 있도록 말이지요. 물론 학교 시험에 큰 도움이 되어야 하는 것은 당연합니다. 청소년들에게는 학교 성적이 중요한 현실이니까요.

중학 역사 교과서 9종을 구입해 비교하고 분석했습니다. 그 결과, 다음과 같은 원칙을 정해 책을 지었습니다.

첫째, 역사의 큰 줄기와 9종 교과서에 공통적으로 수록된 내용은 모두 정리한다.

둘째, 일부 교과서에는 누락돼 있지만 5종 이상에서 다룬 내용은 가급적 정리한다.

셋째, 일부 교과서에만 수록돼 있지만 흥미로운 부분은 가급적 포함시킨다.

넷째, 어려운 용어는 풀어서 설명한다.

다섯째, 고등학교 과정에 대비해 꼭 알아 두면 좋을 내용은 추가한다.

이게 4년 전인 2017년의 일이었습니다.

그로부터 4년이 지난 2021년, 중학교 역사 교과 과정이 개편되었습니다. 다시 중학교 역사 교과서를 구입해 과거와 비교해 보았습니다. 많이 달라졌더군요.

일단 한국사와 세계사를 분리했습니다. 역사 1에서 세계사를, 역사 2에서 한국사를 공부하도록 구성되었죠. 장단점이 있겠지만, 세계사와 한국사를 분리하면 학생들이 쉽게 이해하는 데 도움이 될 것 같습니다. 게다가 새로운 교과서에는 지도가 많아서 학생들이 스스로 공부하기에 좋아진 점은 장점으로 꼽을 만합니다.

여기에 덧붙여 특히 달라진 점이 있습니다. 정보량이 많이 줄었어요. 구체적으로 서술하기보다는 개괄적으로, 그러니까 중요한 내용을 대충 추려서 진술하는 방식을 택했습니다. 역사를 깊이 이해하는 것보다는 폭넓게 이해하는 쪽으로 교육 방향을 바꾸었다는 생각이 들었습니다.

하지만 역사를 공부하다 보면 때로는 깊이 들어가야 할 때도 있습니다. 수박 겉핥기식의 공부로는 역사를 제대로 이해할 수 없습니다. 배경 지식을 모르고서는 역사적 사건의 의의에 대해서도 알 수 없습니다.

이런 점 때문에 개편된 역사 교과서 역시 역사 공부에 취약한 아이들에게는 지루한 책이 될 확률이 높습니다. 저는 4년 전에 출간했던 《교과서가 쉬워지는 통 한국사 세계사》(전3권)를 다시 쓰면서 예전에 세운 다섯 개의 원칙을 그대로 지키기로 했습니다.

마지막으로 이 책을 효과적으로 공부하는 방법을 알려 드리겠습니다. 《통 한국사 세계사》를 읽는 방법과 동일합니다. 중요한 것은 실천이지, 번드르르한 설명이 아니니까요.

첫째, 평소에 교양서적 읽듯이 혹은 소설책을 본다고 생각하면서 부담 없이 읽는 게 중요합니다. 물론 요즘 아이들은 책보다 게임을 좋아하니 쉽지 않을 수 있습니다. 독서하는 것 자체를 공부로 생각하니까요. 하지만 독서만큼 실력을 키워 주는 것은 없습니다. 독서하는 습관을 꼭 길러야 합니다.

둘째, 책을 읽을 때는 각 장의 도입부에 제시된 학습 목표를 염두에 두는 것이 좋습니다. 그 목표를 생각하면서 독서를 하면 나머지 부분은 다 잊더라도 큰 역사의 흐름과 맥은 제대로 짚을 수 있습니다.

셋째, 여러분의 교과서에 나오는 지도와 그림, 사진을 잘 활용하세요. 이 책을 읽으면서 교과서에 나오는 지도와 그림, 사진을 참고하면 내용이 더 잘 이해될 거예요.

넷째, 시험 기간이 중요합니다. 시험 기간에 반드시 이 책을 다시 읽어야 합니다. 이때는 시험 범위에 해당하는 구간을 집중적으로 읽도록 하세요. 2~3회 반복해서 읽다 보면 많은 내용을 이해할 수 있을 겁니다. 그러면 암기하기에도 훨씬 쉬워져요.

역사는 외우는 것이 중요한 과목이기는 합니다. 다만 역사의 맥과 흐름을 이해하고 암기하느냐, 어려운 용어를 제대로 알고 외우느냐, 아니면 닥치는 대로 암기하느냐에 따라 역사에 대한 관심도나 이해도, 시험 점수가 달라집니다.

이 책이 대한민국 청소년들이 역사에 관심을 갖는 작은 계기가 되기를 바랍니다. 또한 이 책을 통해 청소년들의 역사 시험 점수가 쑥쑥 올라가기를 기대합니다. 역사는 빠져들수록 재미있는 학문입니다. 여러분도 느껴 보세요.

김상훈

역사 공부의 새로운 방향을 제시하는 책

우리역사교육연구회 회장 이두형

먹고사는 문제를 어느 정도 해결하고 나자 사람들은 인간답게 살아가는 것에 대해 고민하기 시작했습니다. 삶을 편리하게 만드는 방법을 찾기 위해 자연 과학에 기대었고, 깊이 있는 내면과 정신세계를 갖추기 위해서는 인문학에 기대었습니다. 둘 다 우리의 삶에 중요한 요소입니다. 그런데 우리 학교 교육의 역량은 입시와 관련한 수리·외국어·과학 부문에 집중되어 청소년들이 인문학의 향기를 느낄 기회가 점차 줄어들고 있는 것이 현실입니다. 특히 청소년들이 인문학적 소양을 키우는 데 있어 역사만큼 좋은 교재가 없는데도 입시와 성적을 중시하는 시스템 속에서 역사가 도외시되고 있어 무척이나 안타깝습니다.

사실 학생이나 학부모의 관심이 입시에서 큰 비중을 차지하는 교과목에 집중되는 것은 어찌 보면 당연한 일입니다. 현실이 이러하다 보니 학교 수업에서 역사 과목이 차지하는 비중이 적고, 교육 현장에 있는 교사들도 어려움을 겪을 수밖에 없습니다. 아이들은 아이들대로 '교과서가 어렵게 집필되어 재미없다', '선생님의 수업이 일방적인 주입식이라 흥미를 느낄 수 없다'고 토로합니다. 역사 교육과 관련한 이와 같은 문제들을 어떻게 해결할 수 있을지 교육자의 한 사람으로서 항상 머리가 무겁습니다.

그러던 중에 《한 번에 끝내는 중학 세계사》(전2권)라는 책을 접하고 무척이나 반가웠습니다. 이 책이 역사 교육과 관련한 문제점을 한꺼번에 해소시킬 수야 없겠지만, 역사 공부를 지겨워하고 어려워하는 아이들에게는 중요한 대안이 될 수 있을 것이라는 생각이 듭니다. 특히 이 책은 학교 현장의 교사와 학생들이 함께 참여하는 과정을 거치면서 만들어졌기에 현재의 역사 교과서가 안고 있는 문제점을 여러 가지 측면에서 획기적으로 해결하고 있습니다. 그만큼 《한 번에 끝내는 중학 세계사》는 역사 공부에 관한 모범을 제시하고 있습니다.

첫째, 이 책은 교과서의 역사 전개 방식과 동일한 구조로 구성되어 있으면서도 중학생의 눈높이에 맞추어 아주 쉽고 친절하게 쓰여 있습니다. 마치 이야기꾼이 재미난 이야기를 들려주는 것 같은 내용 전개는 아이들의 이해도를 높이는 데 큰 도움이 될 것입니다.

둘째, 중학교에 진학한 학생들이 정치사를 중심으로 경제사, 사회사, 문화사로 관심을 확대하는 동시에 역사 지식을 체계적으로 학습할 수 있도록 구성되었습니다.

셋째, 이 책은 왕조와 지배 계층의 역사를 대변하는 연대기 중심의 통사적 서술 방식을 취하면서도 다양한 주제를 중심으로 이야기를 전개함으로써 교사에게는 융합 수업을 진행하는 아이디어를 제공하고 학생에게는 통합적 사고력을 키우는 기회를 제공하고 있습니다.

넷째, 새로운 교육 과정은 질의와 응답을 활성화하여 학생 스스로 문제점을 찾아서 해결하는 자기주도적인 학습을 권장하고 있습니다. 그런데 《한 번에 끝내는 중학 세계사》는 교사 중심의 수업이 아닌 학생 중심의 수업이 가능하도록 구성되어 있어 다양한 교육 기법을 동원할 수 있는 여지가 풍부합니다. 또한 모든 단원이 시작될 때 독서의 목표를 정해 주면서 독자 스스로 답을 찾도록 하고 있어 자기주도적인 학습에 도움이 될 것입니다.

앞서 밝힌 대로 이 책은 집필 초기부터 교사와 학생이 참여하여 서로 소통하는 과정을 거치면서 집필되었습니다. 그래서 가르치는 교사와 배우는 학생의 입장을 최대한 반영하고자 노력한 흔적이 고스란히 담겨 있습니다.

부디 이 책을 통해 역사에 대해 '어렵다', '재미없다', '일방적이다'라는 부정적인 생각을 떨칠 수 있기를 기대합니다. 이 책은 분명 중학생 여러분의 역사 공부와 사고력 신장에 큰 도움이 될 것입니다.

그래서 《한 번에 끝내는 중학 세계사》는 다릅니다!

1 개정된 새 역사 교과서에 완벽하게 맞추었습니다
이 책은 2020년에 새롭게 펴낸 중학교 역사 교과서의 교과 과정에 맞추어 구성했습니다. 교과서는 물론 문제집, 참고서와 함께 공부할 수 있는 최적의 교재입니다.

2 중학교 역사를 쉽고 깊이 있게 해설한 유일한 책입니다
참고서나 자습서에서 제시하는 요약 형태의 설명이 아니라, 청소년 누구나 쉽게 이해할 수 있도록 재미있는 이야기 형태로 서술하였습니다. 중학교 교과서를 쉽고 깊이 있게 전달하는 대한민국 유일의 해설서임을 자부합니다.

3 고등학교 과정에 대비할 수 있도록 구성했습니다
모든 중학교 교과서의 내용을 총망라할 뿐 아니라, 반드시 알아야 할 역사 상식을 폭 넓게 다루어 고등학교 교과 과정을 위한 선행 학습에도 대비했습니다.

《한 번에 끝내는 중학 세계사》, 이렇게 **활용**하세요!

1
이야기책을 읽듯이 부담 없이 즐기세요
공부를 한다는 생각보다는 옛날이야기를 듣거나 소설을 읽는다는 마음으로 재미있게 즐기세요. 그러다 보면 머릿속에 저절로 들어올 거예요.

2
각 장의 시작 부분에 제시한 학습 목표를 마음에 새기세요
도입부에 제시한 학습 목표를 생각하면서 읽으세요. 질문의 답을 찾아가는 방식으로 읽으면 더욱 쉽게 익힐 수 있습니다.

3
교과서의 지도와 사진, 그림을 함께 보세요
중학교 교과서는 시각적으로 아주 훌륭한 책입니다. 이 책을 읽으면서 교과서에 있는 지도와 그림 등을 참고한다면, 더욱 쉽게 이해할 수 있습니다.

4
시험 기간에는 반드시 2~3번 반복해서 읽으세요
역사는 외우는 것이 중요한 암기 과목이지만, 내용을 이해하면 보다 쉽게 외울 수 있어요. 시험 범위에 해당하는 부분을 2~3번 반복해서 읽으면 내용을 쉽게 이해할 수 있어서 보다 좋은 성적을 얻을 거예요.

차례

 문명의 발생과 고대 세계의 형성
: 세계 곳곳에서 첫 제국이 등장하다

1 역사의 의미와 역사 학습의 목적
└과거와의 끊임없는 대화

주지육림과 트로이 목마는 실제로 있었던 사건일까? – 사실로서의 역사와 기록으로서의 역사 · 024 | 역사 연구에 사료가 중요한 까닭은? – 역사를 연구하는 방법 · 028 | 삶의 지혜를 배우기 가장 좋은 학문은? – 역사를 공부하는 목적 · 031

단원 정리 노트 · 034
1. 역사의 두 가지 갈래 | 2. 역사를 연구하는 자료인 사료의 종류 | 3. 역사 공부의 목적

세계 종교의 확산과 지역 문화의 형성

: 종교가 세상을 바꾸다

6 이슬람 문화의 형성과 확산

└ 새로운 종교가 서아시아를 뒤흔들다

7 크리스트교 문화의 형성과 확산

└ 봉건제와 크리스트교가 지배한 대륙

지역 세계의 교류와 변화

: 세계, 변화의 소용돌이 속으로!

문명의 발생과
고대 세계의 형성

세계 곳곳에서 첫 제국이 등장하다

이제 우리는 기나긴 세계 역사 여행을 할 거예요. 이 여행은 아프리카에서 시작하죠. 아프리카에서 탄생한 인류는 진화를 거듭하며 전 세계로 퍼져 나갔어요. 구석기 시대와 신석기 시대를 거쳐 청동기 시대에 돌입했고, 큰 강을 낀 몇몇 지역에서 문명이 태동했죠. 메소포타미아와 이집트, 인도와 중국에서 발생한 문명에 대해 집중적으로 살펴볼 거예요.

문명은 인류의 역사를 크게 진전시켰어요. 고대 제국들이 잇달아 전 세계 곳곳에서 탄생했어요. 우리는 그 나라들의 이름을 많이 들어서 잘 알고 있어요. 페르시아 제국, 중국의 진과 한 제국, 지중해 일대의 로마 제국이죠. 고대 세계에서 발전한 이 거대 제국들의 역사도 찬찬히 살펴볼 거예요.

아울러 본격적인 역사 이야기를 시작하기에 앞서 우리가 왜 역사를 공부해야 하는지에 대해 잠깐 생각해 보는 시간을 가질 거예요. 이제 시작해 볼까요?

세계사	한국사

오스트랄로피테쿠스 아파렌시스 출현 약 390만 년 전

호모 에렉투스 출현 약 180만 년 전

약 70만 년 전 구석기 시대 시작

호모 네안데르탈렌시스 출현 약 40만 년 전

호모 사피엔스 출현 약 20만 년 전

기원전 1만 년 ~ 신석기 시대 시작
8000년경

메소포타미아 문명 발생 기원전 3500년경

이집트 문명 발생 기원전 3000년경

인도 · 중국 문명 발생 기원전 2500년경

기원전 2333년 고조선 건국

크레타 문명 발생 기원전 2000년경

미케네 문명 발생 기원전 1600년경

아시리아, 오리엔트 통일 기원전 671년

아시리아 멸망 기원전 612년

아케메네스 왕조 페르시아 탄생 기원전 559년

아케메네스 왕조 페르시아 기원전 525년

캄비세스 2세, 서아시아 통일

그리스 · 페르시아 전쟁 발발 기원전 492년

알렉산드로스의 동방 원정 시작 기원전 334년

아케메네스 왕조 페르시아 멸망 기원전 330년

로마, 이탈리아반도 통일 기원전 272년

세계사

한국사

포에니 전쟁 발발 기원전 264년

진, 중국 통일 기원전 221년

진 멸망 기원전 206년

한, 중국 통일 기원전 202년

기원전 57년 신라 건국

기원전 37년 고구려 건국

로마, 제정 성립 기원전 27년

기원전 18년 백제 건국

⇧ 기원전 ⇧

⇩ 기원후 ⇩

후한 건국 25년

42년 금관가야 건국

후한 멸망 220년

사산 왕조 페르시아 건국 226년

로마 콘스탄티누스 대제, 313년

크리스트교 공인

서로마 제국 멸망 476년

538년 백제, 사비 천도

553년 신라, 한강 유역 점령

사산 왕조 페르시아 멸망 651년

역사의 의미와
역사 학습의 목적

: 과거와의 끊임없는 대화

- 사실로서의 역사와 기록으로서의 역사를 구분해 봅시다.
- 역사를 연구하는 방법에 대해 알아볼까요?
- 세계의 역사를 공부해야 하는 이유가 무엇인지 이야기해 보세요.
- 역사가 무엇인지, 선사 시대와 역사 시대의 차이는 무엇인지 설명해 보세요.

주지육림과 트로이 목마는 실제로 있었던 사건일까?
└ 사실로서의 역사와 기록으로서의 역사

옛날이야기를 하나 들려줄게요. 아주 오래전 고대 중국의 한 못된 왕이 술로 연못을 만들고 나무에는 고깃덩이를 매달았어요. 마음껏 먹고 마시며 즐기기 위해서였어요. 이를 한자어로 주지육림酒池肉林이라고 해요. '술로 만든 연못과 고기로 만든 숲'이란 뜻이에요.

주지육림은 고대 중국의 전설 속 나라인 상商, '은(殷)'이라고도 불러요의 마지막 왕이 만든 것으로 알려졌어요. 하지만 상이 실제로 존재했다는 증거가 없었죠. 그렇다면 이 이야기는 만들어 낸 것일 뿐 역사가 될 수 없어요. 역사는 '과거에 실제로 일어난 이야기'를 뜻하거든요.

은허 표지석
중국 허난성 안양시에서 1928년 은허 유적지가 발굴됨으로써 상은 전설 속의 나라에서 역사적 국가로 자리 잡게 되었다. 현재는 유물을 모두 꺼낸 뒤에 흙으로 다시 덮어 놓았다.

그런데 20세기에 상의 수도였던 은허殷墟가 발굴되었어요. 상이 실존했던 거죠. 그렇다면 주지육림 이야기가 사실일 수 있어요. 주지육림도 역사적 사건이 될 수 있는 거예요.

서양에도 비슷한 사례가 있어요. 고대 그리스의 시인 호메로스는 영웅들의 모험담을 그린 서사시《일리아드》와《오디세이》를 썼어요.《일리아드》는 트로이 전쟁을 다루었고,《오디세이》는 트로이 전쟁이 끝난 뒤 자기 나라로 돌아가는 오디세우스의 모험을 담았어요. 이 두 편의 서사시는 실제 역사가 아니라 뛰어난 문학 작품으로만 평가받아 왔어요. 그런데 19세기 후반에 트로이 유적이 발견되었어요. 그렇다면《일리아드》에 등장하는 트로이 목마도 실존했을 가능성이 있어요. 이처럼 전설로만 여겨지던 이야기가 역사가 되는 사례가 종종 있답니다.

역사는 우리보다 앞서 살았던 사람들의 이야기이자, 그 이야기에 대한 모든 기록을 가리켜요. 역사歷史의 한자를 풀이하면 '지나온 시간과 그 시간에 대한 기록 혹은 그것을 기록하는 일'이라는 뜻이 돼요. 영어인 history를 풀이해도 뜻은 크게 다르지 않아요. 역사라는 말에는 이처럼 '실제 있었던 이야기'와 '이야기에 대한 기록'이라는 두 가지 뜻이 담겨 있죠.

트로이 목마
좀처럼 트로이를 공략하지 못해 전세가 불리해진 그리스군은 거대한 목마에 병사들을 숨겨 트로이에 잠입시킴으로써 트로이를 함락할 수 있었다.

이해하기 쉽도록 '개인의 역사'로 예를 들어 볼게요. 초등학교 졸업식 사진을 꺼내 보세요. 어떤 감정이 느껴지나요? 사진을 보는 사람에 따라 느끼는 감정은 다를 수 있어요. 하지만 그 감정과 상관없이 여러분이 초등학교를 졸업했다는 사실은 변하지 않아요. 정리하자면, 졸업식은 과거에 실제 있었던 이야기이니 사실로서의 역사예요. 이런 역사는 과거에 일어난 일이기 때문에 기록하는 사람의 가치관이나 주관이 반영되지 않아요. 따라서 객관*적이죠. 졸업식 사진을 보고 '친구들과 헤어져 슬펐던 졸업식' 혹은 '새롭게 시작할 중학교 생활로 설렜던 졸업식'이라고 평했다면, 실존했던 사건에 여러분의 생각과 느낌이 들어간 거니 기록으로서의 역사가 돼요. 기록자의 가치관이 반영되기 때문에 주관*적이지요.

실제 역사 현장에서 이 역사의 두 가지 의미를 적용해 볼까요? 자, 여러분 앞에 고대 세계를 대표하는 유물과 유적이 있어요. 그것들은 사실로서의 역사일까요, 아니면 기록으로서의 역사일까요? 정답은 사실로서의 역사입니다. 이 유물과 유적은 실제로 존재하며 객관적이잖아요? 그런데 누군가 그 유물과 유적의 정보와 함께 역사적 가치와 의미를 해석해서 책으로 냈다면? 그것은 기록으로서의 역사가 되겠죠.

사실로서의 역사와 기록으로서의 역사 중 어느 쪽이 더 중요한가 하는 문제는 근대 이후의 뜨거운 논쟁거리였답니다. 독일의 역사학자 랑케는 "역사가들의 책무는 과거를 있는 그대로 밝히는 것

* 객관 자신과의 관계를 염두에 두지 않고 제삼자의 입장에서 어떤 사물이나 현상을 바라보는 것
* 주관 자신의 입장에서 사물이나 현상에 대해서 판단하는 것

이다."라고 했어요. 역사가들의 주관과 가치관을 배제하라는 것이니 사실로서의 역사를 중요하게 여긴 거지요. 반면에 영국의 역사학자 카는 "과거의 사실 그 자체로는 무의미하다. 역사는 현재와 과거의 끊임없는 대화다."라고 했어요. 과거의 사실에 의미를 부여하고, 현재와 어떤 관계가 있는지 등을 정리하는 게 역사가의 책무라고 본 것이에요. 카는 기록으로서의 역사를 조금 더 중요하게 여긴 것 같지요?

실제로는 이 둘을 구분하기가 쉽지 않을 때가 많아요. 대부분의 역사가들이 자신의 주관을 담아서 책을 쓰기 때문이죠. 그러다 보니 똑같은 인물에 대해서도 역사서마다 평가가 180도 다른 경우도 많아요. 가령 진시황제에 대한 평가가 그래요. 중국 한 왕조 시절의 역사서 《사기》는 진시황제를 '흉노족의 침입을 막아 내고 중국을 통일했으며 국가의 기틀을 세웠다.'라고 칭송했어요. 반면 송 왕조 시절의 역사서 《자치통감》은 '성이나 무덤 등 무리한 토목건축 사업을 벌여 국가를 위태롭게 했다.'라고 비판했죠. 진시황제의 서로 다른 모습 중에서 각각 한쪽만 부각한 거예요. 이 때문에 균형감이 필요해요. 그래야 저자나 역사학자의 관점을 잘 이해할 수 있어요.

역사 연구에 사료가 중요한 까닭은?
└역사를 연구하는 방법

　역사는 크게 선사 시대와 역사 시대로 구분해요. 문자가 발명되기 이전인 신석기 시대까지를 선사先史 시대라고 하고, 문자가 발명되어 문자로 기록을 남기기 시작한 때부터를 역사 시대라고 해요. 문자로 기록을 남겼느냐 아니냐에 따라 선사 시대와 역사 시대로 구분하는 거죠.

　선사 시대를 알기 위해서는 유물과 유적을 발굴한 뒤 분석해야 해요. 탄소 연대 측정법* 같은 과학적 기법을 동원해 유물이 만들어진 연대를 측정하고 과거 사람들의 생활상을 재구성해 보는 거예요. 역사 시대를 연구할 때는 문자로 남긴 기록을 주로 활용해요. 물론 지금은 사용하지 않는 과거의 문자를 해석한다는 것은 대단히 힘든 일이에요. 하지만 학자들의 연구를 통해 과거의 문자들이 하나둘 해독되고 있고, 갖가지 유물들이 갖는 의미도 알아내는 중이죠.

　이처럼 역사 연구에 필요한 과거의 기록과 유물, 유적 등을 사료史料라고 해요. 일반적으로 유물은 옛 사람들이 썼던 물건을 가리키며, 유적은 그 사람들이 살았던 공간을 뜻해요. 유물과 유적 외에도 그림과 사진, 전설, 설화, 신화 등이 사료에 포함돼요.

　우리는 수천수만 년 전의 역사를 정확히 알 수 없어요. 그런데

* **탄소 연대 측정법** 모든 물질은 방사성 탄소를 함유하고 있고, 방사성 탄소는 시간이 지남에 따라 서서히 줄어든다. 어떤 물건에 남아 있는 방사성 탄소의 양을 측정해서 생성 연대를 알아내는 방법이다.

도 당시 사람들의 삶을 재현할 수 있는 것은 지금까지 남아 있는 각종 기록과 유물, 그러니까 사료 덕분이에요. 사료를 분석하고 해석함으로써 '과거에는 이랬구나.' 하고 추정하는 거죠. 앞서 말한 '기록으로서의 역사'와 '사실로서의 역사'를 적절히 조화시켜 연구하는 거예요.

메소포타미아 문명의 쐐기 문자
말랑말랑한 점토판에 뾰족한 도구로 꾹꾹 눌러서 썼다. 메소포타미아 지역에서 기원전 3000년경부터 기원전 1세기 중엽까지 쓰였다. 이와 같은 점토판은 유물이자 기록이라고 할 수 있다.

다만 여기에서 알아 둬야 할 점이 있어요. 사료를 100% 믿어서는 안 된다는 거예요. 그 사료를 기록한 사람의 가치관과 주관이 들어갈 수 있기 때문이에요. 이 경우 사료는 '사실로서의 역사'로만 볼 수 없어요. 게다가 사료를 만든 과거 시점에서 누군가 의도적으로 과장하거나 왜곡할 수도 있어요. 왕의 통치를 돋보이게 하려고 없는 일을 만든다거나 백성을 착취했는데도 좋은 왕으로 묘사할 수도 있죠. 혹은 90%는 잘했지만 10%는 못했는데, 일부러 10%를 기록하지 않고 나머지 90%만 기록했을 수도 있어요.

따라서 사료도 철저하게 검증해야 할 필요가 있어요. 그런 과정을 거쳐야 비로소 사료로서의 가치를 지니는 거죠. 이런 작업을 '사료 비판'이라고 한답니다. 이 작업을 통해 사료가 검증됐다면 비로소 역사를 탐구하고 분석할 수 있어요. 물론 이때도 주관이 들어가서는 안 돼요. 객관적으로 역사를 추론해야죠.

끝으로, 연도 표기법에 대해서 알아 두면 좋을 것 같네요.

고조선의 건국 연도가 기원전 2333년이에요. '기원전 2333년'이라는 말은 무언가의 시작으로부터 2333년 전이라는 뜻인데, 도대체 무엇의 시작을 말하는 걸까요? 바로 서양 달력^{서력}의 시작을 말하는 거예요. 기원전을 '서기전'이라고도 하는데 서기는 '서력기원^{西曆紀元}'의 준말이랍니다.

서양 달력은 크리스트교의 예수가 태어난 해를 기원으로 보고 있어요. 그러니까 예수가 탄생한 해를 서기^{西紀} 1년으로 보고, 그 이전을 기원전, 그 이후를 기원후^{서기}라고 하는 거예요. 기원전을 뜻하는 'B.C.'는 '예수 탄생 이전^{Before Christ}'을 줄여서 만든 말이에요. 기원후 또는 서기는 'A.D.'라고 하는데, 이는 '신의 해에^{Anno Domini}'라는 라틴어를 줄인 말이랍니다.

엄밀하게 말해서 이 '서기'라는 말에는 크리스트교 중심의 사고와 세계관이 깔려 있어요. 때문에 다른 종교에서는 자기네의 기준에 따른 연도를 쓰고 있어요. 이를테면 불교에서는 석가모니가 열반에 든 해를 원년으로 하는 '불기^{佛紀}'를 써요. 이슬람교에서는 무함마드가 메디나로 옮긴 해를 기준으로 하는 '이슬람력'을 쓰죠. 우리의 시조 단군을 섬기는 대종교에서는 단군이 왕위에 오른 해를 기준으로 '단기^{檀紀}'를 사용하죠.

서기 2021년을 다른 종교에서는 몇 년으로 치는지 볼까요? 석가모니가 예수보다 앞선 인물이기 때문에 불기 2565년이 돼요. 이슬람의 예언자 무함마드는 그보다 한참 후에 태어났기 때문에 이슬람력으로는 1496년에 불과해요. 단기는 4354년이랍니다.

삶의 지혜를 배우기 가장 좋은 학문은?
└역사를 공부하는 목적

그런데 우리는 왜 역사를 공부하는 걸까요? 이 이야기를 해 볼 게요.

우선 역사를 공부함으로써 인류가 걸어온 발자취를 이해할 수 있어요. 그리고 아픈 역사가 주는 교훈을 깨달을 수 있고, 우리가 지금 어디로 가고 있는지를 머릿속에 그려 볼 수도 있습니다. 더 구체적으로 이야기해 볼까요?

첫째, 역사는 과거에 일어났던 일을 암기하는 학문이 아니에요. 역사는 우리가 누구인지를 가르쳐 주기 위해 존재하죠. 고대인과 중세인은 살아온 환경이 다르고 살아온 방식도 달라요. 근대인과 현대인도 마찬가지죠. 인류는 이 긴 세월을 살아오면서 삶의 지혜를 축적했어요. 역사는 바로 그 지혜를 배우기 위한 학문인 거죠.

생각해 보세요. 인류가 어느 날 갑자기 지금의 삶을 영위할 수 있었을까요? 아니에요. 최초의 원시 인류에서부터 현대 인류에까지 진화의 과정을 거쳤고, 이후 문명 단계를 지나 지속적으로 발전했기에 지금의 세상을 만든 거예요. 이 과정을 이해하는 것은 중요한 일이에요. 이를 통해 우리는 인류의 정체성을 이해할 수 있죠. 맞아요. 우리가 역사를 공부하는 첫째 이유가 바로 이 정체성, 우리가 누구인지를 깨닫기 위해서랍니다.

전쟁으로 폐허가 된 도시
1937년 스페인 내전 당시 대포의 공격으로 폐허가 된 스페인의 도시 게르니카. 불행한 일이 되풀이되지 않도록 과거를 반성하는 것 역시 역사 공부의 목적이다.

둘째, 역사는 기본적으로 과거의 이야기예요. 그러니 현재의 삶이나 미래에 아무런 도움이 되지 않는다고 생각할 수도 있어요. 하지만 이미 말한 대로 인류 발전의 과정을 이해하면 현재의 삶을 더 정확하게 이해할 수 있고, 나아가 미래까지 예측하고 준비할 수 있어요.

이게 어렵다고요? 아니에요. 역사 공부를 하다 보면 이게 가능해져요. 모든 역사는 나름대로의 논리적 흐름이 있어요. 역사를 공부하다 보면 과거에 특정한 일이 일어난 원인과 과정, 결과에 대한 분석을 하게 되죠. 이 과정을 통해 그 일이 일어난 역사적 의미도 깨닫게 돼요. 그렇다면 과거의 잘못을 반성하고, 다시는 그 일이 되풀이되지 않도록 노력하게 되겠죠? 요약하자면, 과거의 일에서 교훈을 얻고, 현재를 충만하게 하며, 미래를 전망할 수 있는 안목을 가질 수 있어요. 이를 역사적 사고력이라고 해요.

이를 과거, 현재, 미래로 세분화해서 다시 살펴볼까요?

우선 역사 공부를 통해 반성하는 태도와 마음을 가질 수 있어요. 지금까지의 역사 속에는 수많은 사건이 일어났어요. 나치의 유대인 학살과 같은, 전 세계를 경악하게 만든 비극도 있었지요. 이처럼 아픈 과거를 잊지 않고 다시는 같은 역사가 되풀이되지 않도록 반성하는 것 역시 역사 공부를 통해서 얻을 수 있는 가르침이에요.

현재에는 어떤 도움이 될까요? 이미 말한 대로 역사 공부를 통해 현재를 분석적으로 바라볼 수 있는 사고력을 키울 수 있어요. 역사는 단순히 과거의 사실만 나열해 놓은 죽은 학문이 아니에요. 어떤 사건을 놓고 그것을 어떻게 바라볼 것인지 논리적으로 분석하고 비판을 가하기도 하죠. 이러한 과정을 거쳐 현재를 바라보는 시야가 넓어질 수 있어요.

우리의 미래를 계획할 때는 역사 속 위인들의 이야기가 도움이 돼요. 충실하게 역사를 공부하면 동서양을 막론하고 우리보다 앞서 살았던 사람들의 삶을 통해 지혜를 얻을 수 있어요. 어려운 상황에 맞닥뜨렸을 때 그들이 어떻게 위기를 극복했는지, 또 어떻게 찬란한 문화를 발전시켰는지 등을 알면 지금보다 나은 미래를 만들어 나가는 데 큰 도움이 될 거예요.

역사를 학습하는 셋째 목적은 각 나라의 문화와 다양성을 존중하는 마음을 키우기 위해서예요. 역사 공부를 통해 우리는 이웃 나라인 일본과 중국의 발자취를 알 수 있고, 유럽, 아메리카, 아프리카의 나라들에 대해서도 알 수 있어요. 각 민족과 국가가 어떤 과정을 거쳐 오늘에 이르렀는지 알 수 있죠. 우리의 경우, 한반도와 만주에서 시작한 우리 민족은 근대 이전에는 주로 동아시아의 여러 나라와 교류했고, 근대 이후에는 세계사의 흐름에 맞추어 성장했어요. 한국사를 공부하면 우리 민족의 정체성도 이해할 수 있죠.

어때요? 역사를 공부해야 할 이유가 꽤 있죠? 역사가 어렵다고 외면하지 마세요. 조금만 신경 쓰면 우리와 다른 문화권에 속해 있는 사람들을 이해하는 폭이 넓어진답니다.

★ 단원 정리 노트 ★

1. 역사의 두 가지 갈래

① 사실로서의 역사 : 과거에 실제로 일어난 사실 그 자체로 변하지 않는다. (객관적)

② 기록으로서의 역사 : 글이나 그림, 사진 등의 기록으로 남은 역사. 기록하는 사람의 관

점과 해석이 반영된다. (주관적)

사실로서의 역사

"일제 강점기 때 일제는 우리나라에 철도를 만들었다."

과거에 실제로 일어난 사실로 변하지 않음

기록으로서의 역사	기록으로서의 역사
"일제는 우리나라에 철도를 만들어 근대화를 앞당겼다."	"일제는 물자를 수탈하기 위해 우리나라에 철도를 만들었다."

사실을 어떻게 해석하느냐에 따라 해석이 달라질 수 있음

2. 역사를 연구하는 자료인 사료의 종류

① 유적 : 과거에 만든 건축물이나 건물터 등. (예) 모헨조다로 유적, 황룡사지

② 유물 : 옛 사람들이 쓰던 물건. (예) 고려청자, 청동 거울

③ 기록 : 옛 사람이 남긴 글(책)과 그림, 사진 등. (예) 《삼국유사》, <인왕제색도>

④ 전승 : 예로부터 전해 내려오는 신화와 설화, 민담 등의 이야기. (예) 단군 신화, 그

리스 · 로마 신화

3. 역사 공부의 목적

① 우리와 나의 정체성을 이해한다 : 인류가 걸어온 발자취를 돌아보면서 '우리'와 '나'

는 누구인지 확인할 수 있다.

② 과거로부터 교훈을 얻고 현재와 미래를 위한 지혜를 얻는다 : 과거에 일어난 잘못된

일을 반성하고 뛰어난 업적을 통해 교훈을 얻음으로써 현재를 분석하고 미래를 전망

할 지혜를 얻는다.

③ 세계의 다양성을 이해할 수 있다 : 세계 곳곳에서 일어난 각 나라와 민족의 역사를

공부하면서 우리와 다른 존재가 지닌 다양성을 받아들일 수 있다.

세계의 선사 문화와 고대 문명

: 인류, 역사의 문을 열다

- 인류의 출현과 진화 과정을 단계별로 설명해 보세요.
- 농경 생활이 시작되면서 인류에 어떤 변화가 나타났나요?
- 문명이 발생하는 과정과 조건, 4대 문명 발상지의 공통점에 대해서 알아봅시다.
- 대표적인 4대 고대 문명의 특징을 각각 설명해 보세요.

손이 자유로워지면서 진화가 시작되다

└인류의 출현과 진화

지구는 46억 년 전에 탄생했어요. 처음에는 온통 부글부글 끓어오르는 용암으로 뒤덮여 있었어요. 대기는 유해 가스로 가득 찼지요. 수십억 년이 흐르는 동안 용암이 굳으면서 땅이 생겨나고 대기의 온도가 떨어졌어요. 유해 가스도 점차 사라졌고, 바다가 생겨났죠.

다시 수억 년이 흘러 물에서 첫 생물이 탄생했고, 생물이 진화하기 시작했어요. 한때 공룡이 지구를 지배했지만 멸종했고, 뒤이어

포유류가 지구의 지배자가 되었어요. 이어 약 600만 년 전 첫 인류가 탄생했어요. 하지만 이 초기 인류는 인간보다는 원숭이에 더 가까웠어요. 초기 인류는 시간이 지남에 따라 진화를 거듭했지요.

그 후로도 지구의 기후는 계속 변화했어요. 지구의 표면이 온통 얼음으로 덮였던 빙하기와, 기온이 올라가면서 지구 표면의 얼음이 녹는 간빙기가 반복되었어요. 인류는 자연 환경이 달라질 때마다 가까스로 적응하면서 생존을 이어 갔죠.

1924년 남아프리카 공화국 타웅 지방에서 유아의 머리뼈 화석˚이 발굴되었어요. 이 화석은 '타웅 아이'라고 불려요. 아프리카 남쪽에서 발견되었기 때문에 '남방 원숭이'라는 별명도 붙었죠. 이 초기 인류 화석의 정식 학명은 오스트랄로피테쿠스 아프리카누스예요. 약 300만 년 전에 살았던 인류죠. 학자들은 오스트랄로피테쿠스 아프리카누스가 최초의 인류라고 여겼어요. 하지만 이런 생각은 50년 만에 깨졌어요.

1974년 아프리카 동부 에티오피아에서 키가 1미터 정도 되는 여성의 화석이 발굴되었어요. '루시'라는 이름의 이 화석을 학자들이 분석한 결과, 약 390만 년 전에 살았던 것으로 추정되었어요. 지금까지 발굴된 화석 인류 가운데 가장 오래된 것이죠. 이 초기 인류의 화석이 바로 오스트랄로피테쿠스 아파렌시스인데, 여기서부터 인류의 진화가 시작된 거예요.

오스트랄로피테쿠스 아파렌시스는 두 발로 걸을 수 있었어요. 직

˚ 화석 지구가 만들어진 이후 역사 시대까지 지구상에 존재했던 생물의 유해와 활동 흔적이 지층에 매몰되어 있는 것을 통틀어 이르는 말

오스트랄로피테쿠스 아파렌시스 화석
약 390만 년 전에 살았던 초기 인류의 화석이다. '루시'라는 별칭은 1974년 발굴 당시 유행했던 비틀즈의 노래 〈Lucy in the sky with diamond〉에서 땄다.

립 보행이 가능해지면서 다른 동물과 확연히 구분이 되었지요. 자유로워진 두 손으로는 간단한 도구를 만들어 사용했어요. 다만 뇌 용량은 400~700cc 정도로 현대인의 절반에도 미치지 못했어요. 뇌 용량이 크다는 건 그만큼 똑똑하다는 뜻이에요. 현대인의 뇌 용량은 1,300~1,800cc 정도랍니다.

이후 아주 긴 시간에 걸쳐 인류는 진화를 거듭했어요. 그러다가 180만 년 전 새로운 인류가 등장했는데, 호모 에렉투스^{곧선사람, 곧게 섰다는 뜻이에요}예요. 이때 인류의 등이 완전히 펴졌어요. 사용하는 도구도 매우 정교해졌어요. 뇌 용량도 800~1,200cc에서 많게는 1,400cc까지 커졌죠.

호모 에렉투스의 가장 큰 특징 두 가지가 있어요. 바로 언어와 불을 사용했다는 점이죠. 호모 에렉투스가 약 50만 년 전부터 불을 사용함으로써 인류는 추위를 피할 수 있게 되었고, 고기를 구워 먹었으며, 야생 동물의 위협에서도 어느 정도 자유로워질 수 있었어요.

오스트랄로피테쿠스 아파렌시스 화석은 아프리카에서만 발굴되었어요. 이들이 아프리카를 벗어난 적이 없다는 뜻이죠. 하지만 호모 에렉투스 화석은 인도네시아 자와섬, 중국 베이징에서도 발굴되었어요. 아프리카에서 탄생한 인류가 무리를 지어 아시아, 유럽 등으로 이동했다는 증거이지요.

다시 진화의 수레바퀴는 쉬지 않고 굴러갔고, 40만 년 전 호모

인류의 진화 과정 오스트랄로피테쿠스 아파렌시스 → 호모 에렉투스 → 호모 네안데르탈렌시스 → 호모 사피엔스

네안데르탈렌시스^{네안데르탈인}가 등장했어요. 호모 네안데르탈렌시스는 죽은 사람을 매장하기 시작했어요. 인류가 죽음 이후의 세계에 대해 관심을 갖기 시작했다는 뜻이죠. 뇌 용량도 1,300~1,500cc까지 커졌어요. 이 화석은 독일 서부에 있는 네안데르탈 지방에서 발굴되었기에 이런 이름이 붙었답니다.

20만 년 전, 드디어 현재의 인류와 같은 현생 인류˚인 호모 사피엔스^{슬기 사람, 슬기로운 사람이라는 뜻이에요}가 등장했어요. 호모 사피엔스의 대표적인 화석이 프랑스 크로마뇽 지방에서 발굴된 크로마뇽인이에요. 크로마뇽인은 약 4만 5,000년 전에 등장한 것으로 추정되는데, 오늘날 인류의 직접 조상인 현생 인류예요. 이후 호모 사피엔스는 전 세계로 이동했어요.

여기서 잠깐! 인류 진화와 관련해서 또 다른 견해가 있어요. 지금까지 설명한 대로라면 인류는 '오스트랄로피테쿠스 아파렌시스 → 호모 에렉투스 → 호모 네안데르탈렌시스 → 호모 사피엔스'의 순

˚ **현생 인류** 오늘날의 인류와 같은 종에 속하는 인류

으로 진화했어요. 하지만 어떤 학자들은 호모 네안데르탈렌시스를 호모 사피엔스와 같은 계통이라고 보고 있어요. 이 경우 진화 과정은 '오스트랄로피테쿠스 아파렌시스 → 호모 에렉투스 → 호모 사피엔스^{네안데르탈인 포함} → 호모 사피엔스 사피엔스'가 되죠. 참고로 알아 두세요. 아참, 네안데르탈인은 크로마뇽인과 같은 시기에 살다가 3만 년 전쯤 멸종했답니다.

최초의 도구는 깨진 돌멩이였다
└구석기 시대의 특징

자, 이제부터는 선사 시대 인류의 삶에 대해서 알아보겠습니다.

선사 시대는 어떤 도구를 사용했느냐에 따라 구석기 시대와 신석기 시대로 구분해요. 물론 두 시대 모두 돌로 된 석기를 사용했지요. 다만 신석기 시대로 갈수록 도구가 훨씬 정교해졌습니다.

돌을 깨뜨리면 갖가지 모양으로 깨집니다. 구석기 시대의 초기 인류는 이렇게 돌을 깨뜨려서 만든 뗀석기를 사용했어요. 뗀석기는 돌조각을 떼어 내서 만들었다 해서 이런 이름이 붙었어요.

가장 쉽게 만들 수 있는 것이 찍개였어요. 뭉툭한 모양의 돌을 깨뜨려서 날카롭게 조각난 것을 다듬기만 하면 되니까요. 찍개는 나무를 자르거나 식물의 뿌리를 파낼 때, 동물의 살을 발라 낼 때 사

찍개

주먹 도끼

슴베찌르개

긁개

용했어요. 구석기 도구 가운데 가장 널리 쓰인 것은 주먹 도끼입니다. 땅을 파고 짐승을 사냥하거나 짐승의 털과 가죽을 분리할 때 많이 사용했지요.

구석기 시대 후기로 갈수록 뗀석기도 점점 더 정교해졌습니다. 대표적인 것이 슴베찌르개입니다. 슴베찌르개는 주먹 도끼보다 작고 날카로운 돌을 나무 끝에 매달아 사용했습니다. 그러면 창이나 화살과 비슷한 모양이 되겠죠? 동물 가죽을 벗기거나 고기를 손질할 때는 긁개를 썼어요. 구석기 시대에는 뗀석기 외에도 짐승의 뼈나 뿔, 뾰족한 나뭇가지 등을 도구로 쓰기도 했습니다.

구석기인들은 주로 동굴이나 바위 밑의 그늘에서 살거나 강가에 막집을 지어서 살았어요. 막집은 나뭇가지와 가죽 등을 얽어 만든 것으로, '집'이라고는 하지만 실제로는 나뭇가지를 쌓은 것과 비슷하게 생겼어요. 그리고 옷을 지어 입었는데, 주로 동물의 가죽으로 만들었습니다.

막집

먹을거리는 열매를 따 먹는 채집, 야생 동물을 사냥하는 수렵을 통해서 구했어요. 식량에 대한 정보를 공유

빌렌도르프 비너스
오스트리아의 구석기 지층에서 발견된 조각상. 여성의 가슴과 엉덩이를 비정상적으로 표현한 이유는 다산과 풍요를 기원하는 마음을 담았기 때문이다.

하고 큰 짐승을 사냥하려면 여러 사람이 필요하죠. 혼자서는 불가능해요. 때문에 구석기인들은 무리를 지어 생활했습니다. 이 무리는 살던 곳 주변에서 먹을거리가 떨어지면 새로운 곳을 찾아 이동했어요.

호모 네안데르탈렌시스 때부터 인류는 사람이 죽으면 장례를 지냈어요. 죽은 사람이 쓰던 물건을 함께 땅에 묻기도 했어요. 구석기인들이 사후 세계에 대해서 생각했다는 사실을 알 수 있겠죠? 동굴에 벽화를 남기거나 조각을 만드는 등 예술 활동도 시작했어요. 프랑스의 라스코 동굴 벽화, 스페인의 알타미라 동굴 벽화, 빌렌도르프의 비너스 등이 대표적인 유적과 유물입니다. 동굴 벽화에는 동물이 많이 등장하는데, 사냥의 성공을 기원하는 마음을 그림으로 표현한 것입니다. 빌렌도르프의 비너스 상은 가슴과 배, 엉덩이 부분이 과장되게 표현되어 있는데, 자손을 많이 낳기를 바라는 마음을 담았기 때문이에요.

구석기 시대에도 빙하기와 간빙기*가 몇 차례 반복되었어요. 그러다가 약 1만 2,000년 전에 마침내 빙하기가 끝났어요. 기온은 서서히 올라갔고, 생명체가 살기 좋은 환경이 만들어졌죠. 생태계는 물론 인류의 생활에도 큰 변화가 일어났어요. 빙하기가 끝나고 오래지 않은 1만 년 전부터 인류의 삶은 신석기 시대로 접어든 거예요.

● **간빙기** 지구의 대부분이 얼음으로 뒤덮인 빙하기와 빙하기 사이의 시기로, 북극과 남극 가까운 지역은 얼음으로 덮여 있었지만 그렇지 않은 지역은 비교적 온난했다.

농경이 바꾼 세상
└ 신석기 혁명의 의의와 특징

신석기 시대에는 구석기 시대 때보다 세련된 석기를 사용했어요. 구석기 시대에는 돌을 떼어 내서 만든 뗀석기를 썼죠? 신석기 시대에는 돌을 갈아서 도구를 만들었어요. 그래서 '간석기'라고 불러요. 돌을 정교하게 갈면 아주 날카롭게 만들 수 있어요. 아무래도 뗀석기보다는 기능이 훨씬 뛰어났겠죠? 돌도끼와 돌화살촉, 돌괭이 등이 대표적인 간석기예요.

돌도끼

도구도 달라졌지만 신석기 시대에 가장 크게 달라진 점은 식량 분야에 있었어요. 구석기 시대는 물론 신석기 시대 초기까지만 해도 사람들은 주로 바닷가나 강가에 살면서 채집이나 수렵을 통해 식량을 확보했어요. 하지만 얼마 후 곡물을 재배하면서 농경 생활을 시작했죠. 맞아요. 인류가 농사를 처음 시작한 거예요.

돌화살촉

농경은 먹다가 버린 열매의 씨앗에서 비롯되었어요. 그 씨앗에서 싹이 나고 잎이 자라더니 열매가 맺혔죠. 사람들은 왜 열매가 자라는지 궁금해 곡물의 성장을 주의 깊게 관찰했죠. 그 결과 씨앗이 좋은 토양을 만나고 일정한 물을 공급받으면 시간이 지나 열매를 맺는다는 사실을 알아냈어요. 마침 빙하기가 끝나 기온이 상승해서 곡물이 자라기에도 좋은 환경이었거든요.

돌괭이

씨앗을 뿌리고 물을 주었더니 실제로 시간이 무르익으면 열매가

갈돌과 갈판

자라났어요. 산과 들을 헤매며 채집을 하는 것보다 훨씬 손쉽고 안정적으로 식량을 얻을 수 있게 됐죠? 그러니 사람들은 곡물을 키우기 위해 물을 쉽게 구할 수 있는 강가에 모여 살기 시작했어요. 가장 먼저 재배한 곡물은 조와 기장이었을 것으로 추정돼요.

이 무렵 야생 동물도 기르기 시작했어요. 맞아요. 목축을 시작한 거예요. 특히 아시아 초원 지대는 기온이 낮기 때문에 농사보다는 목축이 더욱 발달했어요. 개, 돼지, 소, 양 등의 가축이 인류와 함께한 것도 이때부터였어요.

신석기 시대에는 흙으로 만든 토기±器를 사용하기 시작했어요. 식량을 보관하고 음식을 조리하기 위해서였어요. 지역에 따라 토기의 모양은 조금씩 달라요. 서아시아와 중국, 인도 등에서는 색을 칠한 칠그림 토기를 사용했어요. 우리나라와 북유럽, 시베리아 등에서는 빗살무늬 토기를 주로 사용했지요. 농사를 시작했으니 농기구도 필요하겠죠? 돌괭이나 동물 뼈로 괭이를 만들어 땅을 일궜어요. 돌낫으로 곡식을 수확했고 갈돌과 갈판으로 곡식의 껍질을 벗겼죠.

인류가 농경 생활을 시작하면서 삶이 크게 달라진 것 같죠? 그래서 이 변화상을 '신석기 혁명'이라고 부른답니다. 농업에서 비롯된 혁명이기 때문에 '농업 혁명'이라고 부르기도 해요. 혁명이라는 말에는 이전의 것을 깡그리 무너뜨리고 새로운 기반을 만들어 낸다는 의미가 담겨 있어요. 농업이 인류의 생활에 미친 영향이 그만큼 크다는 뜻이죠.

이제는 구석기 시대처럼 먹을거리가 떨어져서 이동해
야 할 필요가 없어졌어요. 인류는 움집을 짓고 정착 생활
을 시작했어요. 원형 혹은 약간 둥그런 사각형 모양으로
집터를 파고, 가운데에 기둥을 세운 뒤 벽을 만들고 지붕
을 얹으면 움집이 완성되죠. 움집 안에는 불을 피울 수 있
는 화덕을 두었고 4~5명의 가족이 함께 살았어요.

신석기 시대의 움집

처음에는 같은 핏줄끼리 씨족*을 구성해 한 마을에서 살았어요.
함께 농사를 짓고 가축을 기르며 사냥을 했죠. 이때까지는 아버지
보다는 어머니의 혈통을 더 중시한 모계 중심의 씨족 공동체였어
요. 오래지 않아 근처에 다른 마을이 만들어졌고, 서로 교류하다가
결혼을 통해 더 큰 마을로 합쳤어요. 이를 부족 사회라고 하죠. 부
족 사회의 지도자는 경험 많은 연장자가 맡았어요. 이 지도자들은
다른 사람을 지배하지 않았어요. 하지만 신석기 시대 후기로 가면
서 이 평등은 깨지고 '계급'이 등장한답니다.

신석기 사람들은 자신의 몸을 치장하는 데도 관심을 가졌어요.
조개껍데기, 동물 뼈, 뿔 같은 액세서리를 사용했죠. 옷도 만들어
입었어요. 가락바퀴를 이용해 실을 뽑고, 뼈바늘로 옷을 제작했죠.
뼈바늘로는 그물도 만들있어요.

원시 신앙도 신식기 시대에 나타났어요. 이미 구석기 시대에 사
람을 매장하는 풍습이 있었는데, 한 단계 더 나아간 셈이죠. 태양,

* 씨족 원시 사회에서 공동의 조상을 가
진 혈연 공동체. 부족 사회의 기초 단위
였다. 대체로 같은 씨족이 아닌 대상과
혼인하는 족외혼을 했다.

농업 혁명 이후의 생활상

강, 바위, 산 등과 같은 자연에 영혼이 있다고 믿고 숭배하는 애니미즘, 곰이나 호랑이 같은 특정 동물을 부족의 수호신으로 여기는 토테미즘, 주술적인 것에 의존하는 샤머니즘, 죽은 조상을 모시고 숭배하는 조상신 숭배 사상 등이 이때부터 유행했답니다.

큰 강 주변에서 문명이 태동하다
└세계 4대 문명의 탄생과 공통점

청동기 시대로 접어든 후 세계 여러 지역에서 문명이 탄생했어

요. 본격적으로 시작하기 전에 문명의 정의부터 알아 두는 게 좋을 것 같아요.

일반적으로 문명은 농사나 토목 공사, 건축, 문자 등 비약적이고 획기적인 기술이 등장하면서 물질적으로 큰 변화를 겪은 것을 나타낼 때 사용해요. 만약 메소포타미아의 사람들이 가졌던 도덕과 가치관, 종교 등을 강조하려면 메소포타미아 문화라는 말을 써도 괜찮아요. 다만 그 시대에 인류가 기술적·물질적으로 비약적인 발전을 이루었다는 점을 나타내려면 메소포타미아 문명이라고 하는 게 더 적합하죠. 실제로 문명을 뜻하는 영어 단어 civilization은 '도시*'를 뜻하는 라틴어* '시비타스^{civitas}'에서 유래했어요. 도시가 만들어지

• 도시 정치, 경제, 문화의 중심이 되어 사람이 많이 모여드는 지역
• 라틴어 서아시아에서 시작하여 그리스에서 발전한 뒤 유럽 귀족 사회의 공용어가 된 언어. 현재 유럽에서 사용하는 여러 언어의 기원이 되었다. 오늘날에도 로마 가톨릭교회에서는 공용어로 사용하고 있다.

는 과정에서, 혹은 도시가 만들어진 후에 문명이 탄생했다는 사실을 알 수 있는 대목이죠. 정말로 그런지 지금부터 문명이 탄생하는 과정을 단계적으로 살펴볼게요.

신석기 시대에 농업을 시작한 후로 인구가 크게 늘었어요. 많은 사람을 먹여 살리려면 농업 생산량을 더욱 늘려야 했어요. 그러니 농경이 유리한 지역에 많은 사람들이 모여 살았겠죠? 기후가 따뜻하고 큰 강을 끼고 있는 곳이 농사에 적합한 지역이었어요.

하지만 강이 범람하면 그동안 공들여 키운 곡물들이 물에 휩쓸려 버렸어요. 물론 강물이 넘치면서 물에 있는 각종 영양분이 농토를 비옥하게 만들기도 했지만, 어쨌든 물은 상당히 큰 공포의 대상이었어요. 시간이 지나서야 사람들은 강물을 다스리는 방법을 알게 되었어요. 이를 치수治水라고 해요. 물을 다스린다는 뜻이죠.

치수 시설을 만들려면 많은 사람이 필요하겠죠? 이 때문에 부족과 부족이 통합하는 사례가 늘었어요. 집단의 규모가 커진 거예요. 치수 기술도 점점 발전했어요. 물이 잘 빠지도록 배수 시설을 만들었고, 농업에 필요한 물을 강에서 끌어오기도 했죠. 이처럼 농지에 물을 대서 농사를 짓는 것을 관개 농업이라고 해요. 관개 농업이 발달하면서 농업 생산량은 크게 늘어났지요.

식량이 풍부해지자 주변 지역과 교역을 시작했어요. 교역을 하면서 선진 기술을 다른 지역 사람들에게 가르치거나 배우게 되면서 더 많은 도시들이 생겨났어요.

사실 이때까지만 해도 세상은 평화로웠어요. 아직 지배자와 피지배자의 구분이 명확하지 않았거든요. 하지만 도시가 생겨나고, 이 도시들이 서로 경쟁하면서 '원시적인 평등'은 점점 사라졌어요. 게다가 청동기 시대로 접어들면서 청동제 무기를 확보한 도시는 약한 도시를 무력으로 정복했어요. 약한 도시의 주민들은 정복자의 노예가 됐고, 힘센 도시는 더 큰 도시 국가로 발전했어요. 네, 마침내 국가가 등장한 거예요.

국가가 생겼다는 것은, 지배자와 피지배자가 확실하게 구분되었다는 뜻이에요. 이 신분을 '계급'이라고 해요. 지배 계급은 자신들의 이익을 지키고 사회 질서를 유지하기 위해 법과 제도를 만들기 시작했어요. 또한 전쟁을 지휘했고, 제사와 같은 종교 행사도 주관했어요. 이를 통해 지배자는 피지배 계급에게 "통치자는 신의 대리자다."라는 인식을 심어 주었지요.

신에 버금가는 권력을 누린 지배자는 신전과 왕궁을 건설했어요. 다른 도시에서 쳐들어올 것에 대비해 성곽도 쌓아 올렸지요. 반면 피지배 계급은 지배자의 지시에 따라 생산 활동에 전념했고, 각종 공사에 동원되었어요. 두 계급의 정치권력과 경제력 격차는 갈수록 커졌지요.

이 모든 과정을 거치면서 인류는 고도의 문명을 발전시켰어요. 보통 메소포타미아 문명, 이집트 문명, 인도 문명, 중국 문명을 고대 세계의 4대 문명이라고 해요. 이 문명이 발생하는 과정에서 반

고대 세계 4대 문명이 탄생한 지역

드시 알아 둬야 할 중요한 사건이 있어요. 바로 문자를 사용했다는 점이에요. 주변 지역과 교역할 때나 백성에게서 세금을 거둘 때 그 내용을 기록하기 위해 문자가 발명된 거죠. 메소포타미아 문명 발상지에서는 쐐기 문자를 썼어요. 이집트에서는 그림^{상형} 문자, 인도에서는 인장 문자, 중국에서는 갑골 문자를 썼지요. 문자가 발명되자 문명은 더 높은 수준으로 발전하게 되었어요. 더불어 인류는 드디어 역사 시대로 접어들었답니다.

각 문명 발상지에 대형 건축물이 있다는 것도 공통점이에요. 메소포타미아에는 지구라트, 이집트에는 피라미드, 인도에는 대형 목욕탕을 비롯한 공공 건축물, 중국에는 거대한 궁전과 제단 등이 만들어졌답니다.

함무라비 법전 이전에 최초의 법전이 있었다
└ 메소포타미아 문명의 발전

메소포타미아 지방은 사방이 탁 트인 평원 지대인 데다 땅이 비옥해서 일찍부터 농경이 발달했어요. 여기에 정착한 사람들은 수메르인이었는데, 기원전 3500년경부터 우르, 라가시 등 여러 지역에 도시 국가를 건설했죠. 이어 그들이 세계 최초로 문명을 발전시켰어요.

도시 국가 사이에 전쟁이 끊이지 않았어요. 그러다가 기원전 1800년경 아무르인^{아모리인}들이 메소포타미아 전역을 통일했어요. 이들이 세운 나라가 바빌로니아 왕국이에요. 바빌로니아 왕국은 함무라비왕^{6대} 때 최고의 전성기를 누렸어요. 함무라비왕은 기원전 1750년경 여러 지역의 법률을 집대성해 법전도 만들었어요. 282개 조항의 법률을 높이 2.25미터의 돌기둥에 새긴 함무라비 법전이에요. 한때 함무라비 법전이 가장 오래된 법전인 줄 알았는데 이보다 300여 년 앞서 우르 제3왕조 시절의 우르남무 법전이 발견되면서 기록이 깨졌답니다. 참고로 알아 두세요.

함무라비 법전의 특징을 이야기할 때 '눈에는 눈, 이에는 이'라는 문장이 자주 거론돼요. '누군가의 눈을 멀게 했다면 그 사람의 눈도 멀게 한다.'는 조항 때문이지요. '귀족이 평민을 다치게 하면 돈으로 부담한다. 하지만 노예가 귀족의 뺨을 때리면 노예의 귀를 자른

함무라비 법전

다.'라는 내용을 보면 계급 차이가 꽤 컸던 것 같아요.

함무라비왕이 죽은 후 바빌로니아 왕국은 쇠약해졌어요. 그러다가 기원전 1500년경 철제 무기로 무장한 히타이트*인들에게 멸망했죠. 그 후 메소포타미아 일대는 한동안 혼란에 빠져들었어요. 이 혼란은 일단 아시리아*가 끝내는데, 그 이야기는 나중에 다시 할게요. 이제 메소포타미아 문명의 특징을 정리해 볼까요?

메소포타미아 사람들은 개방적이고 능동적이었어요. 또한 수시로 전쟁이 터지다 보니 당장의 안정된 삶을 원했어요. 죽은 후의 삶인 내세보다는 살아 있는 현재의 삶인 현세를 중요하게 여겼죠. 인류 최초의 서사시로 여겨지는 수메르인의 《길가메시 서사시》에서도 이 점을 알 수 있어요.

이 서사시는 길가메시왕의 모험 이야기예요. 길가메시는 영생의 약초를 찾아 나섰다가 인간은 죽음을 피할 수 없는 존재임을 깨달아요. 어차피 영원히 살지 못할 거라면 살아 있는 날을 즐겨야 한다는 교훈을 주지요. 곧 살펴보겠지만 이 점이 이집트 문명과 가장 달라요. 이집트 문명은 내세를 아주 중요하게 여겼거든요.

수메르인들은 최초로 바퀴를 사용한 것으로 알려져 있어요. 바퀴를 사용해 물건을 날랐는데, 그만큼 교역이 발달했다는 뜻이기도 해요. 수메르가 번성할 수 있었던 것은 바로 이 교역 때문이었어요. 수메르인이 사용한 쐐기 문자에서 많이 보이는 숫자들은 교역량을 뜻할 가능성이 커요. 부호도 종종 보이는데, 이는 물건의 종류

• 히타이트 메소포타미아 지방 북쪽에 있는 아나톨리아 고원을 중심으로 형성된 제국
• 아시리아 오늘날 이라크의 북부 지역에 도시 국가 아슈르를 중심으로 발전했던 왕국

를 표시해 놓은 것으로 추정돼요. 쐐기 문자는 신에게 제사를 지낼 때 바친 곡식이나 짐승의 숫자를 기록하는 용도로도 사용했어요.

메소포타미아 문명이 발생한 지역

수메르인들은 숫자에도 밝았는데, 60진법을 썼어요. 61은 다시 1이 돼요. 시계가 이 60진법¹⁸는 60초지요을 따른 거랍니다. 수메르인들은 천문학 지식도 뛰어났어요. 달의 모양을 기준으로 만든 달력인 태음력을 만들어 사용했지요. 하늘에 제사를 지내기 위해 수백만 개의 벽돌을 쌓아 지구라트라는 제단도 만들었어요. 오늘날까지 남아 있는 것 중에 대ᐟ 지구라트는 1층 기준으로 가로가 62.6미터, 세로가 43미터에 이를 만큼 규모가 커요.

이집트 문명으로 넘어가기 전에 지중해와 인접한 지역의 상황을 조금만 더 살펴볼게요.

메소포타미아 문명의 지구라트

첫째가 소아시아에서 세력을 키운 히타이트예요. 히타이트는 철제 무기와 전차를 앞세워 주변 지역을 침략했어요. 기원전 1300년경에는 당시 최고 강국이었던 이집트도 격파했죠. 히타이트는 이 일대에 철기 문화를 확산시킨 주역으로 평가받고 있답니다.

둘째, 기원전 1200년경에는 지중해 동부 연안의 서아시아 지역에 페니키아가 건설됐어요. 페니키아인들은 지중해를 누비면서 강

소아시아 지역
오늘날 터키 지역을 일컫는다. 과거에는
이곳을 아나톨리아라고 불렀다. 유럽과
아시아를 연결하는 길목이어서 수많은
문물이 이곳을 통해 교류되었다.

력한 해상 민족이 되었고, 여러 지역에 식민 도시를 세웠죠. 그중 하나가 아프리카 북부의 카르타고였어요. 이후 카르타고는 본국인 페니키아가 멸망한 후에도 성장했고, 지중해 무역을 독점하기도 했어요. 하지만 로마와의 전쟁에서 패해 결국 멸망했답니다.

페니키아 문자는 역사적으로 상당히 중요해요. 쐐기 문자는 각 문자에 뜻이 담겨 있는 표의 문자인 반면 페니키아 문자는 소리가 나는 대로 적는 표음 문자였어요. 표음 문자가 사용하기 훨씬 편하죠. 이후 이 페니키아 문자는 그리스로 전파됐고 오늘날의 알파벳으로 발전했어요.

페니키아가 세워질 무렵 팔레스타인 지방에는 헤브라이인들이 정착했어요. 그들은 기원전 1100년경 헤브라이 왕국을 건설했죠. 이들은 유대교를 창시했는데, 그전의 종교와 상당히 달랐어요. 이전의 종교는 여러 신을 섬기는 다신교였어요. 하지만 유대교는 여호와^{야훼}라는 신만 섬기는 유일신교였죠. 이 유일신 사상이 나중에 크리스트교, 이슬람교에 영향을 준답니다.

피라미드와 미라는 왜 만들었을까?
└이집트 문명의 발전

이집트 문명은 나일강 유역에서 탄생했어요. 나일강은 수량이 풍부했고, 또 자주 범람했어요. 이 과정에서 각종 유기물*이 쌓이면서 땅이 훨씬 비옥해졌죠. 이보다 농업이 발달하기 좋은 환경이 또 있겠어요? 사람들은 나일강 주변으로 몰려 도시를 건설했어요. 기원전 3000년경에는 메네시스라는 영웅이 등장해 이집트의 첫 번째 통일 왕국을 건설했답니다.

이집트 문명은 지리적으로 메소포타미아 문명 발상지와 가까워요. 그러니 두 문명 사이에 꽤 많은 교류가 이루어졌을 거예요. 하지만 두 문명은 여러모로 많이 다르답니다. 메소포타미아 문명과 비교하면서 이집트 문명을 살펴볼게요.

메소포타미아 지방은 사방이 탁 트인 평원 지대였어요. 하지만 이집트는 사막과 바다로 둘러싸여 있었죠. 외부에서 적이 침입하기가 어려운 폐쇄적인 지형이었던 겁니다. 바로 이 때문에 수시로 강자가 바뀐 메소포타미아와 달리 이집트는 오랜 기간 통일 왕국을 유지할 수 있었죠.

고대 이집트 왕조의 역사는 매우 복잡해요. 크게 고왕국, 중왕국, 신왕국 시대로 분류해요. 더 세부적으로 들어가면 제1 왕조부터 제30 왕조까지는 숫자로 부르고, 그 다음에는 프톨레마이오스

이집트 문명이 발생한 지역

● 유기물 생명체를 구성하는 여러 가지 물질

이집트 문명의 피라미드

왕조라고 하죠. 이 모든 왕조의 역사를 살펴볼 수는 없어요. 그러니 이집트 문명 전체의 특징을 살펴보는 걸로 대신하도록 할게요.

이집트에서 왕은 하늘의 신, 특히 태양신의 아들로 여겨졌어요. 이 왕을 파라오라고 했는데, 정치는 물론 종교까지 장악해 막강한 권력을 누렸어요. 이처럼 종교와 정치 모두를 장악해 일치시킨 정치 형태를 신권 정치라고 한답니다.

절대 권력자 파라오를 위한 무덤이 바로 피라미드예요. 기원전 2650년경 처음으로 피라미드가 만들어졌는데, 높이가 62미터였어요. 가장 큰 피라미드는 제4 왕조의 2대 왕인 쿠푸의 피라미드로 처음 만들 때 높이가 무려 147미터였지요. 2.5톤짜리 바위 230만 개가 들어갔고, 10만여 명의 인부가 20여 년간 공사해 완성시켰다고 해요.^{기원전 2575년}.

피라미드는 주로 이집트 통일 왕국 초기에 만들었어요. 도굴범이 많아지자 나중에는 피라미드를 만들지 않았어요. 그 대신 아무도 찾을 수 없는 계곡 같은 곳에 몰래 파라오의 무덤을 만들었어요. 이집트 룩소르 지방에 있는 '왕가의 계곡'이 대표적이지요.

이집트 사람들은 파라오가 죽은 후 묻혀도 영혼이 있기 때문에 부활할 거라고 믿었어요. 그래서 파라오의 시신이 부패하지 않도록 처리해야 했어요. 그게 바로 미라죠. 육신이 썩어 버리면 부활해도 돌아올 육체가 없으니 그 육신을 보존하려는 거였어요.

관에 미라를 넣을 때는 그 옆에 《사자의 서》라는 파피루스 문서도 함께 넣었어요. 파피루스는 나일강 주변에서 자라는 풀인데, 이집트 사람들은 이것을 종이처럼 썼답니다. 이집트 사람들은 《사자의 서》가 사후 세계를 안내해 주고 나아가 죽은 사람이 부활하도록 도와주는 역할을 한다고 여겼어요.

피라미드, 미라, 《사자의 서》에서 알 수 있듯이 이집트 사람들은 죽은 후의 세계, 즉 내세를 중요하게 여겼어요. 이 또한 메소포타미아 문명과 크게 다른 점이에요. 메소포타미아 사람들은 현세를 더 중시했거든요.

이집트 문명에서도 문자가 사용되었어요. 사물의 모양을 본떠서 글자를 만들었는데, 이를 그림 문자 혹은 상형 문자라고 해요. 초대형 피라미드를 만든 점에서 알 수 있듯이 이집트에서는 특히 측량 기술과 토목 기술이 발달했어요.

메소포타미아에서는 60진법을 썼지만 이집트에서는 10진법을 썼어요. 또 이집트에서는 1년을 365일로 계산한 태양력*을 달력으로 썼어요. 메소포타미아에서는 태음력*을 썼지요. 두 문명 사이에 다른 점이 의외로 많지요?

이집트 사람들은 나일강이 언제 범람하는지를 예측해 농사를 지었어요. 강물이 넘치면 일단 물러섰다가 강물이 빠지기 시작하면 경작지를 갈기 시작했지요. 씨를 뿌리고 얼마 지나면 곡식이 익었

• 태양력 지구가 태양의 둘레를 한 바퀴 도는 시간을 1년으로 정해서 날짜를 계산한 달력
• 태음력 달이 지구를 한 바퀴 도는 시간을 기준으로 만든 달력

어요. 나일강의 수위가 가장 낮아질 무렵에 농부들은 수확을 했답니다.

인도의 카스트 제도는 왜 생겨난 걸까?
└인도 문명의 발전과 몰락

이제 인더스강으로 가 볼까요? 일찍부터 인더스강 일대에는 여러 도시들이 건설되었고, 농경과 목축이 발달했어요. 그러다가 기원전 2500년경 모헨조다로와 하라파에서 대형 도시가 건설되면서 본격적인 인도 문명이 시작되었지요.

고대 도시 모헨조다로는 1920년경 발굴되었는데, 세상을 깜짝 놀라게 했어요. 성벽으로 둘러싸여 있었고 안쪽으로는 높은 성채가 있었지요. 도시의 중앙부에는 곡물 창고와 대목욕장 같은 공공시설이 있었어요. 특히 대목욕장은 수십 명에서 많게는 백여 명까지 한꺼번에 들어갈 정도로 컸고 물을 공급하는 급수 시설, 물을 필요한 곳으로 전달하는 배수 시설, 오수를 처리하는 하수 시설이 완벽하게 갖추어져 있었죠.

주택은 대체로 벽돌로 만들어졌어요. 오늘날의 아파트와 비슷하게 여러 세대가 들어가 살 수 있는 구조였지요. 뿐만 아니라 도로망이 완벽히 정비되어 있었어요. 도로는 바둑판처럼 직선으로 뻗었지

요. 도로 밑으로 배수관을 설치해 각 주택의 우물까지 물을 보냈어요. 완벽한 계획도시였던 셈이지요.

이 모헨조다로 유적지에서 수천 개의 인장이 발견되었어요. 인장은 물소, 코끼리와 같은 동물이나 문자를 새긴 도장이에요. 이것을 가지고 흙에 새긴 문자를 인장 문자라고 하는데, 아직 해독하지 못하고 있어요. 이 인장은 메소포타미아 지방에서도 발견되었어요. 인더스강 유역 사람들이 메소포타미아 사람들과 교류를 했다는 뜻이에요.

모헨조다로는 약 1,000년간 번영했는데, 어느 날 갑자기 쇠퇴하고 말았어요. 중앙아시아*가 고향인 유목 민족이 침입했기 때문이에요. 그들이 아리아인인데, 기원전 1500년경 인더스강 유역으로 이동해 도시들을 정복하기 시작했어요. 아리아인들은 철제 무기를 가지고 있었고, 불을 잘 다루었어요. 그러니 인더스강 유역의 원주민들이 당해 낼 수가 없죠. 아리아인은 인더스강 유역을 완전히 정복하고, 원주민들을 노예로 삼았어요.

아리아인들은 그 후로도 정복 전쟁을 계속하면서 동쪽으로 나아갔어요. 그 결과 기원전 1000년경에는 갠지스강 유역까지 진출했어요. 이 정복 과정에서 아리아인들은 여러 지역에 나라를 세웠어요. 이후에는 아리아인들의 나라끼리 영토를 넓히기 위한 전쟁을 벌인답니다.

인도 문명이 발생한 지역

인도 문명의 인장 문자

• **중앙아시아** 아시아 대륙의 중부 지역을 일컫는다. 옛 소련을 구성했던 카자흐스탄, 키르기스스탄, 타지키스탄, 투르크메니스탄, 우즈베키스탄이 여기에 속한다.

브라만 (사제)

크샤트리아
(왕·귀족·군인)

바이샤 (농민·상인)

수드라 (노예)

불가촉천민

인도의 카스트 제도

인도에는 특이한 신분 제도가 있어요. 바로 카스트 제도이지요. 태어날 때부터 정해진 신분에 맞추어 직업을 갖고, 그 신분이 죽을 때까지 그대로 유지되는 게 카스트 제도예요. 물론 오늘날 법적으로는 이 카스트 제도가 폐지되었어요. 하지만 아직도 인도의 농촌이나 일부 지역에서는 카스트 제도가 관습처럼 남아 있답니다.

바로 이 카스트 제도를 만든 이들이 아리아인이에요. 아리아인들은 원주민을 효율적으로 지배하고, 지배 민족인 아리아인이 피지배 민족인 원주민에게 동화되는 것을 막으려고 이 신분 제도를 만들었어요.

아리아인의 경전인 《베다》에는 어떻게 신분을 구분했는지 나와 있어요. 크게 네 가지 신분으로 나누었어요. 가장 높은 신분은 브라만인데, 종교적 의식과 제사를 담당하는 제사장이 이 신분에 속해요. 두 번째 신분은 크샤트리아로 정치와 군사를 담당하는 왕족과 귀족, 장군이 대부분이었지요.

이러한 분류만 보면 아리아 사회에서는 종교 권력이 정치권력보다 강했음을 알 수 있어요. 아리아인들의 종교를 브라만교라 하는데, 《베다》가 바로 브라만교의 경전이었어요. 브라만교에서는 종교 의식이 매우 중요했고 복잡했어요. 설령 왕이라 하더라도 감히 종교 의식에 참견할 수 없었지요. 그래서 브라만 계급이 최고의 권력을 누린 거예요.

브라만과 크샤트리아는 지배 계급에 속해요. 피지배 계급으로는 세 번째 신분인 바이샤와 네 번째 신분인 수드라가 있어요. 바이샤는 일반 평민으로 농업, 상업 등 생산 활동과 교역 활동을 했어요. 수드라는 노예를 뜻해요.

그런데 이 네 가지 신분에도 들어가지 못하는 최하위 신분이 따로 있었어요. 아리아인들은 그런 신분과 접촉하기만 해도 불결해진다고 여겨 아예 가까이 가지도 않았어요. 그래서 이들을 불가촉천민不可觸賤民이라 불렀어요. '닿는 것조차 허용되지 않을 만큼 천한 사람'이라는 뜻이에요.

중국 봉건제는 유럽 봉건제와 어떤 점이 다를까?
└중국 문명의 탄생과 발전

마지막으로 중국 문명을 살펴볼 거예요.

기원전 6000년경 중국 황허강 일대에서 신석기 문화가 싹텄어요. 신석기 문화는 곧 남쪽의 창장강양쯔강과 북동쪽의 만주로도 확산했지요. 신석기 문화 초기에는 황허강 중류에서 채색 토기를 쓰던 양사오 문화가, 신석기 문화 후기에는 검은 토기를 쓰던 룽산 문화가 발달했어요. 황허강 중류와 하류에 도시 국가들이 나타난 것은 신석기 문화가 끝나갈 무렵이었어요. 기원전 2500년경에는 청동기를 쓰는 문명이 발생했어요.

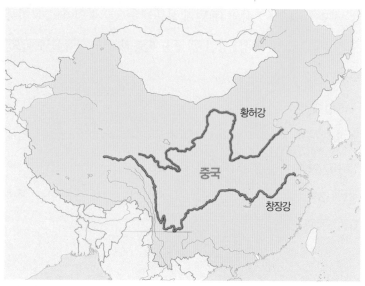

황허강과 창장강의 위치

　중국 문명은 기원전 1600년경 황허강 일대에 등장한 상 때 본격적으로 발전했어요. 상 이전에 하라는 나라가 존재했다고 주장하는 학자도 있어요. 하는 전설 속의 국가로 여겨졌지만, 최근 하의 유적으로 보이는 곳들이 발견되고 있어요. 진실을 알려면 조금 더 기다려야 할 것 같아요.

　상은 청동 무기와 청동 제사 도구를 사용했어요. 달력도 만들어 사용했지요. 문자도 발명해서 썼어요. 이 문자가 갑골 문자인데, 거북의 배딱지나 동물의 뼈에 새긴 글자를 가리켜요. 이 글자판을 불에 달구어 쩍쩍 갈라지는 모양을 보고 왕이 점을 쳤어요. 이 갑골 문자가 나중에 한자로 발전한답니다. 쉽게 말해 갑골 문자가 한자의 '어머니'인 셈이지요.

상의 마지막 왕은 폭군이었어요. 주지육림을 만든 장본인이라는 얘기도 있는데, 그만큼 나쁜 왕이었다는 뜻이겠죠? 당연히 주변 도시 국가들은 상의 폭정에 반발했어요. 그중 하나가 서쪽에 있는 주周였어요. 주는 기원전 11세기에 세워진 후 빠른 속도로 성장했어요. 주는 이윽고 상을 쳐서 정복하고 주변 도시들을 모두 제압했어요. 이렇게 해서 주의 시대가 시작되었지요기원전 1046년.

중국 문명의 갑골 문자

상의 지배를 받던 주가 상을 친 것은 반란이나 다름없어요. 그러니 다른 도시 국가들도 주를 상대로 반란을 일으킬 수 있겠죠? 그래서 주는 자기네가 일으킨 반란을 정당화하기 위해 "왕은 하늘이 덕이 있는 사람에게 명하는 자리이다."라며 천명사상天命思想을 강조했어요. 또한 "왕은 덕으로 백성을 통치해야 한다."라며 덕치주의德治主義도 내세웠지요. 훗날 공자는 이 사상을 계승해 유교를 발전시켰고, 주를 '영원한 마음의 고향'으로 여겼어요.

상의 영토는 황허강 일대에 불과했어요. 주의 영토는 창장강까지 이르렀답니다. 훨씬 넓어졌죠? 상을 무너뜨린 주의 무왕은 넓어진 영토를 다스리기 위해 제도를 정비했어요. 이때 등장한 것이 바로 봉건제예요. 봉건제가 어떤 방식으로 시행되었는지 살펴볼까요?

우선 왕이 있는 수도 호경은 왕이 직접 통치해요. 하지만 새로 정복한 영토는 왕이 직접 통치하지 않아요. 사실 그럴 만한 군사력이나 정치력도 없었어요. 그래서 왕족이나, 정복 과정에서 공을 많이 세운 공신들에게 통치하도록 했지요. 이들을 제후라고 불렀어요.

제후들은 자신이 통치하는 지역에서는 왕과 똑같은 권력을 누렸어요. 그 대신 주의 왕을 하늘의 아들이란 뜻의 '천자天子'로 받들면서 신하의 의무를 다했죠. 주의 수도가 적의 침략을 받으면 곧바로 군대를 보내거나 특산품, 세금, 제사에 쓸 물건과 사람이나 돈을 왕실에 보내는 식이죠.

제후는 왕에게서 받은 토지를 다시 신하에게 나누어 주었어요. 신하는 귀족인 경卿, 대부大夫, 사士를 가리켜요. 이들은 제후에게서 받은 토지에서 나오는 세금을 거둘 수 있었어요. 이렇게 해서 왕부터 맨 밑의 평민까지 계급을 매겨서 서열화한 것이 주의 봉건제예요. 훗날 중세 서유럽*에서도 봉건제가 시행되는데, 중국의 봉건제와 비슷하지만 다른 점이 꽤 있어요.

두 봉건제 모두 왕이 제후에게 '봉토'라는 땅을 준 것은 같아요. 다만 봉토를 주는 대상이 달랐어요. 주에서는 혈연관계인 왕족이나 공신에게 봉토를 주었어요. 반면 서유럽에서는 왕이 제후와 계약을 체결하면서 그 대가로 봉토를 주었고, 왕은 그 대가로 충성을 얻었지요. 왕과 제후의 사이가 나빠지면 계약은 파기됐어요.

시간이 흐르면서 주의 왕과 제후 사이의 끈끈한 관계가 약해졌어요. 왕이 되고 싶은 제후도 생겨났죠. 반대로 주 왕실은 약해졌고, 설상가상으로 외부의 유목 민족은 강해졌어요. 이러니 주의 봉건제가 흔들릴 수밖에 없지요.

● **서유럽** 유럽 대륙의 중서부 지역을 가리킨다. 영국, 아일랜드, 프랑스, 모나코, 벨기에, 룩셈부르크, 네덜란드 등이 서유럽에 속한다.

기원전 8세기 초, 주의 북서쪽에 있는 유목 민족인 견융이 쳐들어왔어요. 약해질 대로 약해진 주는 버틸 수 없었어요. 주 왕이 피살되기도 했어요. 결국 수도를 호경에서 동쪽의 낙읍^{뤄양}으로 옮길 수밖에 없었지요. 이 사건을 '주의 천도'라고 해요. 천도^{遷都}는 수도를 옮긴다는 뜻이에요. 이로써 중국은 여러 나라들이 천하를 다투는 춘추 전국 시대로 접어들었어요.

주의 천도

★ 단원 정리 노트 ★

1. 인류의 진화 과정

① 오스트랄로피테쿠스 아파렌시스 : 390만 년 전에 출현했다. 두 다리로 걸어서 다니면서 손을 사용하게 되었고, 간단한 도구를 사용했다. 화석이 아프리카에서만 발굴되기 때문에 아프리카를 벗어난 적이 없는 것으로 추정된다.

② 호모 에렉투스 : 180만 년 전에 출현했다. 구부정하던 등이 완전히 펴졌다. 언어와 불을 사용했다. 아시아와 유럽 등지에서 화석이 발굴되었다.

③ 호모 네안데르탈렌시스 : 40만 년 전에 출현했다. '네안데르탈인'이라고도 부른다. 죽은 사람을 매장한 것으로 보아 사후 세계를 믿었던 것으로 보인다.

④ 호모 사피엔스 : 현생 인류의 조상으로, 20만 년 전에 출현했다. 대표적인 화석으로 프랑스 크로마뇽 지방에서 발굴된 크로마뇽인이 있다.

2. 석기 시대의 도구

① 구석기 시대의 도구 : 돌과 돌을 부딪쳐 날카로운 모양으로 깨진 것을 도구로 활용했다. 돌에서 떼어 냈다고 해서 뗀석기라고 부른다. 찍개, 주먹 도끼, 슴베찌르개, 긁개 등이 있다.

② 신석기 시대의 도구 : 돌을 갈아서 쓰기 좋은 모양으로 만들어서 도구로 활용했다. 갈아서 만들었기 때문에 간석기라고 부른다. 돌도끼, 돌화살촉, 돌괭이 등이 있다.

3. 농업 혁명이 가져온 변화

농업 혁명 이전	농업 혁명 이후	내용
이동 생활	정착 생활	채집과 수렵, 어로(고기잡이)를 할 때는 먹을거리를 찾아 이동해야 했다. 하지만 농경을 시작하면서 한 곳에서 농사를 짓고 먹을거리를 찾아 떠날 필요가 없어져서 정착 생활을 시작했다.
무리 생활	부족 사회	맹수로부터 몸을 지키고 사냥을 하기 위해 힘을 모아야 해서 무리 생활을 하던 인류는 농사가 잘 되는 지역에 사람이 몰리면서 사회를 형성하게 된다. 처음에는 혈연관계인 사람들끼리 씨족 공동체를 이루다가 나중에 부족 사회를 이루게 되었다.
원시 공산 사회	사유 재산 토대 마련	여럿이 힘을 합쳐 사냥을 할 때는 먹을거리도 똑같이 나누어야 했기에 이때는 원시 공산 사회였다. 하지만 농경을 시작한 뒤로 땅에서 나는 곡식을 독차지하면서 사유 재산이 발생하는 토대가 마련되었다.
석기	청동기 탄생의 발판	생활에 여유가 생기면서 무언가를 새롭게 만들고자 하는 욕구가 강해졌고, 주변의 자연을 이용하는 지혜가 커졌다. 이는 석기보다 발달한 청동기가 탄생하는 계기가 되었다.
사후 세계	여러 가지 신앙 발생	구석기 시대에도 사람이 죽으면 매장하는 풍습이 있었지만, 농업 혁명 이후 사고력이 깊어진 인류는 애

니미즘, 토테미즘, 샤머니즘, 조상신 숭배 등의 신앙

을 만들어 냈다.

4. 문명이 탄생하는 과정

① 농경 시작과 사회 형성 : 농사를 위해 수량이 풍부한 강 지역으로 사람들이 모여들면

서 규모가 큰 사회가 형성되었다.

② 계급과 규칙 발생 : 치수 시설을 만들기 위해 많은 노동력을 동원하는 과정에서 지도

자가 나타났다. 그리고 사회 규모가 커지면서 질서를 유지하기 위한 규칙을 만들었

다. 이 과정에서 지배자와 피지배자 관계와 계급이 발생하고, 법이 생겨났다.

③ 기술 발전 : 정착 생활을 하고 여러 가지 토목 사업을 하면서 생산 기술이 점점 발전

했다. 이런 가운데 석기보다 한층 발달한 청동기와 철기 시대가 열렸다.

④ 교류 확대와 문자 발생, 도시의 형성 : 식량과 물자가 풍부해지면서 도시 간의 교역이

확대되었다. 상업 활동이 활발해지면서 무언가를 기록하기 위한 문자가 탄생했다.

교역이 활발한 지역은 문화와 경제, 정치의 중심지인 도시 국가로 발전했다.

5. 4대 문명의 공통점

① 농사를 짓기에 유리한 큰 강을 중심으로 형성되었다.

② 청동기를 사용했다.

③ 문자를 사용했다.

④ 물자가 풍부해지면서 상업이 활발해졌다.

④ 전쟁을 통해 주변의 여러 도시가 하나로 합쳐져 국가가 출현했다.

6. 4대 문명의 특징

메소포타미아 문명(기원전 3500년경)

- 오늘날의 이라크 지역인 티그리스강과 유프라테스강 유역에서 발생

- 쐐기 문자를 사용하고, 함무라비 법전 등의 성문 법전을 만듦

- 사방이 트인 평원 지대여서 도시들 간의 전쟁이 자주 일어남

- 당장의 현실과 현재의 삶을 중요하게 여김

대표적인 유물과 유적 : 쐐기 문자, 함무라비 법전, 지구라트, 《길가메시 서사시》, 우르, 라가시

이집트 문명(기원전 3000년경)

- 오늘날 이집트를 관통하는 나일강 하류 지역에서 발생

- 상형 문자를 사용하고, 비교적 이른 시기에 종교와 정치를 아우른 강력한 통일 왕조가 성립

- 적의 침략을 방어하기 좋은 지형으로 인해 비교적 안정적으로 국가를 운영

- 사람이 죽은 이후의 세계인 내세를 중시함

대표적인 유물과 유적 : 상형 문자, 피라미드, 미라

인도 문명(기원전 2500년경)

- 오늘날 인도 북부와 파키스탄을 관통하는 인더스강 유역에서 발생

- 인장 문자를 사용하고, 메소포타미아 지역과의 교역이 활발했음

- 아리아인이 침입하여 원주민을 지배하면서 브라만교를 믿고 카스트 제도를 운영

– 배수 시설과 도로, 대형 목욕장 등이 정비된 계획도시를 건설

대표적인 유물과 유적 : 인장 문자, 모헨조다로, 하라파

중국 문명(기원전 2500년경)

– 오늘날 중국을 가로지르는 황허강과 창장강 유역에서 발생

– 갑골 문자를 사용하고, 왕이 정치와 종교를 아우르는 신권 정치를 펼침

– 하와 상, 주, 세 왕조가 지배했다고 알려져 있으며, 주에 이르러 봉건제를 시행

대표적인 유물과 유적 : 갑골 문자, 은허, 청동기 제사 도구

3

고대 제국들의 특성과 주변 세계의 성장

: 제국의 시대로 돌입하다

- 페르시아 제국의 변천 과정에 대해 왕조별로 설명해 보세요.
- 중국 진·한 제국의 왕조별 특징과 제자백가의 사상에 대해 이야기해 보세요.
- 아테네와 스파르타의 차이점, 로마가 제국으로 성장한 과정을 설명해 보세요.
- 그리스 문화, 헬레니즘 문화, 로마 문화의 차이점을 설명해 보세요.

페르시아는 왜 관용 정책을 폈을까?

└아케메네스 왕조 페르시아의 서아시아 통일

최초의 문명이 탄생했던 메소포타미아 지역으로 다시 가 볼까요? 이곳을 포함해 서아시아*의 이후 역사를 지금부터 살펴볼 거예요.

바빌로니아 왕국에 이어 메소포타미아를 장악한 나라는 아시리아였어요. 아시리아는 기원전 8세기 중반에 메소포타미아의 최고 강사였던 바빌로니아까지 정복했어요. 아시리아 승리의 비결은 강력한 철제 무기와 전차 그리고 용맹하고 기동력이 뛰어난 기병이었

* **서아시아** 서남아시아라고두 한다. 이란, 이라크, 쿠웨이트, 바레인, 아랍에미리트, 시리아, 요르단, 사우디아라비아, 예멘, 레바논 등이 포함된나.

키루스 2세

어요. 그야말로 천하무적이었죠. 아시리아는 이어 이집트까지 정복했어요. 이로써 아시리아는 역사상 처음으로 오리엔트^{*서아시아와 이집}트 일대를 통일했답니다^{기원전 671년}.

하지만 아시리아는 오랫동안 번영하지 못했어요. 통치 방식이 상당히 잔혹하고 강압적이었기 때문이에요. 지배를 받는 다른 민족들이 연합해 아시리아를 공격했어요. 결국 아시리아는 오리엔트를 통일한 지 고작 60여 년 만에 멸망하고 말았어요^{기원전 612년}.

이후 오리엔트 지역은 신바빌로니아, 리디아, 메디아, 이집트로 다시 분열했어요. 잠시 신바빌로니아 왕국이 힘을 키웠지만 얼마 지나지 않아 쇠약해졌어요. 진정한 강자가 나타났거든요. 바로 아케메네스 왕조 페르시아인데, 오늘날 이란 사람들의 조상이 지금의 이란 지역에 세운 최초의 왕조랍니다^{기원전 559년}.

아케메네스 왕조 페르시아를 건설한 영웅은 키루스 2세^{키루스 대왕}였어요. 키루스 2세는 신바빌로니아를 정복한 뒤 '키루스의 원통^{Cyrus Cylinder}'이라 부르는 선언문을 발표했어요. 이 선언의 핵심은 관용 정책이었어요. 키루스 2세는 이 선언을 통해 "정복한 민족의 종교와 전통을 존중할 것이며 어느 민족도 위협하지 않겠다."라고 약속했어요. 또한 "그 누구도 다른 사람의 자유와 권리를 침해해서는 안 되고, 누구든 노예로 삼아서는 안 된다."라고 선포했지요.

이 선언 그대로 키루스 2세는 정복 지역의 백성을 핍박하지 않았어요. 그들이 세금만 제대로 내면 자치를 허용했어요. 이처럼 키루

• 오리엔트 '해 뜨는 곳', '동방'이라는 뜻이다. 유럽 대륙의 동쪽으로, 오늘날의 이집트, 사우디아라비아, 터키, 시리아, 팔레스타인 지역을 일컫는다. 로마 시대에는 이질적인 문화를 가진 세계라는 뜻이 덧붙여져 이슬람 세계로 범위가 확대되었다.

스 2세가 관용의 정치 풍토를 만들어 놓은 덕분에 아케메네스 왕조 페르시아는 다른 민족의 큰 저항에 직면하지 않았답니다. 아시리아와 많이 다르죠?

다리우스 1세 시기의 페르시아 영토

키루스 2세는 오리엔트 통일 직전에 목숨을 잃었어요. 그 대업을 이룬 인물은 그의 아들 캄비세스 2세였어요. 기원전 6세기 후반, 캄비세스 2세는 이집트를 정복해 오리엔트를 다시 통일했죠^{기원전 525년}.

캄비세스 2세의 뒤를 이어 왕에 오른 인물은 다리우스 1세^{다리우스 대왕}였어요. 이 다리우스 1세 시절, 페르시아의 영토는 사상 최대를 기록했어요. 동쪽으로는 인도 북서부의 인더스강 유역, 북쪽으로는 카스피해와 아랄해, 흑해 일대, 서쪽으로는 소아시아^{오늘날의 터키}를 넘어 마케도니아와 트라키아^{오늘날 유럽 발칸반도에 있던 나라}, 남서쪽으로는 이집트를 넘어 에티오피아의 일부 지역까지 정복했죠.

사상 최대의 제국을 건설한 다리우스 1세는 통치 체제를 정비했어요. 넓은 영토를 효율적으로 다스리기 위해 강력한 중앙 집권 체제를 구축했죠. 전체 영토를 20개의 주로 나누고, 각 주에는 총독을 파견해 통치했어요. 혹시 총독이 배신할 수도 있으니 감찰관을 따로 보내 총독을 감시하게 했어요. 이 감찰관은 '왕의 눈', 혹은 '왕의 귀'라고 불렀어요.

아케메네스 왕조 페르시아의 옛 수도인
페르세폴리스의 유적

　　수도와 전국의 주요 도시들을 연결하는 도로망도 깔았
어요. 대략 25킬로미터 지점마다 역참을 설치하고 수비병
을 주둔시켰어요. 역참은 왕명을 전달하는 관리에게 숙소를
제공하고 말을 교체해 주었지요. 이때 만든 도로 중에 아케
메네스 왕조 페르시아의 초기 수도였던 수사에서 소아시아
의 사르디스에 이르는 길이 특히 유명해요. 총 길이가 무려
2,400킬로미터인데, 이 길을 '왕의 길'이라고 했어요. 이 정
도 거리를 상인이 완주하려면 3개월이 걸려요. 하지만 역참
제 덕분에 다리우스 1세의 전령은 1주일 만에 도착했어요.
'왕의 길'의 일부가 현재도 사용된다니 상당히 튼튼하게 만
든 것 같죠?

　　다리우스 1세는 화폐와 도량형*도 통일했어요. 나아가 페르세폴
리스에 새로운 수도를 건설했어요기원전 518년. 이곳에 거대하고 화려한
궁전을 만들었는데, 그 궁전은 아시리아, 바빌로니아, 이집트 등 오
리엔트는 물론 그리스 폴리스의 건축 양식까지 반영해 만들었어요.
당시 문화를 집대성한 궁전인 셈이죠.

　　훗날 알렉산드로스가 페르세폴리스를 정복한 후 이 궁전의 재물
을 챙기는 데만 낙타 5,000마리, 노새 2만 마리가 필요했다고 해
요. 안타깝게도 이 궁전은 오늘날 볼 수 없어요. 알렉산드로스가
술에 취해 홧김에 불을 질렀거든요. 그는 술이 깬 다음에 크게 후
회했다고 해요.

● 도량형 길이, 무게, 부피를 재는 단위
　또는 방법

파르티아와 사산 왕조의 가장 큰 차이점은?

└ 사산 왕조 페르시아의 흥망

다리우스 1세 시절, 처음으로 동서양이 맞붙은 전쟁이 터졌어요. 바로 그리스·페르시아 전쟁이에요. 이 전쟁은 페르시아와 그리스의 폴리스들이 약 50년간 여러 차례에 걸쳐 치른 모든 전쟁을 가리켜요. 이 전쟁에 대해서는 뒤에서 다시 다룰게요.

일단 여기서는 이 그리스·페르시아 전쟁에서 패함으로써 페르시아의 국력이 빠른 속도로 약해졌다는 점만 알아 두세요. 중앙 집권 체제는 무너졌고, 각 주의 총독들은 너도나도 반란을 일으켰어요. 그런 상황에서 마케도니아의 알렉산드로스가 이 전쟁에 대해 복수하겠다며 동방 원정을 단행했어요. 이 동방 원정 때 아케메네스 왕조 페르시아는 멸망하게 되지요^{기원전 330년}.

아케메네스 왕조 페르시아가 멸망한 후 당분간 이란 혈통의 나라는 빛을 보지 못했어요. 인도 북서쪽에서부터 지중해에 이르는 영역까지 헬레니즘 세계가 구축되었기 때문이지요. 헬레니즘 세계는 알렉산드로스의 동방 원정 결과로 만들어진 제국[*]이에요. 이에 대해서는 곧 다룰 거예요.

알렉산드로스가 건설한 제국은 곧 무너졌어요. 제국은 여러 개로 쪼개졌죠. 페르시아의 옛 땅에도 박트리아, 파르티아 같은 나라들이 세워졌어요.

* **제국** 황제가 다스리는 나라. 정복 전쟁의 결과로 탄생한, 여러 민족을 아우른 큰 나라를 뜻한다.

이 가운데 파르티아는 이란계 유목 민족이 이란 북동부에 세운 나라였어요. 파르티아는 페르시아 문자를 사용하는 등 페르시아의 전통을 계승했지만 아케메네스 왕조를 계승한다고 직접 선언하지는 않았어요. 파르티아도 한때 중계 무역으로 크게 번영했지만 오래가지는 못했어요. 서쪽에는 로마 제국이 있었고, 동쪽에는 인도 쿠샨 왕조가 있었거든요. 양쪽으로부터 위협을 받다 보니 점차 국력이 약해진 거예요.

이 무렵이 대략 3세기 초반이었어요. 파르티아의 장군이었던 아르다시르 1세가 아케메네스 왕조 페르시아를 계승하겠다며 새로운 나라를 건설했죠. 그 나라가 바로 사산 왕조 페르시아였어요[226년].

사산 왕조 페르시아는 곧바로 파르티아 지역을 정복했고, 이어 인도 쿠샨 왕조마저 속국*으로 만들었어요. 불과 몇 년 사이에 메소포타미아에서 인도에 이르는 광대한 영토를 확보한 거예요. 완벽하게 페르시아가 부활했죠?

이 무렵 로마 제국은 이집트와 소아시아 일대도 지배하고 있었어요. 사산 왕조 페르시아가 서아시아를 지배하고 있었으니 두 나라가 국경을 맞대게 됐어요. 3세기 중반에는 두 나라의 군대가 에데사[터키 남동부 도시]에서 격돌했어요. 사산 왕조 페르시아에서는 2대 왕인 샤푸르 1세가, 로마에서는 황제인 발레리아누스가 직접 군대를 지휘할 정도로 큰 전투였어요. 이 전투에서 로마 황제가 붙잡혔어요. 샤푸르 1세는 로마 황제를 처형해 버렸답니다. 알렉산드로스에

* 속국 외형적으로는 독립국의 지위를 갖고 있지만, 실제로는 다른 나라에 의해 정치·경제·군사적으로 지배를 받는 나라

게 처참히 패했던 과거를 완벽하게 복수한 셈이에요. 물론 이후로도 페르시아와 로마는 지겹도록 싸운답니다.

그 후로도 사산 왕조 페르시아는 400여 년 이상을 번영했어요. 정치 체제는 과거의 아케메네스 왕조 페르시아와 비슷한 점이 많았어요. 강력한 중앙 집권제를 도입했고, 지방에는 총독을 파견했죠. 경제적으로는 중계 무역이 특히 발달했어요. 동양과 서양의 중간 위치에 있는 이점을 최대한 살린 거죠.

그러나 사산 왕조 페르시아의 종말도 여느 나라와 다르지 않았어요. 물이 고이면 썩는 것처럼 정치가 부패했고, 그러다 보니 반란이 많이 일어났어요. 국경을 접한 비잔티움 제국과의 전투가 빈번해지면서 국력이 약해졌지요. 결국 사산 왕조 페르시아도 7세기 중반 멸망하고 말았어요[651년].

사산 왕조 페르시아를 무너뜨린 세력은 아라비아반도에서 태동한 이슬람 세력이었어요. 이후 이슬람 세력이 크게 성장하면서 페르시아의 옛 땅에는 한동안 이란 혈통의 나라가 들어서지 못한답니다. 하지만 세금 제도나 군사 조직과 같은 페르시아의 제도와 문화는 고스란히 이슬람 세계로 이어졌어요. 결과적으로 '페르시아는 멸망했지만 페르시아의 우수한 제도와 문화는 살아남아 인류 발전에 기여했다.'라고 할 수 있지요.

현대 종교의 기원은 페르시아에서 나왔다
└페르시아의 문화 발전

페르시아가 군사력만 강한 나라라고 알고 있는 사람들이 간혹 있어요. 아케메네스 왕조 페르시아가 오리엔트 전역을 다시 통일하고, 사산 왕조 페르시아가 파르티아와 인도 쿠샨 왕조를 무너뜨리는 등 군사적 업적이 적지 않기 때문이지요. 하지만 페르시아는 문화 강국이기도 했습니다. 특히 종교 분야에 있어서 페르시아의 업적이 꽤 커요. 세계에서 가장 먼저 선진 종교에 눈을 뜬 나라가 바로 페르시아였거든요. 이 종교가 조로아스터교인데, 훗날 크리스트교와 이슬람교에 큰 영향을 주었답니다. 불교를 뺀다면 조로아스터교가 '현대 종교의 어머니'인 셈이지요.

조로아스터교는 기원전 6세기 중반, 그러니까 아케메네스 왕조 페르시아 시절에 만들어졌어요. 당시 예언자인 조로아스터^{자라투스트라}가 창시했는데, 아후라 마즈다라는 신을 숭배했어요. 조로아스터교에서는 이 세상을 선과 악이 투쟁하는 공간으로 보았어요. 아후라 마즈다는 선과 빛의 신이지요. 조로아스터교 신도들은 아후라 마즈다가 악과 어둠의 신인 아리만을 물리치고 세상을 구원할 것이라 믿었어요.

조로아스터교가 크리스트교와 이슬람교에 영향을 미쳤다는 사실은 교리에서 알 수 있어요. 우선 조로아스터교에서는 사람이 죽으면 살아 있을 때의 행적에 따라 천국 혹은 지옥으로 간다고 보았어요. 이 세상에 종말이 오면 사람들은 신에게 최후의 심판을 받지요. 천국과 지옥, 종말과 최후의 심판, 아후라 마즈다와 같은 구세주의 등장 같은 사상은 모두 크리스트교와 이슬람교에서도 나타나요.

조로아스터교 사원의 아후라 마즈다 형상

크리스트교의 경전은 《성경》, 이슬람교의 경전은 《쿠란》, 불교의 경전은 불경이에요. 마찬가지로 조로아스터교에도 경전이 있었는데, 이를 《아베스타》라고 해요. 조로아스터교에서는 불을 소중하게 여겼어요. 아후라 마즈다의 상징이 바로 불이었거든요. 이 때문에 나중에 중국으로 전파된 후에는 배화교拜火敎라 불리기도 했어요. '불을 숭배하는 종교'란 뜻이지요.

아케메네스 왕조 페르시아의 전성기를 이끈 다리우스 1세는 이 조로아스터교를 적극 지원했어요. 덕분에 조로아스터교는 크게 성장할 수 있었습니다. 그러다 사산 왕조 페르시아 시절에는 조로아스터교를 국교로 정하고 경전인 《아베스타》를 정비하는 작업을 벌였어요. 사산 왕조 페르시아 때에는 이 밖에도 마니교라는 새로운 종교가 등장했어요. 마니교는 크리스트교, 불교 등을 융합한 종교였습니다.

이제 페르시아의 문화에 대해 살펴볼게요. 페르시아의 문화를 한

마디로 요약하자면 상당히 국제적이었어요. 동쪽의 인도 문화에서 부터 메소포타미아의 바빌로니아와 아시리아의 문화, 이집트와 그리스의 문화까지 모두 수용했기 때문이에요. 아케메네스 왕조 페르시아의 수도였던 페르세폴리스는 국제적인 도시로 성장했어요. 전 세계에서 온 상인이 장사를 했을 뿐 아니라 각국의 사신들도 쉽게 볼 수 있었지요. 페르세폴리스의 거대한 왕궁은 안타깝게도 알렉산드로스의 동방 원정 때 파괴되어 일부 기둥과 같은 유적만 남아 있어요. 이 왕궁 또한 오리엔트의 여러 건축 양식을 종합해 지었다고 했지요?

페르시아는 지리적 특성 때문에 동서양의 문화와 상품을 연결하는 중계 역할을 했어요. 중국의 비단이 로마로 전파되고, 그리스 의학이 동아시아로 전파되는 데 페르시아의 역할이 컸지요.

페르시아의 금속 공예품과 유리 공예품은 놀랄 정도로 정교하답니다. 페르시아의 은그릇과 유리그릇은 서쪽으로는 로마, 동쪽으로는 비단길을 따라 중국으로 전파되었어요. 사산 왕조 페르시아가 멸망한 후에는 페르시아 왕족들이 중국으로 대거 망명하면서 더 많은 페르시아 문물이 전해졌어요. 당시 당의 수도인 장안에서는 페르시아 문화가 크게 유행했다고 해요.

흥미로운 점은, 중국으로 전파된 페르시아 문물이 신라를 거쳐 일본으로도 전파되었다는 거예요. 실제로 신라 고분에서 페르시아 주전자와 유리병 등이 발견되었어요. 전혀 상관없어 보이지만 이처럼 세계는 항상 교류하면서 발전했답니다. 그래서 역사가 재미 있는 거예요.

와신상담이란 한자성어가 탄생한 배경은?
└춘추 전국 시대와 제자백가

이번에는 중국으로 가 볼까요?

기원전 8세기 초에 주가 유목민인 견융을 피해 수도를 호경에서 동쪽의 낙읍^{뤄양}으로 옮겼어요. 주 왕실의 권위가 추락했겠죠? 이때 부터 제후들이 천하를 차지하려고 다투는 춘추 전국 시대가 시작 됐어요.

약 550년 동안 계속된 춘추 전국 시대는 크게 춘추 시대^{기원전 770~기원전 403년}와 전국 시대^{기원전 403~기원전 221년}로 나눠요. 춘추 시대는 공자가 쓴 책 《춘추》에서, 전국 시대는 유향이란 사람이 쓴 《전국책》에서 이름을 따왔답니다.

춘추 시대에는 아무리 강한 제후라도 스스로를 왕이라 부르지는 않았어요. 주의 왕을 받들고 있다는 걸 보여 주려고 자신은 왕보다 한 단계 신분이 낮은 '공^公'이라 칭했죠. 다만 주의 제후국이 아니었 던 남쪽 초의 왕은 처음부터 스스로를 왕이라 칭했어요.

춘추 시대에 특히 세력이 강했던 제, 진, 초, 오, 월 등 다섯 나

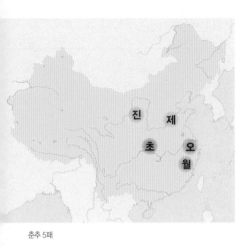

춘추 5패

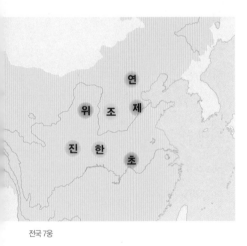

전국 7웅

라를 춘추 5패라 불렀어요. 이 중에서 창장강 하류에 있던 오와 월은 대결 과정에서 수많은 일화를 남겼어요. 그중에서 특히 유명한 이야기가 와신상담臥薪嘗膽이죠.

두 나라의 왕은 모두 치욕을 당한 경험이 있었고, 서로에게 복수를 다짐했어요. 오의 왕은 불편한 섶짚단 데미에서 잠을 잤어요臥薪. 나뭇가지가 등을 콕콕 찌를 때마다 복수를 떠올렸지요. 월의 왕은 쓰디쓴 쓸개를 핥으면서嘗膽 이를 갈았어요. 이 행동을 한자로 옮긴 것이 바로 와신상담이에요. 오늘날에도 이 말은 재기하려고 고통을 참으며 노력하는 사람들에게 사용한답니다.

춘추 시대에는 형식적으로라도 제후들이 주 왕실을 받들었죠? 전국 시대에는 제후들이 아예 주 왕실을 무시했어요. 춘추 시대의 춘추 5패처럼 전국 시대에도 한, 위, 조, 진, 초, 제, 연 등 전국 7웅이 있었어요. 이 중에 최후의 승자가 있어요. 바로 진이죠. 진은 550년 만에 중국을 통일한답니다.

이제 춘추 전국 시대의 경제와 문화에 대해 살펴볼게요. 아무리 혼란기라고는 하나 경제는 크게 발전했어요. 기원전 6세기 무렵부터 중국 전역에 철제 농기구가 보급되었고 소를 농사에 활용하기 시작했어요. 소를 이용한 농법을 우경이라고 하는데, 소의 힘을 이용하니 땅을 더 깊이 갈 수 있었어요. 토지를 개간하기가 쉬워진 거죠. 물론 관개 시설도 만들었어요. 이런 노력 덕분에 그 혼란스러운 와중에도 농업 생산력이 크게 늘었어요.

농업이 발달하니 상업과 수공업도 발달했고, 덩달아 도시가 성장하고 시장도 늘었어요. 시장에서 물건을 거래하니 화폐도 사용되겠지요? 이때 여러 나라가 화폐를 만들어 사용했어요. 이 무렵부터 농민, 수공업자, 상인이 비교적 확실하게 구분되기 시작했답니다.

춘추 전국 시대의 가장 큰 특징은 사상과 철학이 발전했다는 점이에요. 철학자와 사상가들은 혼란을 수습할 방법을 찾기 위해서 세상을 살폈고, 천하를 얻으려는 제후들은 승리할 방법을 찾기 위해 이들을 영입하려 했어요. 그 결과 철학과 사상의 꽃이 활짝 피었어요.

이때에 활동한 철학자와 사상가들을 '제자백가'라고 해요. 여러 학자들이 많은 학파를 만들어 활동했다는 뜻이에요. 이때 탄생한 학문과 사상은 중국을 넘어 동아시아 전역에 큰 영향을 미쳤어요. 오늘날에는 이 학문을 동양 철학이라 불러요. 제자백가 중에서 대표적인 학파와 사상가를 살펴볼까요?

첫째, 공사와 맹사의 유가를 꼽을 수 있어요. 공자는 가족 윤리를 확대해 통치에 적용시켜야 한다고 했어요. 이게 도덕 정치예요. 유가 사상의 핵심은 인仁과 예禮입니다. 인은 어진 마음을 뜻하고 예는

공자

사람들이 각자 지위에 맞게 지켜야 할 법도를 가리켜요. 쉽게 말해 모든 사람이 각자 자신의 지위에 맞게 어진 마음을 실천하고 법도를 지키면 전쟁이 사라지고 평화가 온다는 거예요. 유가에서는 도덕을 상당히 중요하게 여겼어요. 한 나라의 군주인 왕도 덕으로써 백성을 통치해야 한다고 했지요. 이것이 바로 왕도 정치예요.

둘째, 한비자의 법가도 알아 둬야 해요. 법가 사상의 핵심은 '법에 따른 엄격한 통치'였어요. 법가는 원래 사람은 이기적이기 때문에 강력한 법을 통해 질서를 바로잡아야 혼란을 극복할 수 있다고 주장했어요. 진은 법가 사상을 통치 이념으로 삼아 부국강병을 이뤘어요.

셋째, 노자와 장자의 도가도 큰 인기를 끌었어요. 노자가 쓴《도덕경》이란 책을 통해 도가 사상을 알 수 있어요. 도가 사상의 핵심은 무위자연無爲自然이에요. 억지로 무엇을 하려 하지 말고 자연의 도리에 따라 살라는 거죠. 이 도가 사상이 종교로 발전한 것이 도교랍니다. 도가는 회화와 시 등의 예술 작품에도 많은 영향을 미쳤어요.

노자

넷째, 묵자의 묵가도 있어요. 묵가 사상의 핵심은 '차별 없는 세상'이었어요. 이런 세상을 만들어야 전쟁을 끝낼 수 있고, 왕도 백성과 똑같이 일해야 한다고 묵가는 주장했어요. 당시 기준으로는 현실성이 없어 보였는지, 묵가 사상은 다른 세 사상보다 훨씬 일찍 맥이 끊겼답니다.

진시황은 왜 책을 태웠을까?
└진의 중국 통일

자, 이제 진이 중국을 통일하는 과정을 살펴볼 게요.

기원전 4세기경 진의 재상* 상앙은 법가를 받아들여 개혁에 돌입했어요. 그 덕분에 진은 부국강병을 이룰 수 있었어요. 아마 상앙이 없었더라면 훗날 진이 중국을 통일하는 위업을 달성하지 못했을 수도 있어요.

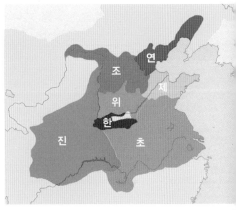

기원전 240년경 전국 7웅 국가들의 영토

전국 시대 막바지인 3세기 초반에 흥미로운 정치 전략 대결이 벌어졌어요. 먼저 소진이란 정치인이 진을 뺀 나머지 6개국을 돌며 "강력한 진에 맞서려면 약한 6개국이 연합해야 한다."고 주장했어요. 이 전략을 합종이라고 해요. 그러자 장의란 정치인은 진을 찾아가 "6개국을 격파하려면 진이 6개국과 각각 조약을 맺어 6개국이 자기들끼리 동맹을 맺지 못하도록 해야 한다."라고 했어요. 이 전략을 연횡이라고 해요. 이 둘을 합쳐 합종연횡이라고 해요. 요즘에도 정치인이나 정당이 각자의 이익을 위해 상대방과 뭉쳤다가 흩어질 때 이 말을 쓰죠.

합종연횡의 결과는 어땠을까요? 강대국 진의 승리였어요. 기원전 3세기 후반이 되자 진은 한 나라씩 격파했고, 그 결과 중국 전역

• **재상** 왕을 도와 모든 관리를 감독하는 최고 관직의 관리

을 통일할 수 있었죠^{기원전 221년}. 진은 통일 후에도 영토를 더 넓혀 광둥과 베트남 북부까지 진출했어요. 오늘날 중국의 영토와 많이 비슷해진 거예요.

진의 왕은 중요한 관직을 모두 왕의 직속 기관으로 두었어요. 왕의 칭호를 황제로 격상시키면서 자신을 '첫 번째 황제'란 뜻의 시황제로 칭했죠. 짐朕이란 용어는 백성이 자신을 가리킬 때 썼던 말인데, 황제가 스스로를 지칭할 때만 쓰도록 했어요. 황제의 도장은 따로 옥새라고 불렀죠.

시황제는 강력한 왕권을 바탕으로 전국을 직접 통치하는 중앙집권 체제를 구축했어요. 진의 수도는 함양^{산시성 셴양}에 두었어요. 나머지 전국을 36개의 군으로 나누고 군 밑에는 현을 두었는데, 이게 군현제예요.

군과 현에는 관리를 직접 보냈어요. 그 관리들에게 황명이 빨리 전달돼야겠죠? 혹시 지방에서 반란이 일어나면 재빨리 군대를 보내야 해요. 이를 위해 시황제는 도로망을 정비했어요. 나아가 여러 나라별로 각자 사용하던 문자와 화폐, 도량형을 모두 통일했어요. 이때 통일된 동전이 모양이 동그랗고 가운데 사각형의 구멍이 뚫린 반량전이죠. 진시황제는 심지어 수레바퀴의 폭도 똑같이 정했어요.

진시황제는 중국을 통일한 영웅이지만, 독재자이기도 했어요. 대규모 토목 공사에 백성을 강제 동원했지요. 우선 북쪽 유목 민족

흉노의 침입에 대비해 만리장성을 쌓았어요. 이때 만리장성이 완성된 건 아니에요. 그 후 여러 왕조가 보강 공사를 벌여 오늘날의 모습이 되었죠. 총 길이는 약 2,700킬로미터인데, 본 성벽에서 갈라진 것까지 합치면 6,400킬로미터나 돼요.

만리장성

진시황제의 무덤인 진시황릉은 높이만 116미터일 정도로 규모가 커요. 진시황릉에 딸린 병마용갱이 지금까지 4개 발견됐는데, 여기에서만 6,000여 개의 병마용이 발굴되었답니다. 병마용은 흙으로 만든 병사와 말 인형을, 갱은 지하 굴을 뜻해요. 진시황제는 자신이 머물 궁궐도 초대형으로 지었어요. 그 궁궐의 이름이 아방궁인데, 오늘날에도 크고 화려한 주택을 보면 "아방궁 같다."라고 말해요.

병마용갱

유학자들이 독재를 비판하자 진시황제는 법가 사상을 기록한 책과 실용적인 내용을 담은 책을 뺀 나머지 서적을 모두 태웠어요. 자신을 비판하는 유학자는 산 채로 구덩이에 묻었죠. 책을 태우는 것을 분서, 유학자를 땅에 묻는 것을 갱유라고 해요. 둘을 합치면 분서갱유焚書坑儒가 되지요.

민심은 점점 더 나빠졌어요. 결국 진시황제가 사망한 이듬해부터 큰 반란이 일어나기 시작했어요. 대표적인 것이 진승·오광의 난이에요.

진승과 오광은 나라의 구석진 곳, 즉 변방을 수비하기 위해 농민을 이끌고 이동하고 있었어요. 그런데 장마가 시작되는 바람에 기한 내에 목적지에 도착할 수 없게 되었어요. 그러면 사형이란 벌을 받아야 해요. 어차피 죽을 거면 저항이라도 해 보자며 반란을 일으켰지요.

이 진승·오광의 난은 6개월 만에 진압되지만 이후 농민 봉기가 전역에서 일어났어요. 그 결과 진시황제가 중국 전역을 통일한 뒤 고작 15년 만에 진은 멸망하고 말았어요^{기원전 206년}. 오늘날 중국을 영어로 차이나^{China}라고 해요. 이 차이나가 바로 진^{Chin}의 이름에서 비롯된 거랍니다. 이 점을 생각하면 그래도 진의 역사가 허무하지만은 않은 것 같지요?

사면초가의 유래는?
└한의 성립과 발전

진이 멸망하자 중국은 다시 영웅들의 전쟁터가 됐어요. 가장 두각을 나타낸 두 영웅이 한의 유방^{한 고조}과 초의 항우였어요.

유방과 항우의 군대는 해하란 곳에서 마지막 전투를 치렀습니다. 유방 측은 항우의 군대를 포위한 뒤 자신의 병사들에게 초의 노래를 부르도록 했어요. 포위된 항우의 병사들은 고향 노래가 들려오자 슬픔에 잠긴 채 싸울 생각이 사라져 항복했어요. 항우는 도망치다 스스로 목숨을 끊었지요. 사방에서 초의 노래가 들려온다는 뜻의 사면초가四面楚歌가 이때 만들어진 한자성어예요.

한 고조 유방

이로써 한이 중국을 통일하는 위업을 달성했어요기원전 202년. 한 고조는 장안산시성 시안에 수도를 정한 뒤 통치 체제를 정비했어요. 진의 군현제와 주의 봉건제를 혼합한 군국제郡國制를 시행했죠. 군국제는 중앙 정부와 가까운 지역은 황제가 통치하고, 멀리 떨어진 지역은 제후가 통치하는 형태예요. 이어 고조는 전쟁으로 지친 백성을 달래기 위해 세금을 줄이고 여러 제도를 손질했어요.

한이 전성기를 맞은 것은 기원전 2세기 중반 무제7대 시절이에요. 무제는 강력한 왕권을 확립했어요. 전국에 황제의 명령이 바로 전달되도록 다시 군현제를 시행했죠. 또한 영토를 크게 넓혀 베트남 북부까지 세력을 뻗었어요. 무제는 고조선을 멸망시키기도 했어요.

한 무제

무제는 북방의 유목 민족 흉노를 정벌하기 위해 원정대도 보냈어요. 이 원정대의 사령관 장건은 동맹국을 찾기 위해 서역에서 13년을 헤맸어요. 서역은 중국 서쪽의 나라들로, 중앙아시아와 서아시아, 나아가 유럽을 가리킨답니다. 하지만 그 나라들은 냉담했고 장건은 빈손으

장건을 중앙아시아로 파견하는 한 무제의 모습을 담은 그림. 둔황 막고굴에서 발굴되었다.

로 귀국했어요. 하지만 아무 성과가 없는 건 아니었어요. 장건이 13년 동안 개척한 길이 바로 비단길 실크로드로, 이후 동서 교류의 통로가 되었거든요. 이 길을 통해 중국의 비단, 제지술 등이 서역과 로마로 전파됐고 헬레니즘 문화와 불교, 이슬람교가 들어왔답니다.

무제가 전쟁을 많이 치렀다고 했죠? 돈이 필요하지 않겠어요? 무제는 국가 재정을 확충하기 위해 소금과 철을 중앙 정부가 전매 독점 판매하도록 했어요. 당시 소금은 없어서는 안 될 음식 재료였고, 철은 무기와 도구를 만드는 데 꼭 필요한 재료였으니 상당히 중요한 상품이었어요. 이를 중앙 정부가 전매하니 국가 재정이 상당히 풍족해졌겠지요?

무제는 54년 동안 중국을 통치하고 사망했어요. 그가 살아 있을 때 한은 전성기를 누렸고 수도 장안은 세계적인 도시로 발전했어요. 하지만 그가 죽자 곧바로 혼란이 시작됐어요. 특히 외척의 횡포가 심해졌어요. 외척은 왕과 황제의 아내가 속한 가문을 가리켜요. 외척의 권력이 강해지면 왕과 황제가 허수아비가 돼 버려요. 실제로 외척인 왕 씨 가문이 권력을 장악하자 왕권이 추락했어요. 심지어 왕망이란 인물은 한을 멸망시키고 새 나라를 세웠어요. 이 나라가 신이에요[8년]. 신이 16년이란 짧은 시간에 멸망했기 때문에 존재 자체도 모르는 사람이 많아요.

신을 멸망시킨 인물은 유수라는 이름의 한 황족이었어요. 유수는 새로운 나라를 세우지 않고 한을 계승하기로 했어요. 그래서 유수가 세운 나라를 후한後漢이라고 해요. 유수는 후한의 첫 황제인 광무제가 되었지요. 그렇다면 한 고조가 세운 나라는 전한前漢이 되겠지요?

후한 말기가 되자 중앙 정부에는 다시 외척과 환관이 설치기 시작했어요. 지방에서는 대농장을 가진 호족이라는 새로운 귀족 세력이 등장했어요. 외척, 환관에 호족까지 가세하자 정치가 더 어수선해졌어요. 의지할 곳이 없던 농민들은 태평도라는 종교 단체에 마음을 주기 시작했어요. 이 태평도의 세력이 점점 커지더니 급기야 대규모 농민 봉기가 일어났어요. 봉기군은 노란색 두건을 머리에 둘렀기 때문에 황건적이라 불렀어요. 그래서 이 봉기를 황건적의 난이라고 하죠184년.

이 황건적의 난 이후 호족들이 잇달아 중앙 정계로 진출했어요. 호족들은 천하통일이란 새로운 꿈을 꾸기 시작했어요. 이때부터 춘추 전국 시대만큼은 아니지만 또다시 중국은 영웅들이 천하를 다투는 시대로 접어들었지요. 이후 후한 황제는 결국 호족인 조조의 아들 조비에게 황제 자리를 넘겨주게 돼요. 그 결과 후한은 멸망했어요220년. 후한의 뒤를 이은 이 나라가 위예요. 주→춘추 전국 시대→진→한에 이어 위진 남북조 시대로 이어진 거지요.

한자라는 말은 어디에서 유래했을까?
└한대 문화의 특징

중국의 영어 이름 China는 진에서 비롯되었죠? 하지만 중국의 문화는 한漢에 바탕을 둔 게 더 많아요. 중국의 언어를 한자漢字라고 하지요? 중국의 다수 민족은 한족漢族이라고 해요. 여기서 쓰인 '한'이 바로 나라 이름인 한에서 비롯된 거예요. 한은 400여 년간 중국 전통문화의 뿌리를 굳건하게 내렸다는 평가를 받고 있답니다. 한대의 문화를 조금만 더 살펴볼까요?

한대에는 유학이 발달했어요. 진대에는 유학을 탄압했죠? 그 흐름이 바뀐 거예요. 한의 전성기를 이끌었던 무제는 유가인 동중서를 참모로 삼고, 유가 사상을 통치 이념으로 삼았어요. 유학을 공부하는 국립 대학인 태학을 설립했고, 흩어져 있던 유학 경전을 정리하도록 했죠. 관리를 선발할 때도 유교를 얼마나 잘 이해하고 있는지, 유교적 소양은 갖추었는지를 따졌어요. 이런 노력 덕분에 유가 사상이 다시 발전한 거예요. 보통 유교에서 말하는 5대 경전이 있어요. 《주역》, 《시경》, 《서경》, 《예기》, 《춘추》가 바로 그것이지요. 이 5대 경전에 통달한 유학자를 오경박사라고 했어요. 한대에는 이 오경박사가 상당히 존경을 받았죠.

무제 시절, 오늘날까지도 중국을 대표하는 역사서가 편찬되었어요. 바로 사마천이 쓴 《사기》입니다. 이 책은 신화 시절의 중국에서부터 사마천이 살고 있던 무제 시절까지의 이야기를 담았어요. 총 139권의 대작으로, 가장 방대한 중국 역사서랍니다. 이 역사책은 왕의 이야기, 제후의 이야기, 영웅의 이야기 등을 따로 정리하는 형식이었는데, 이를 기전체라고 해요. 《사기》 이후로 이 책에 영향을 받아 이런 식으로 역사를 서술한 책들이 많았지요. 중국 전한 시절에 《사기》라는 방대한 역사서가 탄생했고, 후한 시절에는 반고가 《한서》라는 역사서를 썼다는 사실도 알아 두세요.

전한 시절에 장건이 비단길을 개척했죠? 왕망이 신을 세운 후에 비단길은 사실상 폐허로 변했어요. 막혔던 비단길을 반초란 인물이 다시 뚫었어요[73년]. 덕분에 동서 교류의 중요한 통로를 유지할 수 있었죠.

후한 시절에 과학도 발전했어요. 장형이란 인물은 세계 최초의 지진계인 지동의를 발명했어요. 천체를 관측하는 기구인 혼천의도 후한 시절에 만들어졌어요.

2세기 초 환관 채륜이 종이를 개량하는 데 성공했다는 점을 기억해 두세요. 그전까지는 비단, 대나무, 양피지 등에 글자를 기록했어요. 이런 재료들은 상당히 비쌌습니다. 채륜은 닥나무와 삼의 껍질을 이용해 값이 싼 종이를 만들었어요. 덕분에 많은 지식을 손쉽게 기록할 수 있게 되었어요. 중국의 제지술은 중국의 4대 발명품 중하나로, 훗날 이슬람권을 거쳐 서양으로까지 전파된답니다.

서방 세계의 중심인 로마 제국과 교류를 시도한 점도 눈에 띄어요. 로마 사절단이 한에 와서 황제를 알현함으로써 동서양의 제국이 처음으로 만났지요[166년].

아크로폴리스와 아고라의 차이는 무엇일까?
└아테네와 스파르타의 발전

이번 단원에서 마지막으로 찾아가 볼 지역은 지중해 주변이에요. 먼저 그리스로 갈게요.

그리스 주변 바다를 에게해라고 불러요. 그래서 이 일대에서 발생한 그리스 문명을 에게 문명이라고 하지요. 에게 문명은 메소포타미아 문명과 이집트 문명의 영향을 받아 발생했어요.

에게 문명은 크게 크레타 문명과 미케네 문명으로 나뉜답니다. 기원전 2000년경 그리스 남단, 지중해 동부에 있는 크레타섬에서 처음 발달한 문명을 크레타 문명이라고 해요. 현재 남아 있는 크노소스 궁전 유적을 보면 크레타 문명이 얼마나 번영했는지 짐작할 수 있어요.

그리스 본토 미케네 사람들은 기원전 1600년경부터 미케네 문명을 발전시켰어요. 미케네 사람들은 나중에 크레타섬을 정복해 크레타 문명을 무너뜨렸어요. 소아시아의 트로이를 정복하기도 했지요. 이 트로이 전쟁을 소재로 만들어진 서사시가 《일리아드》와 《오디세이》이지요.

미케네 문명은 기원전 1200년경 멸망했어요. 시간이 한참 흘렀고, 그리스인들은 외적을 방어하기 좋은 곳에 도시를 건설하고 주변에 성을 쌓았어요. 이렇게 해서 기원전 10세기부터 폴리스라는 도시 국가들이 생겨났어요. 기원전 7세기경에는 소아시아와 유럽 남부의 지중해 연안에 수백여 개의 폴리스와 그리스 식민시*가 건설되었죠.

크레타와 미케네, 에게해의 위치

폴리스들은 모두가 그리스의 일부라고 여겼고, 그리스어를 사용했어요. 이 때문에 모든 폴리스의 시민들이 참여하는 올림피아 제전도 열었죠기원전 776년. 다만 이 올림피아 제전에는 여성, 노예, 외국인은 참여하지 못했어요. 이것이 오늘날의 올림픽으로 발전했답니다.

크레타섬의 크노소서 궁전 유적

폴리스의 중심부에는 신을 모시는 신전이 있었어요. 이 신전을 아크로폴리스라고 불렀어요. 아크로폴리스 아래쪽에 시민들이 모여 생활하는 공공장소는 아고라라고 했어요.

수많은 폴리스 가운데 단연 두각을 나타낸 깃은 아테네와 스파르타였어요. 아테네는 민주 정치의 상징, 스파르타는 군사 통치의 상징으로 여겨지지요. 두 폴리스의 이야기를 해 볼까요?

• **식민시** 고대의 도시 국가가 식민지를 만드는 과정에서 건설한 도시. 고대 그리스에서는 기원전 8세기경부터 6세기 중엽까지 지중해 해안의 여러 지역에 식민시를 건설하여 해상 무역의 거점으로 삼았다.

고대 올림픽 제전이 열렸던 그리스의 도시 올림피아를 재현한 그림. 언덕 꼭대기에 아크로폴리스가 있고, 그 아래쪽에 시민들이 모이는 광장인 아고라가 보인다.

아테네는 기원전 8세기 이전까지만 해도 왕이 통치하는 왕정 국가였어요. 그러다가 행정관^{아르콘}이란 귀족이 정치를 담당하는 형태로 바뀌었지요. 행정관은 임기를 마치면 귀족 회의^{아레오파고스 회의}에서 국가 정책을 결정했어요.

일반 평민이 참여하는 민회가 있었지만 처음에는 권한과 힘이 약했어요. 해상 무역을 통해 부자가 된 평민들이 전쟁에 직접 참여하거나 무기를 살 돈을 댔고, 그 대가로 참정권을 요구하면서 지위가 높아졌죠. 기원전 6세기 초에 행정관에 오른 솔론은 부유한 평민의 정치 참여를 허용했어요. 경제적으로 넉넉하면 정치인이 될 수 있는 이런 형태를 금권 정치라고 해요.

기원전 6세기 후반에는 클레이스테네스가 500인 협의회를 만들어 아테네 시민이면 누구나 참여할 수 있도록 했어요. 가난한 평민도 참여할 수 있으니 모두에게 정치 참여의 길이 열린 거지요. 협의회 회원은 추첨으로 뽑았답니다. 클레이스테네스는 도편 추방제를 만들기도 했어요. 독재자^{친주}가 될 가능성이 있는 인물의 이름을 도자기 파편에 적어 내면 많은 표를 얻은 인물을 해외로 10년간 추방하는 제도였어요. 이 제도는 기원전 5세기 초반에 처음 시행됐어요.

그 후 그리스·페르시아 전쟁이 터졌어요. 이즈음 아테네의 행정관에 페리클레스가 취임했어요. 페리클레스는 민회를 크게 강화했고, 모든 정치를 민회에서 논의하도록 했어요. 이로써 아테네의 직접 민주주의가 완성되었지요. 다만 올림피아 제전과 마찬가지로 여성, 노예, 외국인은 정치에 참여할 수 없었어요. 정치 참여는 20세 이상의 남성만 가능했답니다.

이번에는 스파르타로 가 볼까요? 스파르타의 정치 형태는 아테네와 달라도 많이 달라요. 아테네가 무역과 상업이 발달한 반면 스파르타는 농업 위주의 국가였어요. 아테네에서 민주 정치가 발달한 반면 스파르타는 주변 지역을 정복하면서 군국주의* 국가로 성장했죠. 게다가 스파르타 국민의 80% 정도는 노예이거나 반[#]자유민이었어요. 그리스 혈통의 시민은 20%밖에 되지 않았죠. 적은 수로 많은 수를 지배하려니 강압적인 군국주의 정책을 펼 수밖에 없었던 거죠. 이러니 스파르타에는 민회가 없을 것 같죠? 아니에요. 스파르타는 2명의 왕과 귀족이 함께 통치했는데, 최종 결정은 민

* **군국주의** 군사력을 통한 확장에 가장 중요한 목적을 두고 전쟁 준비를 국가의 최상위 가치로 여기는 이념이나 정치 체제

프랑스 화가 에드거 드가의 그림 〈운동하는 스파르타 젊은이들〉

회에서 했답니다.

스파르타의 남자들은 만 6세부터 막사에서 공동생활을 하며 강도 높은 군사 훈련을 받았어요. 결혼한 후에도 집에서 살지 않고 막사에서 생활했지요. 여자도 체력 훈련을 해야 했어요. 국방의 의무는 20세부터 60세까지 무려 40여 년간 이행해야 했답니다. 아테네에서는 18세 이후 2년간 국방의 의무를 이행했어요. 두 나라가 정말 다르죠?

아테네와 스파르타의 대결, 누가 승리했을까?
└그리스·페르시아 전쟁과 그리스 내전

아테네와 스파르타가 아무리 정치 풍토가 다르다고는 하나 외세가 침략해 오면 협력할 수밖에 없겠죠? 바로 그리스·페르시아 전쟁이 터졌거든요^{기원전 492~기원전 448년}.

이 전쟁은 왜 일어났을까요? 아케메네스 왕조 페르시아가 소아시아를 넘어 지중해 연안까지 진출했기 때문이에요. 페르시아 세력이 더 커지면 그리스를 위협할 수도 있겠죠? 그리스는 소아시아에 있던 그리스 식민시들을 부추겨 페르시아에 반란을 일으키도록 했어요. 아케메네스 왕조 페르시아의 다리우스 1세는 반란을 진압하자마자 군대를 이끌고 그리스를 침략했어요. 아테네 북동쪽에 있는 마라톤 평원에서 전투가 벌어지면서 전쟁이 시작됐어요.[기원전 492년]

사실 병력만 놓고 보면 아테네는 페르시아의 적수가 못 돼요. 하지만 중무장한 보병을 **빽빽**하게 밀집시킨 아테네의 새로운 전술에 페르시아가 무너졌어요. 아테네는 적은 병력으로 페르시아를 꺾었어요. 승전 소식을 본국에 알리기 위해 아테네 전령이 마라톤 평원에서 아테네까지 약 42킬로미터를 달려갔어요. 마라톤이 바로 여기에서 비롯된 거라고 하는 이야기가 있어요. 아케메네스 왕조 페르시아의 후손인 이란은 이 때문에 오늘날까지도 마라톤 경기에 참여하지 않는답니다.

10여 년 후 다리우스 1세의 아들 크세르크세스 1세가 왕에 오른 후 제2차 그리스·페르시아 전쟁이 터졌어요. 그리스는 육지에서의 공격은 스파르타가, 바다에서의 공격은 아테네가 막기로 했죠. 스파르타 왕 레오니다스는 300여 명의 정예 부대를 이끌고 테르모필레 계곡에서 페르시아의 군대와 맞섰어요. 스파르타 병사는 전멸했지만, 아테네가 바다에서 페르시아를 물리칠 시간을 벌어 줄 수 있었죠.

아테네는 페르시아 함대를 살라미스섬으로 유인했어요. 그곳은 폭이 좁아 덩치가 큰 페르시아 함선이 제 기능을 발휘할 수 없을 거라 생각했는데, 그 전략이 적중했어요. 아테네의 대승으로 끝난 이 해전이 유명한 살라미스 해전이랍니다.

군중 앞에서 연설하는 페리클레스

1년 후 다시 전쟁이 일어났지만 무승부로 끝났어요. 그 후 페르시아와 그리스는 칼리아스 평화 조약을 체결했고, 전쟁은 공식적으로 종결됐죠^{기원전 448년}. 무승부로 끝났지만 실제로는 그리스의 승리였어요. 아테네의 공적이 가장 컸어요. 아테네와 스파르타의 위상에도 변화가 있겠죠?

아테네 행정관 페리클레스는 델로스섬에 폴리스 대표들을 불러 모아 돈을 내라고 했어요. 혹시 일어날지 모를 페르시아의 침략에 대비한다는 명목이었지요. 아테네가 최고의 강국이었으니 폴리스들은 따를 수밖에 없었어요. 이렇게 해서 탄생한 것이 델로스 동맹이에요.

페리클레스는 아테네의 직접 민주주의를 완성시킨 인물이지만 다른 폴리스들에게는 독재자처럼 행세했어요. 모든 폴리스를 제압하고 지중해의 무역을 독점했지요. 심지어 어떤 폴리스에는 아테네의 군대를 주둔시키고 화폐를 만들 수 있는 권한까지 빼앗았어요. 아테네에 반발하는 폴리스가 늘었어요. 스파르타도 아테네가 큰형님 행세하는 것이 마음에 들지 않았어요. 결국 스파르타를 중심으로 한 별도의 동맹이 체결되었어요. 이것이 펠로폰네소스 동맹이에요.

분열이 생기면 전쟁으로 이어지기 마련이에요. 델로스 동맹과 펠로폰네소스 동맹이 전면전을 시작했어요. 이것이 그리스 내전인 펠로폰네소스 전쟁이에요 기원전431년. 비슷한 시기에 중국에서는 전국 시대가 시작되었어요. 그리스와 중국에서 큰 혼란이 동시에 시작된 셈이지요.

내전은 30여 년간 계속되었어요. 아테네에는 전염병이 돌았고, 페리클레스도 그 전염병으로 죽고 말았어요. 스파르타가 총공격을 감행했고, 결국 아테네는 무릎을 꿇었어요. 이로써 펠로폰네소스 내전은 스파르타의 승리로 끝이 났습니다 기원전404년.

하지만 스파르타도 그리스·페르시아 전쟁과 그리스 내전을 연이어 치르느라 국력이 많이 약해졌어요. 스파르타도 최종 승자는 아니었던 거지요. 승자는 그리스 북쪽에 있는 마케도니아란 왕국이었어요. 기원전 4세기 후반 마케도니아가 그리스를 정복했거든요. 이로써 폴리스의 시대도 서서히 저물고 있었어요. 참고로 마케도니아는 오늘날의 마케도니아 공화국과 같은 위치에 있었어요. 다만 오늘날의 마케도니아에는 그리스 계통이 아니라 남슬라브 계통의 민족이 살고 있답니다.

산파술이 도대체 뭘까?
└그리스 문화의 특징

마케도니아로 넘어가기 전에 고대 그리스의 문화를 마지막으로

파르테논 신전

살펴볼게요. 그리스 문화는 곧 살펴볼 로마 문화와 더불어 서양 문화의 원조로 볼 수 있어요. 사실 로마 문화도 그리스 문화를 토대로 발전했으니 그리스 문화야말로 서양 문화의 뿌리라고 할 수 있죠.

그리스 문화는 합리적이면서 인간을 중심에 두었기 때문에 현실적이었다고 말할 수 있어요. 심지어 제우스를 포함해 그리스 신화에 등장하는 12신까지도 인간의 모습을 했고 인간처럼 삶에 대한 고민도 하며 질투를 하는 등 인간적인 감정을 그대로 지니고 있죠. 고대 그리스의 예술과 건축은 대체로 조화와 균형을 상당히 강조했어요. 대표적인 작품으로는 파르테논 신전과 아테나 여신상이 있지요.

고대 그리스 문화의 특징 중 또 하나는 철학이 상당히 발전했다는 거예요. 기원전 6세기 무렵부터 자연을 탐구하는 철학자들이 크게 늘었어요. 이후 철학의 주제가 인간으로 옮아가면서 더 많은 사상가들이 활동했지요.

흥미로운 점은, 비슷한 시기에 중국에서도 제자백가가 등장했다는 거예요. 페르시아에서 조로아스터교가 등장하고 인도에서 불교가 탄생한 것도 거의 비슷한 시기예요. 오늘날까지 명맥이 이어지는 동서양 철학의 기반이 거의 동시에 만들어진 거죠. 서로 상의하지도 않았는데 이처럼 역사가 비슷하게 발전하고 있다는 점이 참으로 흥미롭지 않나요?

그리스에서 가장 먼저 발전한 분야는 자연 철학이었어요. 탈레스는 만물의 근원을 물이라고 주장했어요. 아낙시만드로스는 만물의 근원을 '무한'이라고 했고, 아낙시메네스는 공기라고 했으며, 헤라클레이토스는 불이라고 했고, 데모크리토스는 원자, 피타고라스는 숫자라고 했지요. 피타고라스는 수학에서도 단연 두각을 나타냈어요.

기원전 5세기경부터는 인간과 사회가 철학의 주제가 되었어요. 이 무렵 아테네에서 직접 민주주의가 발달하면서 인간과 사회에 대한 관심이 커졌기 때문이에요. 이때 등장한 철학자들을 소피스트라고 합니다. 소피스트들은 '현명한 사람'이란 뜻이에요. 대표적인 소피스트로는 프로타고라스가 있어요. 프로타고라스는 "인간은 만물의 척도다."라고 주장했어요. 인간을 중요하게 여겼다는 점을 알겠지요? 사실 이 말에는 진리는 절대적이지 않고 상대적이라는 뜻이 담겨 있어요. 사람마다 판단의 기준이 다르기 때문에 진리가 하나가 될 수 없다는 것이지요.

많은 소피스트들이 귀족 자제에게 웅변술이나 처세술을 가르쳤어요. 하지만 소피스트에 대한 비판도 적지 않았어요. 특히 소크라테스는 소피스트들을 궤변*가라고 할 정도로 싫어했지요.

이어 등장한 소크라테스의 철학은 소피스트들과 달랐어요. 소크라테스는 객관적이며 절대적인 진리가 있다고 믿었어요. 소크라테스는 지식의 중요성을 강조하며 무지를 깨우치기 위해 산파술을 활

• **궤변** 상대편의 생각과 감정을 혼란스럽게 하고 거짓을 참인 것처럼 꾸미는 말재주

아테네 학당 이탈리아의 화가 라파엘로의 그림. 고대 그리스의 철학자 60여 명을 한 폭의 그림 속에 담았다.

용했어요. 아이의 출산을 돕는 산파처럼 대화를 통해 자신의 무지
를 깨닫고 진리를 찾도록 하는 기술이지요. 소크라테스의 "너 자신
을 알라."라는 말도 지식의 중요성을 강조하는 명언이에요.

소크라테스의 제자 플라톤은 철학자가 통치하는 사회가 가장 이
상적인 사회라고 주장했어요. 플라톤은 사람들이 볼 수 없는 참된
세계를 '이데아'라고 했어요. 반면 플라톤의 제자 아리스토텔레스
는 현실 정치의 중요성을 강조했어요. 인간은 사회적 동물이기 때
문에 시민은 제 역할을 다해야 하고 왕은 덕으로써 통치해야 한다
는 것이지요. 유가 사상의 왕도 정치와 조금은 비슷해요.

고대 그리스 시절에는 의학도 발전했어요. 오늘날 의사가 되면

'히포크라테스 선서'를 하는데, 그 히포크라테스가 이때 활동한 학자예요. 역사학에서는 《역사》라는 책을 쓴 헤로도토스를 꼽을 수 있어요. 이 책은 그리스·페르시아 전쟁을 기록한 것인데, 이 책으로 인해 헤로도토스는 '역사학의 아버지'라는 별명을 얻었답니다.

알렉산드로스는 왜 페르시아 여성과 결혼했을까?
└헬레니즘 세계의 탄생

그리스를 정복한 마케도니아의 왕은 필립포스 2세였어요. 얼마 후 그의 20세 된 아들이 왕에 올랐는데, 바로 알렉산드로스^{알렉산드로스 3세}예요. 알렉산드로스는 그리스 연합군을 이끌고 소아시아와 연결된 다르다넬스 해협을 건넜어요. 목표는 페르시아 정벌이었어요. 이를 동방 원정이라고 해요.^{기원전 334년}

그의 군대는 그라니코스강과 이수스강에서 잇달아 페르시아 군대를 격파했어요. 그 후 소아시아, 시리아, 이집트를 차례로 정복했지요. 알렉산드로스는 정복한 곳마다 자신의 이름을 딴 도시 알렉산드리아를 건설했어요. 그중 가장 유명한 것이 이집트의 알렉산드리아였어요. 알렉산드로스는 이곳에 그리스인을 이주시켰어요. 곳곳에 있는 알렉산드리아는 그리스 문화를 각지로 전파하고 각지의 문화를 융화시키는 중심지 역할을 톡톡히 했죠.

다시 알렉산드로스의 군대를 따라가 볼까요? 그의 군대는 이어 티그리스강 유역의 가우가멜라에서 다시 페르시아 군대를 대파했어요. 페르시아의 다리우스 3세 왕은 도망갔다가 부하의 배신으로 목숨을 잃고 말았지요. 알렉산드로스의 군대는 아케메네스 왕조 페르시아의 수도인 페르세폴리스로 입성했고, 이로써 아케메네스 왕조 페르시아는 멸망했어요.^{기원전 330년}.

아직 동방 원정은 끝나지 않았어요. 알렉산드로스의 군대는 이란 전역을 평정하고, 인도로 진격해 인도 북서부를 정복했어요. 알렉산드로스는 동쪽으로 더 나아가려 했어요. 하지만 오랜 전투에 시달린 병사들이 반발을 일으킬 기세였어요. 알렉산드로스는 어쩔 수 없이 군대를 돌렸답니다. 알렉산드로스는 회군하던 도중 열병에 걸려 세상을 떠났어요. 이로써 12년에 걸친 동방 원정은 끝났어요.

이 짧은 시간에 알렉산드로스는 동쪽의 인도 북서부 지방에서 서쪽의 이집트에 이르는 광대한 제국을 건설했어요. 이 제국을 헬레니즘 세계라고 해요. 헬레니즘은 그리스인을 뜻하는 그리스어 '헬라스'에서 비롯된 말이에요.

알렉산드로스는 포용 정책을 시행했어요. 특히 두드러진 것이 결혼 정책이었어요. 알렉산드로스는 동양과 서양의 문화를 모두 포용하고 융화시키려 했죠. 이를 위해 그 자신이 다리우스 3세의 딸을 아내로 맞아들였어요. 그리스 연합군의 귀족과 장교, 병사들과 현지 여성을 집단 결혼시키기도 했죠. 뿐만 아니라 페르시아 사람이라도 유능하면 관리로 등용했어요.

알렉산드로스는 그리스 문화를 전파시키려는 노력도 게을리 하지 않았어요. 정복 지역의 공식 언어를 그리스어로 통일한 것이 그 증거지요. 하지만 강력한 왕권이 특징인 동방의 통치 체제를 받아들임으로써 그리스의 폴리스 전통을 무너뜨리는 부작용도 있었어요.

알렉산드로스가 개척한 헬레니즘 세계의 영토

이제 헬레니즘 세계의 종말을 살펴볼까요? 알렉산드로스는 후계자를 정하지 않고 사망했어요. 그 결과 헬레니즘 세계는 마케도니아^{안티고노스 왕조}, 시리아^{셀레우코스 왕조}, 이집트^{프톨레마이오스 왕조}, 세 나라로 분열되었어요. 이후에는 이 나라들과 싸우는 과정에서 더 많은 나라가 생겨났어요. 헬레니즘 제국에서 분열된 세 나라는 어떻게 되었을까요? 모두 기원전 1세기경 로마에 의해 멸망했답니다.

마지막으로 헬레니즘 문화에 대해 살펴볼게요. 헬레니즘 문화는 그리스 문화와 동방의 문화가 합쳐져 탄생한 새로운 문화라고 이해하면 돼요. 개인주의°와 세계 시민주의°가 가장 큰 특징이죠. 이런 현상이 나타난 것은 무엇보다 폴리스가 쇠퇴했기 때문이에요. 공동체를 중요하게 여기는 폴리스가 약해지니 개인의 행복을 추구하는 사람들이 많아진 것이지요. 또한 모두가 동등한 시민이라는 의식이 커지면서 세계 시민주의로 발전한 거예요.

개인의 삶이 중요해졌으니 개인이 행복하기 위한 철학도 발전했

• **개인주의** 어떤 집단의 이익보다는 개인의 행복과 이익이 우선한다는 생각
• **세계 시민주의** 모든 개인은 이 세계를 구성하는 시민으로서의 지위를 갖는다는 사상. 모든 인류는 평등하며, 세계 속에서 같은 국민이자 시민이라는 생각이 깔려 있다.

라오콘 군상
트로이의 신관 라오콘과 그의 두 아들이
포세이돈의 저주를 받아 고통에 시달리는
장면을 묘사한 조각상이다.

어요. 크게 금욕적인 생활을 해야 행복에 이를 수 있다
는 스토아학파와 정신의 즐거움을 통해 행복을 얻자는
에피쿠로스학파가 활동했어요.

예술 작품은 그리스와 마찬가지로 사실적이었어요.
작품의 역동성은 더 강해졌지요. 대표적인 작품으로는
밀로의 비너스와 라오콘 군상 등이 있어요. 비너스는 인
간의 육체를 아름답고 사실적으로 표현했어요. 라오콘
군상은 독사에게 물려 죽어 가는 인간의 고통을 잘 묘
사했어요.

헬레니즘 시대에는 과학도 상당히 발전했어요. 아르키메데스,
유클리드 등의 학자가 활동하면서 수학이 크게 발전했지요. 천문
학, 의학 등에서도 골고루 발전이 이루어졌답니다. 이 헬레니즘은
인도에도 영향을 줘 간다라 미술이 발전하는 계기가 됐어요. 간다
라 미술은 중국을 거쳐 우리나라와 일본에도 전파되었지요. 세계
역사가 실타래처럼 엮여 있다는 사실이 느껴지나요?

그라쿠스 형제는 왜 토지 개혁을 주장했을까?
└로마 공화정의 성립과 발전

이제 로마의 역사를 살펴볼 거예요. 로마가 탄생한 기원전 8세기

부터 로마 제국이 탄생하기 전까지의 역사를 우선 따라가 볼게요.

중국에서 춘추 전국 시대가 시작될 무렵인 기원전 8세기였어요. 이탈리아 중서부 테베레 강변의 언덕에서 도시 국가 로마가 출범했어요. 로마도 아테네처럼 처음에는 왕이 통치하는 왕정° 국가였어요. 공화정°으로 바뀐 것은 기원전 6세기 후반이지요.

로마 공화정 초기의 정치 체제는 아테네의 초기 체제와 비슷했어요. 귀족 출신의 집정관 2명이 1년 동안 함께 나라를 통치했고, 중요한 국정은 집정관을 감독하는 귀족 회의인 원로원에서 결정했어요. 평민의 권력은 아직 약했어요.

로마는 주변의 도시 국가들과 전쟁을 많이 치렀어요. 전쟁 승리의 일등 공신은 평민들이었지요. 평민들이 무기를 직접 준비해서 전쟁터에 나가 싸웠으니까요. 국가 발전에 평민이 기여한 바가 크죠? 세력이 커진 평민들은 참정권을 요구했어요. 그러나 귀족들은 받아들이지 않았어요. 평민들은 이에 맞서 기원전 5세기 후반과 기원전 5세기 중반, 두 차례에 걸쳐 집단 이탈해 로마 북쪽에 신성한 도시를 건설했어요. 일종의 파업을 한 거죠. 이것이 성산 사건°이에요.

이 사건에 크게 놀란 귀족들은 비로소 평민의 요구를 수용했어요. 이제 평민회를 만들고, 평민의 대표인 호민관을 뽑을 수 있게 됐어요. 호민관은 원로원의 결정을 거부할 수 있는 권리가 있었어요. 나중에는 원로원의 승인을 받지 않고 평민회가 법을 만들기도

- **왕정** 임금(왕)이 직접 나라를 다스리는 정치 체제
- **공화정** 국민이 선출한 대표나 대표 기관의 의사에 따라 주권이 행사되는 정치 체제
- **성산 사건** 기원전 494년과 기원전 449년, 두 차례에 걸쳐 귀족들에 반발한 로마 평민들이 '성스러운 산'이라는 뜻의 몬스사케르(Mons Sarcer)에서 새로운 도시 건설을 선언한 사건이다. 이 일로 인해 로마에 호민관 제도가 정착되었다.

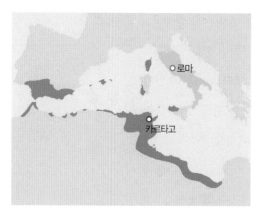
기원전 264년경 카르타고의 영향권과 로마의 영토

했어요. 평민의 권리가 상당히 강해졌죠?

로마는 빠른 속도로 성장했어요. 기원전 3세기에는 일부 섬을 제외한 이탈리아반도 전체를 통일했죠^{기원전 272년}. 사실 운도 따랐어요. 이 무렵 정복자 알렉산드로스는 동방 원정에 온 신경이 쏠려 로마를 눈여겨보지 않았거든요. 덕분에 로마는 전국에 도로망을 깔고, 그리스 식민시로부터 우수한 문화를 수입하면서 국력을 키울 수 있었지요.

이탈리아를 통일한 로마의 다음 목표는 카르타고였어요. 카르타고는 아프리카 북부에 있던 페니키아의 식민시였는데, 페니키아가 멸망한 후에도 번영했어요. 카르타고는 지중해 일대에서 최고의 강자였어요. 따라서 로마가 지중해 일대를 장악하려면 반드시 넘어야 할 상대였지요.

이탈리아 남부 시칠리아에서 일어난 반란을 계기로 두 나라가 본격적인 전쟁에 돌입했어요. 이 전쟁이 바로 포에니 전쟁이에요^{기원전 264년}. 포에니는 카르타고 사람들을 가리키는 라틴어랍니다. 약 80년 동안 계속된 전쟁 기간에 세 차례 큰 전투를 치렀는데, 최종적으로 로마가 승리했어요. 로마는 카르타고를 정복한 후 카르타고 백성을 모두 노예로 삼고 도시는 완전히 파괴해 버렸어요.

여러 정복지로부터 물자가 로마로 쏟아져 들어왔어요. 하지만 농민들은 더 가난해졌어요. 귀족들은 토지를 늘려 대농장^{라티푼디움}을 만들었지만 농민들은 땅을 잃었어요. 게다가 정복지로부터 값싼 곡물이 들어와 손해가 커졌어요. 자영 농민들이 속속 몰락했죠. 그러자 기원전 2세기 후반 호민관인 그라쿠스 형제가 토지 개혁을 주장하고 나섰어요. 귀족과 원로원이 이 형제를 그냥 두었을까요? 아니죠. 그라쿠스 형제는 개혁에 실패했고 비참한 죽음을 맞았어요.

이후 로마는 아주 혼란스러웠어요. 귀족파와 평민파의 갈등도 더 커졌지요. 군인 출신의 정치인들은 몰락한 농민을 고용해 개인 군대, 즉 사병을 확대했어요. 이런 군인 출신의 정치인들이 100년 이상 내전에 가까운 권력 다툼을 벌였어요. 그러다가 로마가 바라는 영웅이 등장했어요. 바로 카이사르였어요.

카이사르는 일찍이 정계에 뛰어들어 여러 관직을 거쳤어요. 집정관도 해 봤고, 갈리아^{오늘날의 프랑스} 지방의 총독으로도 가 봤어요. 총독일 때 브리타니아^{영국}와 갈리아를 잇달아 정복하면서 로마의 영웅으로 떠올랐죠. 위기감을 느낀 원로원은 카이사르를 견제하기 위해 "모든 군대를 해산하고 로마로 돌아오라."라고 명령했어요. 카이사르가 바보가 아닌 이상 이 명령을 들을 리가 없지요. 카이사르는 군대를 이끌고 로마로 진군했어요. 카이사르는 반대파를 제거하고 권력을 장악해 최고 권력자가 되었어요^{기원전 44년}.

율리우스 카이사르의 동상

카이사르는 개혁에 돌입해 평민들을 위한 정치를 하려 했어요. 그러나 공화파*는 그를 지지하지 않았어요. 카이사르가 로마를 제국으로 만들고 황제에 오르려 한다고 생각했거든요. 공화파는 카이사르를 암살했고, 이후 로마는 내전에 휩싸였어요. 내전을 끝낸 인물은 카이사르의 후계자인 옥타비아누스였어요. 옥타비아누스는 경쟁자들을 모두 물리치고 권력을 잡았어요.

황제의 어원은 로마에서 나왔다
└로마 제국의 탄생과 몰락

옥타비아누스는 원로원도 장악했어요. 원로원은 그에게 '아우구스투스'라는 존칭을 선사했죠. 이 말은 '존엄한 자'란 뜻이에요. 옥타비아누스는 자신을 '제1의 시민'이라 불렀어요. 비록 황제라는 표현은 쓰지 않았지만 옥타비아누스는 군대와 민회, 원로원을 모두 장악했어요. 사실상 황제였던 거지요. 그래서 옥타비아누스, 즉 아우구스투스가 집권한 이때부터의 로마를 로마 제국의 시대로 규정한답니다^{기원전 27년}.

참고로 카이사르와 옥타비아누스 모두 개선장군이란 뜻의 임페라토르라고 불렸어요. 이 말을 영어로 옮기면 'Emperor'가 되는데, 황제라는 뜻이지요. 황제의 어원이 임페라토르에서 나온 거

• 공화파 공화란 두 사람 이상의 지도자가 나라를 이끌어 가는 형태의 정치 체제를 말한다. 공화파는 공화 제도를 지지하는 사람들의 집단이다.

랍니다.

이제 로마 제국의 역사를 살펴볼까요?

아우구스투스가 집권한 후 약 200년 동안 로마는
큰 번영을 누렸어요. 이 시기를 보통 '로마의 평화
^{팍스 로마나}'라고 불러요. 물론 항상 평화로웠던 것만은
아니에요. 칼리굴라, 네로, 도미티아누스 같은 폭
군 황제도 있었어요. 하지만 도미티아누스의 뒤를

117년경 로마 제국의 최대 영토

이은 네르바부터 다섯 명의 황제들은 모두 현명했어요. 덕분에 로
마는 정치적으로 안정되었고, 아주 평화로운 시절을 맞을 수 있었
지요. 그래서 네르바, 트라야누스, 하드리아누스, 안토니누스, 아
우렐리우스 이 다섯 명의 황제를 현명한 황제란 뜻의 5현제라 부
른답니다.

이 5현제 시절 로마 제국 전역에 도로망이 깔렸어요. 화폐와 도
량형이 통일되었고, 그 결과 상업과 국제 무역이 크게 발달했지요.
로마 제국은 동쪽으로 인도를 넘어 중국까지 가서 교역했어요. 5
현제 중 두 번째 황제인 트라야누스 시절에는 최대 영토를 확보하
기도 했죠.

이 평화도 2세기 말에 끝나고 말았어요. 5현제의 마지막 황제인
아우렐리우스가 아들에게 황제 자리를 넘겨준 후 혼란이 시작되었
거든요. 이후 각 지역의 군사령관들이 너도나도 황제라고 선언하
면서 군인 황제 시대가 이어졌어요. 정치는 최악, 경제는 엉망이었

어요. 평민의 삶은 갈수록 힘들어졌죠.

군인 황제 시대를 끝낸 디오클레티아누스 황제는 로마 제국의 영토가 너무 크기 때문에 이런 문제가 생긴다고 여겼어요. 땅덩어리가 크니 외부 민족의 침략을 막기도 힘들고 통치도 어렵다는 거죠. 그래서 디오클레티아누스 황제는 로마 제국을 4등분했어요. 이 정책은 성공했을까요? 글쎄요. 디오클레티아누스가 죽자 여러 명의 황제 후보가 권력을 다툰 걸 보면 성공이라고만은 할 수 없을 것 같아요.

이 권력 투쟁에서 승리한 콘스탄티누스는 로마 제국을 다시 하나로 통합했어요. 콘스탄티누스는 대제라 불리는 황제예요. '큰 황제'라고 불렸다는 건 그만큼 업적이 많다는 뜻이죠. 그의 업적을 살펴볼까요?

콘스탄티누스 대제는 밀라노 칙령을 발표해 크리스트교를 공인했어요[313년]. 칙령은 황제의 명령이란 뜻이에요. 이미 많은 로마 사람들이 크리스트교 신도가 된 이상 반대할 이유가 없다고 생각한 것이지요. 콘스탄티누스 대제는 나아가 로마 제국의 수도를 로마에서 비잔티움[현재의 터키 이스탄불]으로 옮기고, 자신의 이름을 따서 콘스탄티노폴리스[콘스탄티노플]라 불렀어요[330년].

콘스탄티누스 대제는 왜 수도를 비잔티움으로 옮겼을까요? 여러 이유가 있어요. 무엇보다 비잔티움은 사방이 절벽으로 둘러싸인 천혜의 요새였어요. 이 무렵에는 게르만족이 로마 영토를 수시로 침범하고 있었어요. 콘스탄티누스 대제는 게르만족을 막기에는 사방이 뻥 뚫린 로마가 적절하지 않다고 생각한 거예요.

콘스탄티누스는 확실히 로마 제국을 다시 일으키려 한 황제였어요. 하지만 그가 죽자 로마 제국은 다시 쇠퇴하기 시작했어요. 이런 상황에서 4세기 후반부터 게르만족이 본격적으로 로마 제국의 영토를 침입하기 시작했어요. 게르만족의 대이동이 시작된 거예요.

476년 비잔티움 제국(동로마 제국)의 영토

똘똘 뭉쳐도 위기를 넘기 힘들 텐데, 로마 제국은 다시 분열했어요. 그 결과 테오도시우스 황제 시절에 로마 제국은 동로마와 서로마로 완전히 갈라섰어요. 이 중에서 서로마 제국이 게르만족의 먹잇감이 돼 버렸어요. 결국 5세기 후반 서로마 제국은 게르만족의 침략을 막지 못하고 멸망하고 말았어요[476년].

이로써 로마 제국의 화려한 역사도 끝이 났어요. 물론 동로마 제국은 이후로도 1,000여 년 동안 건재했어요. 동로마의 역사는 뒤에서 다룰게요.

네로는 왜 크리스트교를 박해했을까?

└로마 문화의 특징과 크리스트교 공인

로마 탄생에서부터 서로마 제국 멸망까지 대략 1,300여 년의 역사를 한꺼번에 살펴보았어요. 이제 로마의 문화에 대해 이야기해 볼까요?

그리스 문화는 인간적이고 합리적이었어요. 헬레니즘 문화는 개인적이었고 세계 시민주의를 표방했지요. 로마 문화는 이 모든 문화를 수용했어요. 생활에 도움이 된다면 모든 문화를 받아들였지요. 넓은 제국을 통치하려다 보니 실용적일 수밖에 없었을 거예요. 원리와 원칙 같은 것만 따지거나 로마의 것만 고집하면 정복 지역의 주민들이 반발할 테니까요.

로마 시절에는 여러 건축물이 만들어지기도 했어요. 대표적인 것이 원형 경기장인 콜로세움과, 전쟁에서 이기고 돌아왔음을 축하하는 개선문이었어요. 로마 시대에는 많은 사람들이 목욕을 즐겼어요. 그래서 곳곳에 거대한 공중목욕탕이 지어졌어요. 물론 도시에 물을 공급하고 쓰고 난 물을 밖으로 내다버리는 상하수도 시설도 잘 만들어졌죠.

도로망도 많이 확충되었어요. 전쟁이 잦다 보니 군대와 물자를 빨리 원하는 곳에 보내려면 쭉 뻗은 도로망이 필요했기 때문이에요. 대표적인 도로가 이탈리아 중부에서 로마까지 뻗은 아피아 가

도예요. 이 아피아 가도는 오늘날에도 관광객이 찾는 명소가 되었답니다.

로마의 법률은 특히 기억해야 할 유산이에요. 로마법이 근대 이후 유럽의 여러 나라에 큰 영향을 미쳤거든요. 재판관이나 배심제* 등의 용어가 이 로마의 법에서 기원한 거랍니다.

원래 로마에는 관습으로만 통치하는 관습법이 있었어요. 그러다가 최초로 12표법이라는 성문법을 만들었죠. 이게 로마 시민을 위한 시민법으로 발전했어요. 다만 이 법은 로마 시민에게만 적용되었고 외국인에게는 적용되지 않았어요. 나중에 로마가 영토를 넓히면서부터는 로마 시민뿐 아니라 외국인에게도 적용되는 만민법으로 발전했죠.

콜로세움의 외부와 내부

동로마 제국의 유스티니아누스 황제도 법을 만들었어요. 바로 유스티니아누스 법인데, 근대 유럽의 법률 체계에 큰 영향을 주었어요. 각 나라가 자기들의 법을 만들 때 이 법을 많이 참고했거든요.

로마 시대의 문학에 대해 이야기해 볼까요? 대표작을 뽑는다면 단연 플루타르코스의《영웅전》일 거예요. 이 책은 플루타르코스가 그리스와 로마 시대의 영웅 50명을 뽑아 전기 형태로 쓴 작품이에요. 시인으로서는 베르길리우스가 가장 유명했어요. 훗날 르네상스의 문을 여는 단테의 작품《신곡》에서 주인공을 안내해 주는 길

* 배심제 일반 국민에서 선출된 사람들 (배심원)이 재판을 담당하는 제도

키타콤 내부

잡이의 이름이 바로 베르길리우스예요. 그 밖에 역사학자로는 리비우스를 꼽을 수 있어요. 그가 쓴 《로마 건국사》는 로마의 건국 이야기부터 아우구스투스에 이르러 제국이 되기까지의 역사를 담았어요.

1세기 중반에는 로마에 크리스트교가 전파되었어요. 크리스트교는 예수가 창시했는데 처음엔 탄압을 받았죠. 예수가 십자가에 매달려 처형된 후로 광범위하게 확산되었어요. 사랑과 믿음만 있으면 누구나 구원받을 수 있다는 교리에 힘이 없는 민중과 여성 신도가 크게 늘었지요. 예수의 첫 번째 사도^{예수의 제자}인 베드로는 로마에 교회를 만들고 신도들을 늘려 나갔어요. 이 교회가 오늘날 로마 교황청으로 발전했죠. 베드로는 초대 로마 교황으로 인정받고 있어요.

로마 황제들은 크리스트교의 확산에 큰 위기감을 느꼈어요. 네로 황제는 로마에 큰 화재가 일어나자 크리스트교 신도들이 저지른 짓이라며 대대적으로 크리스트교를 탄압했어요. 자신에게 쏟아지는 불만을 크리스트교로 떠넘기려 했던 거죠. 이때 베드로가 순교했어요.

크리스트교 신도들은 로마 황제의 권위를 인정하지 않았고, 로마의 전통 신들을 숭배하지도 않았어요. 크리스트교 교도들은 예수를 추앙하며 로마 제국의 박해를 피해 지하 동굴에서 집회를 가졌어요. 이 지하 동굴을 카타콤이라고 하는데, 오늘날에도 남아 있답니다.

크리스트교 신도들이 좀처럼 굴복하지 않자 결국에는 로마 황제도 크리스트교를 공식 종교로 인정할 수밖에 없었어요. 네, 앞에서 말한 대로 콘스탄티누스 대제가 밀라노 칙령을 공포해 크리스트교를 공인한 거예요.

이후 크리스트교의 세력은 더욱 더 커졌어요. 로마 제국을 동로마와 서로마로 나누었던 테오도시우스 황제는 크리스트교를 국교로 채택했죠^{392년}. 테오도시우스 황제는 나아가 올림피아 제전도 금지시켰어요. 그리스 사람들이 하느님이 아닌 다른 신을 섬긴다는 이유에서였지요. 크리스트교는 하느님만 섬기는 유일신 종교예요. 그러니 다른 신을 인정하지 않았죠.

바로 이때부터 로마의 문화가 약간 달라져요. 그 전에는 실용성이 강했지요? 하지만 유일신 종교인 크리스트교를 국교로 채택하면서 오로지 크리스트교 문화만 받아들였어요. 로마가 폐쇄적으로 변한 거예요. 어쩌면 이런 폐쇄성 때문에 로마의 기운이 빠른 속도로 약해진 건지도 몰라요. 실제로 이로부터 채 100년이 지나지 않아 서로마 제국이 멸망했답니다.

★ 단원 정리 노트 ★

1. 고대 페르시아 제국의 특징과 역사

왕조 및 국가	기간	대표적인 왕
아케메네스 왕조 페르시아	기원전 559년 ~ 기원전 330년	키루스 2세, 캄비세스 2세,
		다리우스 1세, 크세르크세스 1세
파르티아	기원전 247년 ~ 기원후 226년	
사산 왕조 페르시아	226년 ~ 651년	아르다시르 1세, 샤푸르 1세

특징
– 오늘날의 이란 민족이 세운 왕조
– 크리스트교와 이슬람교의 모태인 조로아스터교 창시
– 메소포타미아와 이집트, 그리스 문화가 융합된 문화가 발달
– 중국과 한반도, 일본까지 영향을 미침

2. 고대 중국 국가의 계보

하(夏)	B.C. 22세기 ~	아직 역사적으로 입증되지 않아 전설 속의 나라로
	B.C. 19세기 또는 B.C 18세기	여겨지고 있다.

⇩

상(商)	기원전 1600년경 ~	전설 속의 나라로 여겨졌으나 수도였던 은허가 발굴
	기원전 1046년경	되면서 역사 속의 나라가 되었다. 한때는 은(殷)이라고
		불렸으나, 지금은 상이라고 더 많이 부른다.

⇩

주(周)	기원전 1046년경 ~	봉건제를 실시하여 수백 개의 제후국을 두었다.
	기원전 256년	기원전 771년 유목 민족인 견융의 공격을 받아 수도를
		호경에서 뤄양으로 옮겼다. 이때를 기준으로 그 이전을 서
		주, 이후를 동주라고 부른다.

⇩

춘추 시대(춘추 5패)		
진(晉)		견융의 공격으로 주가 수도를 옮기면서 주 왕실의 권위가
제(齊)	기원전 770년	추락하자, 겉으로는 주 왕실을 받드는 제후국들이 천하를
초(楚)	~	차지하기 위한 다툼을 벌였다. 이 과정에서 수백 개였던
오(鳴)	기원전 403년	제후국이 수십 개로 줄어들었다. 그중에서 특히 세력이
월(越)		강했던 다섯 나라를 춘추 5패라고 한다.

전국 시대(전국 7웅)		
제(齊)		
초(楚)		춘추 시대의 큰 나라였던 진(晉)이 멸망하고
진(秦)	기원전 403년	위, 한, 조가 주 왕실의 제후국으로 새롭게 인정받으면서
연(燕)	~	전국 시대가 시작되었다. 천자의 나라로 명맥을 유지하던
위(魏)	기원전 221년	주는 진(秦)에 의해 기원전 256년 멸망한다.
한(韓)		
조(趙)		

⇩

진(秦)	기원전 221년 ~	전국 7웅과 주를 정복하고 최초로 중국의 통일 국가를 이루
	기원전 206년	었다. 법가 사상을 바탕으로 강력한 통제력을 발휘하여
		중앙 집권 체제를 세웠으나, 결국 엄격한 통제가 빌미가
		되어 반란이 빈번하게 일어나는 바람에 오래 버티지 못하
		고 멸망했다.

⇩

한(漢)	기원전 206년 ~	진이 멸망한 뒤의 패권 다툼에서 승리한 한 고조 유방이
	기원후 220년	세운 왕조다. 오늘날 중국 인구의 다수를 차지하는 한족의
		이름이 이 나라 이름에서 유래했다. 왕망에 의해 잠시
		명맥이 끊겼지만, 한의 황족인 유수에 의해 부활한다.
		이때 왕망이 세운 나라를 신(新)이라 한다. 그래서 한은
		신 이전과 이후로 나뉘는데, 각각 전한, 후한이라 부른다.

3. 제자백가의 특징과 대표적인 사상

특징	춘추 전국 시대의 혼란을 거치면서 평화를 모색하고, 인간답게 살아가는 삶에 대해 고민하며, 상대를 이길 전략을 구상하는 가운데 여러 가지 사상과 철학이 탄생했다.
유가(儒家) 공자, 맹자	어진 마음을 갖고 자신의 위치에서 도덕을 실천하는 삶을 중시
도가(道家) 노자, 장자	자연의 도리에 따라 살 것을 강조
법가(法家) 한비자	인간의 이기심을 엄격한 법으로 다스려 혼란을 극복
묵가(墨家) 묵자	평등한 세상과 합리적인 사고를 중시함

4. 고대 그리스 역사 정리

에게 문명(크레타 문명+미케네 문명)

오늘날의 그리스 영토인 펠로폰네소스반도와 크레타섬에서 발생한 문명. 크레타 문명은 기원전 1400년경 미케네 문명에 멸망했고, 미케네 문명은 그리스 민족인 도리아인에 의해 기원전 1200년경에 멸망했다.

그리스 폴리스 시대

미케네 문명이 멸망한 뒤 명맥을 유지하던 도시 국가(폴리스)들이 기원전 800년경부터 발전하기 시작했다. 대표적인 폴리스로는 아테네와 스파르타가 있다. 그리스의 폴리스들은 각자 독립적인 정치 체제를 유지하다가 외적의 침입이 있을 때는 똘똘 뭉쳐 싸웠다.

그리스 · 페르시아 전쟁

아케메네스 왕조 페르시아가 진출한 지중해 동쪽 연안 지역이 그리스 식민시들 일부가 페르시아에 대항하자, 페르시아가 그리스를 공격했다. 그리스는 세 번의 전투에서 모두 페르시아를 물리쳤다.

⇩

그리스 내전(펠로폰네소스 전쟁)

그리스의 폴리스들은 아테네를 중심으로 전쟁에 대비하기 위해 델로스 동맹을 맺었다. 하지만 아테네가 강압적으로 나오자, 이에 반기를 든 스파르타를 중심으로 별도의 펠로폰네소스 동맹을 맺는다. 결국 기원전 431년, 두 동맹 간에 전쟁이 터졌다. 스파르타의 펠로폰네소스 동맹이 아테네의 델로스 동맹을 누르고 승리했다.

⇩

헬레니즘 세계의 성립과 분열

그리스 북부의 약소국이었던 마케도니아가 펠로폰네소스 전쟁으로 쇠약해진 그리스의 폴리스를 정복했다. 마케도니아의 알렉산드로스 대왕은 그리스 연합군을 이끌고 페르시아를 무너뜨린 뒤 이집트에서 인도 북서부까지 이르는 거대한 제국을 건설했다. 이 제국을 헬레니즘 제국(헬레니즘 세계)이라고 부른다. 하지만 알렉산드로스 대왕이 죽은 뒤 헬레니즘 제국은 세 개의 나라로 분열되었다. 곧이어 그리스는 세력을 확장하기 시작한 로마에 정복되고, 이후 그리스는 세계사에서 이렇다 할 역할을 하지 못했다.

그리스가 갖는 역사적 의의

그리스는 끝내 통일 왕국을 이루지 못했지만, 각 도시 국가들은 저마다 독특한 체계와 개성을 뽐내면서 그리스 문명의 다양성을 키웠다. 그리스 안에 하나의 '작은 세계'가 있었던 셈이다. 그리스에서 발달한 학문, 정치, 철학, 문학, 신화 등은 이후 로마에 의해 계승되었고, 유럽과 서양 문화의 뿌리가 되었다. 헬레니즘 제국이 무너진 뒤 세계사에서 큰 두각을 나타내지는 못했지만, 그리스는 오늘날까지도 '유럽 문명의 어머니'로 여겨지고 있다.

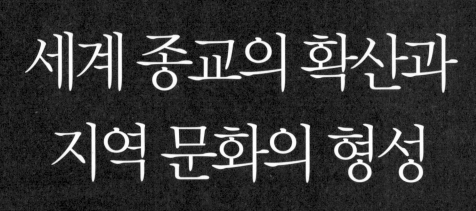

II

세계 종교의 확산과
지역 문화의 형성

종교가 세상을 바꾸다

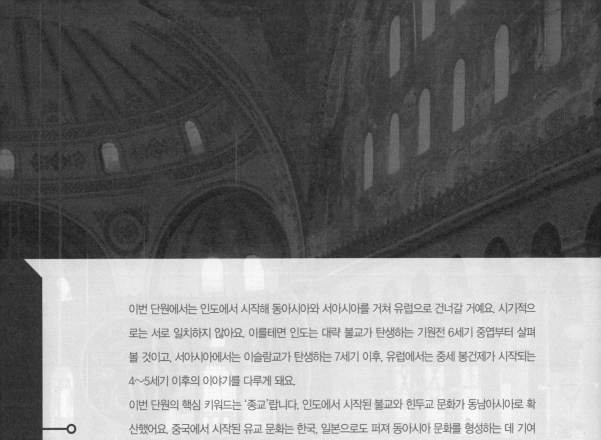

이번 단원에서는 인도에서 시작해 동아시아와 서아시아를 거쳐 유럽으로 건너갈 거예요. 시기적으로는 서로 일치하지 않아요. 이를테면 인도는 대략 불교가 탄생하는 기원전 6세기 중엽부터 살펴볼 것이고, 서아시아에서는 이슬람교가 탄생하는 7세기 이후, 유럽에서는 중세 봉건제가 시작되는 4~5세기 이후의 이야기를 다루게 돼요.

이번 단원의 핵심 키워드는 '종교'랍니다. 인도에서 시작된 불교와 힌두교 문화가 동남아시아로 확산했어요. 중국에서 시작된 유교 문화는 한국, 일본으로도 퍼져 동아시아 문화를 형성하는 데 기여했죠. 마찬가지로 서아시아에서는 이슬람교, 유럽에서는 크리스트교 문화가 탄생해 확산했어요. 그 결과 각 지역별·대륙별 문화가 형성됐죠.

이미 말한 대로 이 문화권이 형성되고 발전한 시기는 달라요. 대략 동아시아와 서아시아는 3~9세기가 될 테고, 유럽은 5~14세기가 될 거예요. 참고로, 동아시아를 기준으로 우리나라의 역사를 살펴보면 이즈음 신라가 삼국을 통일한 후 불교 문화를 발전시키고 있었답니다.

역사연표

세계사		한국사
마우리아 왕조 성립 기원전 317년		
마우리아 왕조 멸망 기원전 180년		
⇧ 기원전 ⇧		
⇩ 기원후 ⇩		
쿠샨 왕조 성립 기원후 1세기경		
진(晉), 중국 통일 280년		
동진(東晉) 건국 317년		
굽타 왕조 성립 320년		
게르만족의 대이동 시작 375년		
		427년 고구려, 평양 천도
서로마 제국 멸망 476년		
프랑크 왕국 건국 481년		
수, 중국 통일 589년		
당 건국 618년		
헤지라 622년		
이슬람, 정통 칼리프 시대 시작 632년		
다이카 개신으로 일본 출범 645년		
이슬람, 우마이야 왕조 성립 651년		
		676년 신라, 삼국 통일
		698년 발해 건국
일본, 나라 시대 시작 710년		
투르 푸아티에 전투 732년		
(이슬람과 프랑크 왕국의 대결)		

4

불교 및 힌두교 문화의
형성과 확산
: 왜 인도는 종교의 나라가 됐을까?

- 마우리아 왕조 아소카왕의 업적과 상좌부 불교에 대해 알아봅시다.
- 쿠샨 왕조 카니슈카왕의 업적과 대승 불교에 대해 설명해 보세요.
- 간다라 미술이 등장한 배경과 특징을 알아봅시다.
- 굽타 왕조의 특징과 힌두교 문화에 대해 이야기해 보세요.

석가는 왜 왕이 되기를 포기했을까?
└불교의 탄생

인더스강 유역에서 문명을 건설했던 주역들은 그 후 어떻게 됐을까요? 기원전 1500년경 이 지역으로 이동해 온 아리아인들에게 정복되었답니다. 아리아인들은 이어 동쪽으로 영역을 확대해 나갔고, 기원전 1000년경에는 갠지스강 유역까지 진출했어요. 아리아인들은 갠지스강 일대에 여러 도시 국가를 세웠고, 그 나라들은 각자 성장해 나갔지요.

시간이 흘렀고 기원전 6세기경이 되었어요. 이 무렵에는 갠지스강 일대에도 철기 문화가 널리 확산해 있었어요. 덕분에 농업과 상공업이 꽤 발달했어요. 동시에 철제 무기로 무장한 여러 나라가 수시로 전쟁을 벌이기도 했지요. 이 무렵에 중국에서는 춘추 전국 시대가 이어지고 있었으니 인도와 중국의 역사가 비슷하게 흐르는 것 같지요?

아리아인들은 자연신을 섬기는 브라만교를 국교로 삼았어요. 이 브라만교의 신분 구조는 독특했어요. 앞에서 다루었는데 기억하나요? 네, 바로 카스트 제도를 말하는 거예요. 가장 높은 신분은 종교를 담당한 브라만이었고, 군사와 정치를 담당한 크샤트리아가 그다음 신분이었어요. 생산 활동을 하는 농민과 교역 활동을 하는 상인은 세 번째 신분인 바이샤였고, 그 아래가 노예인 수드라였지요. 그리고 접촉하는 것만으로도 불결해진다고 여겨질 정도로 천대를 받은 불가촉천민이 있었어요.

브라만교에서는 종교 사제인 브라만의 신분이 왕보다 높았어요. 왕은 두 번째 신분인 크샤트리아 계급이었거든요. 뿐만 아니라 브라만은 "오로지 우리만 종교 의식을 치를 수 있다."라며 종교 행사를 독점했어요. 반면 국방의 의무는 크샤트리아, 즉 왕과 귀족이 져야 했어요. 제사에 드는 비용은 바이샤가 부담했지요. 그러니 크샤트리아와 바이샤의 불만이 상당히 컸어요. 이들은 브라만 중심의 카스트 제도를 강하게 비판했어요.

석가모니

하지만 이들은 쉽게 브라만교의 벽을 넘을 수 없었어요. 신분을 바꿀 수 없었거든요. 브라만교에서는 전생에 쌓은 '업'으로 현재의 신분이 결정된다고 했어요. 지금 열심히 살아도 다음 생에서나 신분 상승이 가능하지, 현재의 삶에서는 불가능한 거예요. 바로 이때 브라만교를 비판하는 새로운 종교가 출현했어요. 그게 바로 불교예요. 불교가 탄생한 과정을 따라가 볼까요?

기원전 6세기 중반 인도 북부에 있는 카필라 왕국이란 작은 나라에서 고타마 싯다르타라는 왕자가 태어났어요. 이 왕자는 브라만교가 인간의 불행을 없애 주지 못할 거라고 생각했어요. 그는 왕자라는 신분을 벗어 던지고 진리를 찾기 위해 고행을 시작했어요. 마침내 인간의 불행은 이기적인 욕심에서 비롯된다는 사실을 깨달았어요. 그는 "욕심을 버리고 수행을 한다면 누구나 번뇌와 윤회의 고통에서 벗어나 해탈할 수 있다."라고 선언했어요.

행복과 평화를 얻는 방법이 아주 간단하지요? 그는 신분을 차별하지도 않았어요. 실제로 그의 제자 중에는 천민 출신이 상당히 많았어요. 이 왕자가 바로 석가모니예요. 석가모니에는 여러 뜻이 담겨 있지만 '깨달음을 얻은 성자'라고 말할 수 있어요.

석가모니가 창시한 불교에 많은 사람들이 의지하기 시작했어요. 무엇보다 모든 사람이 평등하다는 사상과 자비의 정신을 강조한 점이 사람들의 마음을 움직였어요. 브라만교는 엄격한 신분제를 강조했고, 종교 의식과 절차도 복잡하고 권위적이었어요. 그런 브라만교에 비하면 불교는 교리가 단순한 편이었어요.

특히 카스트 제도에 불만이 많았던 크샤트리아와 바이샤 계급이 불교를 반겼어요. 불교에서는 모든 사람이 평등하다고 하니 환영하지 않을 이유가 없지요. 모든 사람이 평등하다는 것은, 크샤트리아와 바이샤도 브라만처럼 똑같은 대우를 받을 수 있다는 이야기니까요.

당연히 크샤트리아와 바이샤는 불교를 적극 지원했어요. 덕분에 불교는 짧은 시간에 널리 확산할 수 있었어요. 반대로 위기를 느낀 브라만은 개혁에 착수했어요. 그렇게 해서 나중에 탄생한 종교가 힌두교예요. 힌두교에 대해서는 뒤에서 다시 다룰게요.

아소카왕은 왜 전쟁을 포기했을까?
└마우리아 왕조의 인도 통일과 발전

어느 한 지역에서 일어난 사건이 다른 지역에 막대한 영향을 미치는 사례가 세계사에는 상당히 많아요. 이 무렵 인도에도 그런 일이 있었어요.

석가모니가 불교를 창시하고 200~300년이 지난 기원전 4세기 말의 그리스로 가 볼게요. 더 정확하게 말하자면 마케도니아로 갈 거예요. 이 무렵 그곳의 왕 알렉산드로스가 페르시아를 정복하기 위해 동방 원정에 나섰어요. 앞에서 이미 다룬 내용이에요.

당시에 알렉산드로스는 페르시아 정복에 성공했어요. 그런데 그 후로도 알렉산드로스의 군대는 동쪽으로 계속 진군했어요. 알렉산드로스의 군대는 이윽고 인도의 북서부 지역까지 침입했지요. 알렉산드로스의 군대는 곧 철수했지만 이 사건은 인도 사람들의 민족의식을 크게 자극했어요. 이 무렵까지만 해도 인도 북부에는 작은 도시 국가들이 여러 개 있을 뿐 대부분 약했어요. 그러니 그리스 군대가 쳐들어와도 앉아서 당할 수밖에 없었던 거예요.

마침 찬드라굽타 마우리아라는 인물이 세력을 키우고 있었어요. 찬드라굽타는 작은 나라들을 하나씩 정복했어요. 이윽고 인도 북부를 통일하는 데 성공했어요. 이렇게 해서 인도 최초의 통일 왕조인 마우리아 왕조가 건설되었지요^{기원전 317년}.

마우리아 왕조는 점점 번영했어요. 그러다가 찬드라굽타의 손자인 아소카왕 시절에 전성기를 맞았어요. 아소카왕의 이야기를 해 볼까요?

아소카왕은 용맹한 정복자였어요. 거의 모든 전쟁에서 승리했고 영토는 나날이 커졌어요. 나중에는 북인도의 인더스강 유역에서부터 남인도의 데칸고원에 이르는 광대한 영토를 차지했어요. 동쪽으로는 칼링가 왕국에까지 이르렀지요.

아소카왕은 정복 지역에 관리를 파견해 통치하도록 했어요. 강력한 중앙 집권 체제를 확립한 거예요. 또 도로망을 정비하고 상업을 장려함으로써 마우리아 왕조의 번영을 이끌었어요.
아소카왕의 업적이 많지요?

아소카왕의 석주

아소카왕의 여러 업적 중에 특히 주목할 것이 불교를 사방으로 전파시켰다는 점이에요. 인도반도 안에만 머물던 불교가 세계 종교로 성장하기 시작한 계기를 바로 아소카왕이 만든 거예요. 사실 아소카왕은 원래 정복에 혈안이 되어 있었어요. 그런 인물이 어떤 이유로 인해 불교를 믿게 됐을까요?

칼링가 왕국을 정복하기 위해 치른 전투에서였어요. 아소카왕은 전투에서 승리해 의기양양하게 성 안으로 들어갔어요. 바로 그때 수많은 사람들이 죽어 있는 모습을 보았어요. 아소카왕은 불현듯 전쟁의 참혹함을 깨달았어요.

그 이후로 아소카왕은 완전히 다른 사람이 되었고, 불교에 귀의했어요. 귀의는 무언가에 의지하고 몸을 바친다는 뜻이에요. 아소카왕은 "모든 전쟁을 중단하고 불교의 가르침에 따라 통치하겠다."라고 선언했어요. 이어 석주돌기둥에 이런 내용을 새겨 전국에 설치하도록 했어요. 많은 사람들이 이 돌기둥을 보고 가르침을 얻으라는 뜻이었지요. 당시 이 석주는 8만여 곳 이상에 세워졌다고 해요. 오늘날 인도의 국기와 화폐에도 이 석주 문양이 들어 있답니다.

아소카왕은 직접 불교 성지를 순례하기도 했어요. 또 사찰과 탑을 짓도록 하고 불교 경전을 정리하게 했지요. 현재 세계 문화유산으로 지정된 산치 대탑도 아소카왕이 세웠어요. 산치 대탑은 석가모니의 행적과 아소카왕의 순례 장면을 새긴 탑인데, 현존하는 불탑 중에 가장 오래된 것이라고 해요.

아소카왕은 나아가 불교를 해외에 전파하는 데에도 노력을 아끼지 않았어요. 왕자를 실론^{오늘날의 스리랑카}으로 보내 불교를 전파시켰는데, 이 실론의 불교가 이후 동남아시아의 여러 지역으로 전파되었어요. 아소카왕은 이와 별도로 승려를 서아시아와 중앙아시아에도 보냈답니다. 이때 아소카왕에 의해 동남아시아 등으로 전파된 불교를 상좌부 불교라고 해요.

자, 마우리아 왕조의 결말을 볼 차례예요. 중국의 한과 비슷해요. 한 제국의 경우 강력했던 무제가 죽고 난 후 혼란스러워졌어요. 마우리아 왕조 또한 아소카왕이 죽고 난 후 혼란해졌죠. 결국 또다시 여러 나라가 마구 생겨났어요. 마우리아 왕조는 점점 약해지다가 결국에는 멸망하고 말았어요.^{기원전 180년}

인도의 불상이 왜 서양 사람을 닮았을까?
└ 쿠샨 왕조와 간다라 미술

마우리아 왕조가 멸망한 후 인도는 200여 년 동안 상당히 혼란스러웠어요. 그러다가 1세기경 다시 통일 왕국이 들어섰어요.

1세기경 인도 주변 지도를 보면 북서쪽에 파르티아가 있어요. 이란 혈통이 세운 나라였는데, 상당히 강했고, 종종 인도 영역을 침략했죠. 비슷한 시기에 중앙아시아에 있던 월지라는 민족도 인도 주변으로 진출했어요. 이 월지의 제후 중 한 명이 얼마 후 인도 북서부 지방에 나라를 세웠어요. 이 제후가 속한 부족은 이란 계통의 쿠샨족이었어요. 그래서 이 나라를 쿠샨 왕조라고 하지요.

파르티아와 월지

마우리아 왕조의 전성기를 이끈 인물은 아소카왕[3대]이었지요? 2세기 중엽 쿠샨 왕조의 전성기를 연 인물도 3대 왕인 카니슈카였어요. 카니슈카왕 시절 쿠샨 왕조는 인도 동쪽으로는 갠지스강 일대까지 영토를 확장했어요. 북쪽으로는 인도를 넘어 중앙아시아로 진출했지요.

쿠샨 왕조가 있었던 북인도는 동서양의 중간 지대라고 할 수 있어요. 덕분에 동쪽으로는 중국, 서쪽으로는 로마와 페르시아, 남쪽으로는 인도의 여러 지역, 북쪽으로는 중앙아시아와 모두 교류할 수 있었지요.

교류가 많아지다 보니 자연스럽게 무역이 발달했어요. 쿠샨 왕조는 중국과 로마 제국 사이의 여러 나라들을 연결하는 중계 무역으로 번영을 누렸답니다. 또한 여러 나라와 교류하면서 동서양의 모든 문화, 그러니까 인도·중국·페르시아·그리스·로마 문화가 다

카니슈카왕 시대 쿠산 왕조의 영토

양하게 융합하기도 했어요.

카니슈카왕도 불교를 적극 보호했어요. 사원과 불탑도 많이 만들었죠. 마우리아 왕조의 아소카왕과 비슷하죠? 다만 불교의 종파가 좀 달라요. 불교는 크게 두 가지, 즉 상좌부 불교와 대승 불교로 나눌 수 있어요.

상좌부 불교는 석가모니의 가르침에 따라 개인적으로 수양을 열심히 해 모든 욕심을 버리는 해탈의 경지에 이르는 것이 목표예요. 이렇게 하려면 출가해서 승려가 되어야 하지요. 그러니 일반 대중이 따르기에는 쉽지 않아요.

대승 불교는 개인이 해탈하는 것도 좋지만 그보다는 중생을 구제하는 것이 더 중요하다고 여겼어요. 대승 불교에서는 깨달음을 얻기 위해서 부처와 보살을 믿고 선행을 쌓을 것을 강조했지요.

부처의 성격도 좀 달라져요. 상좌부 불교에서는 부처를 깨달음을 얻은 성인 정도로 여겼어요. 반면 대승 불교에서는 부처가 곧 신으로, 숭배할 대상으로 바뀌었지요. 아소카왕 시절에 발달한 불교는 상좌부 불교, 카니슈카왕 시절에 발달한 불교는 대승 불교랍니다. 아소카왕이 상좌부 불교를 동남아시아로 전파시킨 주역이라고 했지요? 카니슈카왕은 대승 불교를 동아시아로 전파시킨 주역이라고 할 수 있어요. 대승 불교는 중앙아시아를 거쳐 비단길을 통해 중국으로 전파되었어요. 중국으로 전파된 불교는 다시 고구려, 백제,

신라로 전파되었죠.

쿠샨 왕조의 역사를 다룰 때 반드시 알아 두어야 할 것이
있어요. 바로 간다라 미술이에요. 간다라 미술은 간다라 지
방에서 발달한 미술 양식이에요. 간다라 지방은 인더스강
중류, 그러니까 오늘날의 파키스탄 페샤와르 주변 지역을
가리켜요. 알렉산드로스의 동방 원정 때 이곳에 그리스인
들이 정착했어요. 그리스인들은 예로부터 인간과 같은 모
습으로 신을 조각해 왔어요. 당연히 간다라 지방에 살던 그
리스인들도 신을 조각했지요.

간다라 지방

그리스인들과 달리 인도 사람들은 원래 불상을 만들지 않았어
요. 부처의 모습을 불상으로 만드는 것은 신성을 모독하는 것으로
여겼기 때문이에요. 그래서 초기에는 부처를 묘사하고 싶으면 부
처의 발자국이나, 부처의 가르침을 뜻하는 수레바퀴 또는 부처가
깨달음을 얻었던 보리수 모양으로 돌려서 표현했지요. 그랬던 인
도 사람들이 쿠샨 왕조 시절부터 그리스 사람들을 따라 불상을 만
들기 시작했어요. 이때 만든 불상의 가장 큰 특징은 인체가 아주
사실적이며 개성적이라는 점이에요. 또 하나의 다른 특징은 부처
의 모습이 서양 사람의 생김새를 하고 있다는 거지요. 눈언저리는
깊게 패고 콧날은 오똑해요. 이처럼 간다라 미술은 헬레니즘 문화
에 인도의 전통문화가 결합하면서 나타난 새로운 미술 양식이라고
할 수 있어요.

간다라 미술 양식의 부처상

이 간다라 미술은 비단길을 거쳐 대승 불교와 함께 중국, 우리 나라, 일본 등으로 전파됐답니다. 그 과정에서 불상의 생김새는 그 나라 사람의 얼굴을 많이 닮아 갔어요. 경주 토함산의 석굴암이 대표적인 간다라 양식 석불인데, 우리 한국인의 모습을 한 게 그런 이유에서랍니다.

인도에는 12억의 신이 있다
└ 굽타 왕조의 성립과 힌두교의 발전

이제 쿠샨 왕조의 종말을 살펴볼까요? 마우리아 왕조가 아소카 왕 이후 약해진 것처럼 쿠샨 왕조도 카니슈카왕 이후에 약해졌어요. 그러다가 3세기 초 사산 왕조 페르시아의 공격을 받은 후로는 근근이 명맥만 유지했어요. 쿠샨 왕조가 완전히 자취를 감춘 것은 5세기 중반 정도로 추정되고 있답니다.

아 참, 혹시 마우리아 왕조와 쿠샨 왕조가 잇달아 발전할 때 인도 중부와 남부는 어땠는지 궁금하지 않나요? 거기에도 몇몇 나라들이 있었지만 크게 두각을 나타내지는 못했어요. 안드라 왕국, 촐라 왕국 같은 나라인데요, 그 나라의 역사는 모르더라도 이름 정도는 기억해 두는 게 좋겠죠?

그러고 보니 인도가 상당히 오래 혼란스러운 것 같죠? 그래도 역사는 발전하는 법이에요. 4세기에 새로운 왕조가 나타나 분열된 인도 북부를 다시 통일했어요. 바로 굽타 왕조예요[320년].

굽타 왕조의 최대 영토

굽타 왕조도 처음에는 갠지스강 유역의 작은 왕국에 불과했어요. 굽타 왕조를 세운 찬드라굽타 1세는 주변의 작은 국가들을 하나씩 정복했어요. 때로는 그 나라의 왕실과 혼인 관계를 맺는 식으로 영역을 넓히기도 했지요. 이처럼 여러 방식을 동원해 영토를 넓힌 결과 찬드라굽타 1세가 사망할 무렵 굽타 왕조는 인도 북동부의 대부분을 지배할 수 있었어요.

굽타 왕조의 전성기는 3대 왕인 찬드라굽타 2세 때 찾아왔어요. 찬드라굽타 2세는 할아버지인 찬드라굽타 1세와 마찬가지로 정복 활동을 벌였어요. 그 결과 굽타 왕조는 인도 동쪽 끝의 벵골만에서부터 서쪽 끝 아라비아해까지로 영토를 넓힐 수 있었지요. 또한 남쪽으로는 인도 중부의 데칸고원까지 내려갔고, 북쪽으로는 히말라야산맥까지 뻗었어요.

굽타 왕조는 특히 해상 무역이 발달했어요. 동쪽으로는 중국과 동남아시아, 북쪽으로는 중앙아시아, 서쪽으로는 로마 제국과 교역을 했지요. 굽타 왕조는 주로 향신료와 보석, 면화 같은 것을 수출했어요. 금화와 은화도 많이 사용했어요. 이처럼 경제가 좋아지니 대도시들이 속속 생겨났어요. 대도시 중 하나였던 파탈리푸트라오늘날의 파트나는 드나드는 성문만 수십 개였다고 해요.

마우리아 왕조와 쿠샨 왕조는 불교를 보호하고 장려했어요. 하지만 굽타 왕조 때에는 불교가 아주 약해졌어요. 불교는 더 이상 인도의 국교 자리를 지킬 수 없었지요. 굽타 왕조는 새로이 떠오른 힌두교를 보호하고 장려했어요.

힌두교는 오늘날까지도 인도의 대표적인 종교랍니다. '힌두'는 인도를 뜻하는 말이에요. 종교의 이름에서부터 인도의 전통이 물씬 풍기는 셈이지요. 이 힌두교는 굽타 왕조 시대에 성립했어요.

힌두교는 브라만교를 중심으로 하되 불교와 인도 민간 신앙까지 모두 녹인 종교예요. 이런 점이 아니더라도 민중이 매력적으로 느낄 이유는 더 있어요. 우선 교리가 복잡하지 않아요. 제사 절차도 단순해졌어요. 궁극의 경지인 해탈을 원하면 요가나 고행을 열심히 하면 된다고 했어요. 지나치게 원칙적이고 까다로운 브라만교보다는 유연하죠?

힌두교의 신은 셀 수 없을 정도로 많아요. 오죽하면 인도 인구 12억 명에 빗대어 "힌두교의 신은 12억이 넘는다."라는 말이 나왔겠어요? 그중에서도 가장 중요한 신을 세 명만 꼽으라면 브라흐마^{창조의 신}, 비슈누^{유지의 신}, 시바^{파괴의 신}를 들 수 있어요. 이 중에서 비슈누는 계속 환생하는데, 특히 왕의 모습으로 세상에 다시 태어난다고 여겨졌어요. 이 말대로라면 왕은 신과 같은 존재가 돼요. 왕실이 힌두교를 국교로 삼고 적극 보호한 게 이해가 되죠?

힌두교가 브라만교와 같은 부분도 있어요. 신분 제도, 즉 카스트 제도를 그대로 받아들였다는 점이에요. 지금 살고 있는 이 세상에서는 내 카스트^{계급}를 올리거나 낮출 수 없어요. 지금 자신에게 주어진 의무를 성실히 수행하고 열심히 살면 다음 생에서 더 나은 카스트로 태어날 수 있지요.

굽타 왕조 시대에는 이런 힌두교의 교리를 정리해《마누 법전》을 만들었어요. 이 법전은 종교 생활뿐 아니라 일상생활에도 적용되었어요. 인도 사람들이 꼭 따라야 할 경전이자 법이었던 거지요.

아라비아 숫자의 기원은 인도
└인도 고전 문화의 발전과 동남아시아로의 확산

이 무렵 인도의 대표적인 서사시 작품이 탄생했습니다. 바로 〈마하바라타〉와 〈라마야나〉인데, 다른 서사시와 마찬가지로 인간 세계의 원리, 선과 악의 투쟁과 같은 오묘한 내용을 담고 있어요. 이런 작품들은 인도 언어인 산스크리트어로 쓰였어요. 이외에도 희곡으로 궁정 생활의 이야기를 담은《사쿤탈라》도 굽타 왕조의 대표적 문학으로 꼽을 수 있어요.

아잔타 석굴과 산스크리트어로 쓰인 문학 작품에서 공통점을 발견할 수 있어요. 바로 인도 고전 문화가 빛을 발했다는 거예요. 굽

아잔타 석굴과 불상들

타 왕조 문화의 가장 큰 특징 중 하나가 바로 이 거예요. 인도 고유의 문화가 발전하기 시작했다는 점이죠. 이미 살펴봤던 힌두교 또한 인도 전통문화를 되살리려는 노력에서 나온 거라고 볼 수 있어요. 오늘날 인도의 모습이 바로 이 굽타 왕조 때 어느 정도 뿌리를 내린 셈이지요. 이 점, 알아 두세요.

힌두교가 발전했으니 불교가 많이 쇠퇴했어요. 그렇다고 해서 불교 예술까지 후퇴한 것은 아니었어요. 굽타 왕조의 대표적 불교 예술 작품으로는 아잔타 석굴을 꼽을 수 있어요. 아잔타 석굴 사원은 인도 서부 마하라슈트라의 계곡에 있는데, 석굴의 수만 29개예요. 이 아잔타 석굴 사원의 불상과 벽화는 섬세함과 아름다움을 뽐내고 있죠. 이 미술 양식을 굽타 양식이라고 불러요. 굽타 양식은 그전부터 발달해 온 간다라 미술에 인도의 전통문화가 결합되어서 나타난 거예요. 그러니 불상의 생김새나 옷차림도 인도 사람과 닮았어요. 간다라 양식 때는 서양인을 닮았는데, 많이 변화한 거죠.

굽타 왕조 시절에는 과학도 발전했어요. 특히 수학과 천문학에서 중요한 업적이 만들어졌지요. 이 무렵 인도 수학자들은 숫자 '0'을 처음 사용했어요. 만약 '0'이 없다면 수학이 발전할 수 있었을까요? 오늘날에는 숫자를 아라비아 숫자라고 하지만 그 기원은 사실 인도였어요. 인도의 숫자가 나중에 이슬람 사회로 전래되면서 아라비아 숫자로 발전한 거지요.

원의 둘레를 계산하려면 원주율π의 값을 알아야 해요. 인도 천문학자들은 이 원주율을 이용해 지구 둘레를 정확하게 계산해 냈답니다. 아울러 지구가 스스로 회전한다는 자전, 지구가 태양 주위를 돈다는 공전의 개념도 밝혀냈어요. 훗날 서양에서 갈릴레이가 지동설을 주장하는데, 그보다 수백 년 전에 인도 천문학자들이 큰 업적을 남긴 거예요. 지구가 달과 태양 사이에 놓일 때 지구의 그림자 때문에 달이 가려지는 월식의 원리도 인도 천문학자들이 발견했지요.

근대 이후에는 서양이 동양의 과학 수준을 뛰어넘게 돼요. 하지만 그전까지만 해도 압도적으로 동양의 과학 수준이 높았답니다. 인도와 중국의 과학이 이슬람 사회를 거쳐 유럽으로 전파되면서 유럽의 과학이 발달한 거거든요.

이렇게 발전했던 굽타 왕조도 5세기 중엽부터 혼란을 겪었어요. 외부적으로는 이민족의 침략에 시달렸고 내부적으로는 왕위를 둘러싼 다툼이 끊이지 않았지요. 결국 6세기 중반 이후에 굽타 왕조는 소국으로 전락했다가 곧 멸망했어요.

마지막으로 하나만 더 살펴볼게요. 인도가 동남아시아에 문화를 전파한 이야기예요. 상좌부 불교가 마우리아 왕조 때 동남아시아로 전파됐다는 이야기는 앞에서 했죠? 힌두교도 마찬가지였어요.

앙코르 와트 사원

곧바로 동남아시아로 전파됐어요. 동남아시아의 여러 나라에서 힌두교를 받아들였고, 이때부터 이슬람 세력이 침입하는 13세기 무렵까지 번영했어요.

그 유적지가 아직도 꽤 많이 남아 있어요. 대표적인 것이 캄보디아의 앙코르 와트예요. 이것은 캄보디아 앙코르 왕조가 만든 힌두교 사원이었어요. 인도네시아 자와섬에는 프람바난 사원이 있는데, 이것 또한 9세기 중엽에 만들어진 힌두교 사원이랍니다.

힌두교 사원은 아니지만 인도에서 태동한 불교가 동남아시아로 전파된 이후 들어선 사원도 여럿 있어요. 태국의 왓 마하탓은 13세기에 만들어진 상좌부 불교 사원이고, 인도네시아의 보로부두르 사원은 8세기 중엽 이후에 만들어진 대승 불교 사원이에요. 참고로 알아 두세요.

★ 단원 정리 노트 ★

1. 인도에 왕조가 생성되는 과정

① 기원전 2500년경 인더스강 유역에 인도 문명 건설

② 기원전 1500년경 아리아인이 침입하여 인도 원주민을 정복하여 브라만교와 카스트 제도를 도입

③ 아리아인과 인도 원주민인 여러 민족이 섞여 살며 작은 나라들을 형성

④ 기원전 6세기 중반 석가모니가 불교를 창시하고 왕과 군인들이 불교를 지원

④ 기원전 4세기 말 알렉산드로스의 군대가 인도 북동부에 진출하면서 인도의 민족의식 고취

⑤ 찬드라굽타 마우리아가 인도 북부를 통일하고 인도 최초의 강대국인 마우리아 왕조를 건설(기원전 317년)

2. 인도 북부에 형성된 왕조

마우리아 왕조	기원전 317년 ~ 기원전 180년	찬드라굽타 마우리아가 인도 북부를 통일하고 세운 인도 최초의 강대국. 3대 아소카왕 시절에 전성기를 누림. 상좌부 불교를 보호하고 동남아시아 지역으로 전파함.
쿠샨 왕조	기원후 1세기경 ~ 기원후 5세기경	중앙아시아에서 유입된 월지국의 민족이 인도 북부에 세운 왕조. 3대 카니슈카왕 시절에 전성기를 누림.

		대승 불교를 보호하고 동아시아로 전파함. 간다라 미술이 발전. 3세기경 사산 왕조 페르시아에 밀려 소국으로 전락했다가 5세기경 소멸된 것으로 추정.
굽타 왕조	320년 ~ 520년	찬드라굽타 1세가 세운 인도 왕조. 3대인 찬드라굽타 2세 때 전성기를 누림. 불교가 약해지고 브라만교와 인도 전통 신앙이 융합된 힌두교를 장려. 과학과 수학이 발전.

3. 간다라 미술과 힌두교

간다라 미술

- 헬레니즘 문화와 인도의 전통문화가 결합한 불교 미술 양식이다.
- 알렉산드로스의 군대가 인도 북서부에 진출하면서 그리스의 헬레니즘 문화가 이곳에 이식되었고, 간다라 지방을 중심으로 발달했다.
- 인체를 사실적이고 섬세하게 표현하는 그리스 미술 양식의 영향을 받았고, 불상의 얼굴이 서양인을 닮은 것도 특징이다.
- 동아시아로 전파되면서 차츰 불상의 얼굴이 동양인의 얼굴을 갖추게 되었다.

힌두교

- 아리아인에 의해 인도에 유입된 브라만교를 바탕으로 한다.
- 석가모니가 창시한 불교가 확장하자, 불교의 교리와 브라만교의 교리를 결합하여 만

들어졌다.

– 인도 특유의 신분 제도인 카스트 제도를 그대로 계승했다.

– 불교는 동아시아에서 발달한 반면 인도에서는 굽타 왕조 이후 힌두교가 정착되었다.

– 힌두교의 힌두는 '인도'를 뜻한다.

5

동아시아 문화의 형성과 확산

: 동아시아, 중국 문화를 받아들이며 성장하다

- 중국 위진 남북조 시대의 특징에 대해 개괄적으로 설명해 보세요.
- 당의 정치 제도와 토지 및 세금 제도 그리고 당 문화의 특징에 대해 알아봅시다.
- 일본에서 고대 국가가 형성되고 발전하는 과정을 이야기해 보세요.
- 동아시아 문화권이 어떻게 형성되었으며, 공통적으로 나타나는 요소가 무엇인지 살펴봅시다.

《삼국지연의》는 왜 유비 중심으로 이야기가 전개되었을까?

└ 위·촉·오의 대결과 위진 남북조 시대의 전개

3세기 초 후한의 황제는 위의 왕 조비에게 황제 자리를 넘겼어요. 이로써 한이 멸망하고 위의 시대가 열렸어요. 하지만 위 왕조 시대라고는 하지 않아요. 보통은 위진 남북조 시대로 이어졌다고 하지요²²⁰년.

쉽게 말하자면, 중국 왕조의 역사는 '주→춘추 전국 시대→진→한→위진 남북조 시대'가 되는 거예요. 위진 남북조 시대에서 위와 진은 나라의 이름이에요. 후한을 위가 이었고, 위를 진이 이었으며, 그다음에 남쪽과 북쪽에 각각 왕조^{남북조}가 있었다는 뜻이에요.

《삼국지연의》의 주인공인 유비, 관우, 장비. 우리가 보통 '삼국지'라고 부르는 이야기의 원래 이름은 《삼국지연의》이다.

이제 위의 이야기를 해 볼까요? 이 무렵 위 말고도 다른 나라들이 있었어요. 바로 촉과 오였어요. 위·촉·오의 대결은 유명해요. 세 나라를 세운 영웅, 그러니까 위의 조조, 촉의 유비, 오의 손권 이야기는 소설, 영화, 게임 등으로 숱하게 만들어졌죠. 많은 사람들이 유비의 촉을 가장 정통성이 있는 나라로 여기는 것 같은데, 14세기에 나관중이 쓴 장편 역사 소설 《삼국지연의》의 영향 때문이에요. 나관중이 한 왕실의 혈통인 유비의 관점에서 이야기를 썼거든요. 하지만 3세기의 역사서 《삼국지》에서는 위가 후한을 계승한 것으로 기록했답니다. 흥미진진한 영웅들의 이야기가 궁금하다면 《삼국지연의》를 꼭 읽어 볼 것을 추천해요.

위의 황제가 된 조비는 천하통일의 꿈을 이루지 못했어요. 위의 대장군인 사마의가 반란을 일으켜 권력을 장악했거든요. 이후 사마 가문이 사실상 황제 노릇을 했어요. 사마의의 아들 사마소는 군대를 이끌고 촉을 정복했어요. 사마소의 아들 사마염은 위 황제를 끌어내리고 스스로 황제의 자리에 올랐어요. 이렇게 해서 위의 뒤를 이어 진^晉의 시대가 시작됐어요.^{265년} 이어 진은 오를 공격해 무너뜨렸고, 결국 다시 중국을 통일했어요.^{280년}

진이 대단한 일을 한 것 같죠? 하지만 진은 건국될 무렵부터 무척 위태로웠어요. 아직 전쟁이 진행 중인 데다 왕위를 놓고 외척과 제후들이 다투었기 때문이에요. 심지어 건국한 지 얼마 되지 않아 8개의 제후국이 함께 반란을 일으키기도 했어요. 이 반란을 팔왕의 난이라고 해요.

중국의 이 혼란을, 북방의 흉노족이 놓치지 않았어요. 예전부터 중국 본토를 노리던 흉노족 추장 유연이 곧바로 진을 침략했어요. 유연은 오늘날의 산시성 일대에 한漢이라는 나라를 세웠어요304년.

흉노의 한은 이어 진의 수도 낙양오늘날의 허난성 뤼양으로 진격했어요. 진은 수도를 빼앗겼지만 다행히 멸망하지는 않았어요. 진의 왕족 중 한 명인 사마예가 동남쪽의 건업오늘날의 장쑤성 난징에서 진을 다시 일으켰거든요317년. 이때의 진을 구분해 동진이라고 불러요. 그전의 진은 서진이 되겠지요? 주를 서주와 동주, 한을 전한과 후한으로 구분했듯 진도 서진과 동진으로 구분하는 거예요.

둑은 작은 구멍이 커지면서 무너져요. 흉노의 한이 맹활약을 펼치자 다른 북방 민족들도 너나없이 중국 북부에 해당하는 화베이 지방으로 진출했어요. 흉노, 갈, 저, 강, 선비 등 5개의 북방 민족은 이때부터 100년 이상 화베이 지방을 지배하면서 16개국을 세웠어요. 한족은 북방 민족을 오랑캐라 불렀어요. 오랑캐를 한자로 쓰면 호胡가 돼요. 그래서 이를 5호 16국이라 불러요. 다섯 오랑캐가 세운 16개의 나라라는 뜻이지요.

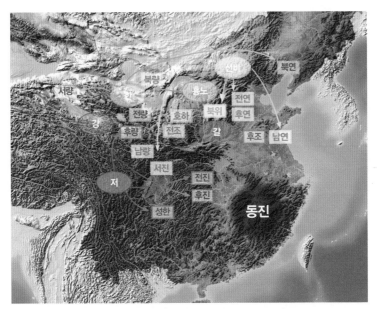

5호 16국과 동진 선비, 흉노, 갈, 강, 저는 유목 민족의 이름이고, 같은 색깔로 표시하여 화살표로 연결한 네모 속의 각 나라는 그 민족이 세운 나라의 이름이다. 북서 지역의 서량과 전량은 한족 계열이 세운 나라였다.

5세기 중반 선비족이 세운 북위가 화베이 지방을 통일했어요. 이로써 북중국에서는 북조^{북쪽의 왕조}의 시대가 시작되었어요. 북위는 자기네가 정복한 지역의 민족, 그러니까 한족의 문화와 제도를 받아들이려고 노력했어요. 또 토지 제도를 정비해 민심을 어루만지려고도 했지요. 북위가 시행한 토지 제도가 균전제였는데, 토지를 농민들에게 나누어 주는 대신 농민들은 세금을 국가에 납부하는 방식이었어요.

북위의 여러 왕 중에서 가장 현명한 왕으로 꼽히는 효문제는 한족과 어울리기 위해 선비족의 언어와 전통 복장을 사용하지 못하게 했어요. 심지어 이름의 성도 중국식으로 바꾸도록 했지요. 하지만 이런 노력은 빛을 발하지 못했어요. 얼마 후에 북위가 다른 나라에 게 멸망했거든요. 이후 북조에서는 몇 차례 나라가 바뀐답니다.

남쪽 상황도 볼까요? 북위가 북쪽을 통일하기 10여 년 전, 한족의 송이 동진을 멸망시켰어요. 이로써 남조^{남쪽의 왕조}의 시대도 시작됐는데, 북쪽과 마찬가지로 한족 왕조도 수시로 바뀌었답니다. 남쪽과 북쪽 모두 상당히 혼란스러웠던 거죠.

북조 불상의 얼굴은 황제의 얼굴을 본떴다?
└ 위진 남북조 시대의 문화

위진 남북조 시대의 혼란은 수가 등장해 다시 전국을 통일함으로써 끝이 나게 됩니다^{589년}.

수의 이야기는 조금 있다가 하고, 위진 남북조 시대의 문화를 마저 살펴볼게요. 한대에 호족이 성장했고, 후한 말기로 접어들면서 전쟁이 많이 발생했다는 점을 잊지 마세요. 그런 상황이 문화에 그대로 반영되었으니까요.

첫째, 귀족 문화가 발달하기 시작했어요. 위진 남북조 시대에 호족들은 중앙 귀족으로 변신하면서 권력을 장악했어요. 그러니 문화가 귀족적으로 나타날 수밖에 없었지요. 우선 호족들이 중앙 귀족으로 변신하는 과정부터 알아볼게요.

호족들은 후한 말기부터 중앙 정계로 진출하기 시작했어요. 이후 위진 남북조 시대에는 호족들이 더 쉽게 중앙 정계로 진출할 수 있는 제도가 마련되었답니다. 그게 바로 9품중정제예요.

9품중정제는 중정관이 9개의 등급으로 나누어 관리를 추천하는 제도예요. 중정관은 중앙 정부가 지방에 파견한 관리였어요. 중정관은 지방의 인재를 찾아 재능과 인품에 따라 9개의 등급을 매겼어요. 이렇게 해서 중앙 정부로 추천된 인재 중에서 관리를 선발한 것이지요. 이 과정에서 호족들이 입을 맞추고, 서로가 서로를 추천했어요. 그러니 중앙 정부로 진출하기가 쉬웠지요. 일단 중앙 정부로 올라온 호족들은 관직을 독차지하고, 그 관직을 세습했어요. 이런 식으로 중앙 정계를 장악한 호족들은 문벌 귀족으로 변신했어요. 조조가 대표적인 사례라고 할 수 있지요.

이러니 귀족 문화가 형성되는 게 전혀 이상하지 않아요. 귀족들은 시와 그림, 서예를 즐겼어요. 귀족들이 가장 보편적으로 즐기는 문화가 이 무렵 뿌리를 내린 것이지요. 대표적인 시인으로는 〈귀거래사〉를 지은 도연명이 있어요. 그림으로는 주로 산수화가 많이 그려졌고 고개지가 유명했지요. 서예 분야에서는 단연 왕희지가 대표적이에요. 해서체, 행서체, 초서체를 서예의 3체라고 하는데, 이 또한 위진 남북조 시대에 완성되었답니다.

둘째, 특히 남조에서 귀족 문화의 발달과 맞물려 도교가 발전했

중국 동진의 화가 고개지가 그린 〈낙산부
도〉의 일부

어요. 매일같이 전쟁이 벌어지니 현실 정치에서 벗어나고 싶은 귀족과 학자들이 이 도교를 받아들였어요. 현실 정치를 외면하고 도덕을 거부하며 세속을 떠나 자유롭게 살려는 이런 사상을 청담 사상이라고 해요. 청담 사상을 대표하는 인물이 죽림칠현竹林七賢이에요. 이 말은 '대나무 숲의 일곱 현인'이란 뜻이에요. 대나무 숲은 속세를 떠난 무위자연과 불로장생의 세상을 상징하지요.

위에서 진으로 권력이 옮아가던 시절, 권력을 장악한 사마 가문은 자기 마음대로 정치를 했어요. 그러자 도가 사상에 심취해 있던 일곱 명의 지식인은 그들을 비판하고 위선을 폭로했어요. 나아가 유교적 질서를 따르지 않았고 세상을 맘껏 조롱했지요. 이 중 일부는 끝내 진에 협조하지 않고 처형되었답니다. 이들의 삶이 세상에 알려지면서 죽림칠현이란 이름을 얻은 거예요.

도교 사상 중에서 영원히 죽지 않고 산다는 불로장생의 이야기는 많은 사람들을 매료시켰어요. 불로장생의 약을 만들려는 사람들도 늘어났지요. 덕분에 의학과 약학이 발전했답니다. 이 점도 흥미롭지요?

셋째, 불교가 발달했어요. 불교는 특히 북방 민족이 지배한 북조에서 크게 융성했어요. 중국에는 후한 시절에 비단길을 통해 대승 불교가 전래됐어요. 이후 중국에서는 왕실과 귀족이 적극적으로 불교를 보호하고 지원했어요. 고구려와 백제에도 불교를 전파했지요.

이 무렵의 대표적인 불교 유적으로는 윈강 석굴이 있어요. 오늘날의 산시성 다퉁 지방에 있는 윈강 석굴은 북위를 비롯한 북조 시절에 만들어졌어요. 길이만 1킬로미터에 이르며 총 42개의 석굴이 있는, 중국에서 가장 큰 석굴이랍니다. 석굴은 바위에 뚫은 굴을 말하는 거예요. 석굴에는 불상을 모셨어요. 불상은 황제의 모습을 본떠 만들었다고 전해지고 있지요. 윈강 석굴에 모신 불상 중에는 간다라 미술 영향을 받아 제작된 것도 있어요. 북위가 인도, 중앙아시아 등 여러 지역과 광범위하게 교류했다는 증거죠.

윈강 석굴 외에 둔황 석굴도 5호 16국 중 하나인 전진 때부터 만들어졌어요. 둔황 석굴이 완성되는 데는 약 1,000년이 걸렸다고 해요. 현재 둔황 석굴에 있는 석굴은 1,000여 개에 이른답니다.

윈강 석굴

수가 대운하를 만든 까닭은?
└수의 통일과 당의 재통일

위진 남북조 시대의 혼란은 무려 370여 년간 계속되었어요. 혼란기를 끝내고 중국을 통일한 인물은 양견이란 한족이었어요. 그가 세운 나라가 바로 수였어요589년.

수 문제 양견은 20여 년간 중국을 통치하면서 중앙 집권 체제를 되살리는 데 많은 노력을 기울였어요. 그동안 남북조로 나뉜 데다 북조는 북방 민족이 지배했으니 제도가 많이 흐트러졌다고 생각한 거지요. 문제가 체제를 어떻게 정비했는지 살펴볼까요? 이때 정비한 제도가 이후 당, 송 등으로 이어진답니다.

문제는 우선 9품중정제를 폐지했어요. 이 제도를 악용해 호족이 권력을 키웠고, 문벌 귀족으로 변신함으로써 관직을 독점했잖아요? 귀족을 누르고 왕권을 강화하려면 새로운 관리 선발 제도가 필요해요. 문제는 과거제를 도입했어요. 바로 이때 과거 시험이 처음으로 치러진 거예요. 시험을 통해 관리를 선발함으로써 왕에게 충성하는 신하를 양성하고, 귀족의 영향력을 줄이려는 거였지요. 훗날 고려의 광종이 과거제를 도입한 이유와 똑같아요.

북위 때 균전제가 시행되었지요? 토지를 농민에게 나누어 주면 농민은 세금을 국가에 내는 제도였어요. 문제는 이를 더욱 체계적으로 개선했어요. 세금은 크게 조 · 용 · 조로 세분화하고, 군역은 부병제를 활용했지요. 용어들이 어렵지요? 쉽게 설명해 볼게요.

조용조는 농민이 내는 세금의 종류를 말하는 거예요. 첫째의 조는 곡물을 내는 것, 둘째의 용은 군대나 각종 공사에 노동력을 제공하는 것, 셋째의 조는 사람마다 일정한 양의 직물 혹은 지방 특산물을 세금으로 내는 것이에요. 모든 농민이 균전제를 바탕으로 토지를 받았으니 그에 걸맞은 세금을 이렇게 세분화해서 내라는 뜻이지요.

부병제는 농사와 병역 의무를 동시에 수행하는 제도예요. 보통 전쟁이 터지면 농민들이 병사로 소집되어요. 이 부병제에서는 농사일이 한가한 농한기 때에만 농민들을 소집해 훈련시켰어요. 농사가 바쁜 농번기에는 농사를 짓도록 했지요.

문제는 이처럼 굵직굵직한 제도를 정비함으로써 수의 국력을 크게 신장시켰어요. 문제 자신도 절약을 솔선수범했지요. 그 결과 오랜 전쟁으로 피폐해졌던 중국 경제가 다시 살아났어요.

하지만 아버지를 죽이고 황제에 오른 2대 양제는 달랐어요. 양제는 더 거대한 제국을 꿈꾸었어요. 이 꿈을 이루기 위해 과거의 진시황제가 그랬듯 거대한 토목 공사를 벌였어요. 바로 대운하를 건설한 거예요.

원래 중국은 서쪽에서 동쪽으로 두 개의 큰 강이 흘러요. 그러니 남북으로 물자를 운송하려면 강을 건넜다가 육지를 이용하고, 다시 강을 건너고 육지를 이용하기를 반복해야 합니다. 양제는 이러한 불편을 없애기 위해 남쪽의 여항^{항저우}에서 수도인 장안^{시안}까지, 장안에서 북쪽의 탁군^{베이징}까지 운하를 뚫었어요. 이 대운하의 길이는 약 2,000킬로미터에 이른답니다.

대운하를 만듦으로써 남북으로 물자를 이동하는 것이 훨씬 쉬워졌어요. 전국에 황제의 명령이 도달하기도 쉬우니 중앙 집권 체제

항저우의 대운하

에도 큰 도움이 되었지요. 하지만 백성의 불만은 커졌어요. 사실 이 대운하뿐 아니라 양제는 수많은 토목 공사를 벌였고, 그때마다 백성을 강제로 동원했거든요.

양제는 팽창 정책을 폈어요. 영토를 더 넓히기 위해 정복 전쟁을 많이 벌였지요. 물론 성과도 있었어요. 남쪽으로는 안남^{베트남}을 쳤고, 북쪽으로는 돌궐을 쳐 제압했어요. 양제는 나아가 고구려까지 넘봤어요. 하지만 이 계획은 실패했어요. 수는 여러 차례 고구려를 정벌하겠다며 군대를 일으켰지만 모두 패했어요. 이러니 반란이 일어나지 않을 수 없지요. 수는 고작 37년 만에 반란으로 무너지고 말았어요. 수를 무너뜨린 이연은 당을 세웠어요. 이로써 당의 시대가 시작되었답니다^{618년}.

당 태종은 왜 메뚜기를 삼켰을까?
└당의 발전과 멸망

당 고조 이연에게는 아들이 여럿 있었어요. 그중 이세민이 권력 욕심이 가장 강했어요. 이세민은 다른 형제들을 모두 제거한 후에 2대 태종에 올랐어요. 태종은 강력한 황제가 되기를 원했어요. 그러니 통치 체제부터 확립하려 했어요. 태종은 수의 제도를 물려받아 오늘날의 법률과 비슷한 율령 체제를 정비해 3성 6부 체제를 갖추었어요. 이 제도는 훗날 고려와 발해에 많은 영향을 미쳤지요.

3성은 중서성, 문하성, 상서성을 가리켜요. 중서성은 정책을 만들었고, 문하성은 그 정책을 검토했지요. 최종 정책이 완성되면 상서성 소속의 6부^{이·호·예·병·형·공}가 정책을 집행했어요. 이외에도 태종은 균전제, 조용조, 부병제, 과거와 같은 수의 제도들을 받아들여 더욱 발전시켰어요. 그 결과 제국의 기틀을 확고하게 구축할 수 있었지요.

당 태종은 백성을 사랑한 군주로 알려져 있어요. 이를 알 수 있는 일화가 있어요. 언젠가 메뚜기 떼가 중국 전역에 들끓는 일이 발생했어요. 가뜩이나 식량이 부족한 마당에 메뚜기 떼까지 극성을 부리니 굶주려 죽는 백성이 늘어났어요. 태종은 근심에 찬 얼굴로 서성이다가 메뚜기를 발견했어요. 그러자 그 메뚜기를 나뭇잎에 싸서 꿀꺽 삼켰어요. 신하들이 깜짝 놀라자 태종은 "백성이 먹을 곡식을 메뚜기들이 먹어치우니 우리의 원수가 아니겠는가?"라고 했다고 해요.

이런 당 태종이 중국 백성에게는 훌륭한 군주였을지 모르지만 고구려 백성에게는 두려운 존재였어요. 여러 지역에서 정복 전쟁을 벌였거든요. 당 태종은 우선 중앙아시아의 돌궐을 정복하는 데 성

비잔티움 제국의 사절을 만나는 당 태종 이세민

공했어요. 덕분에 동서 교통로인 비단길을 확보할 수 있었지요. 태종은 이어 고구려를 노렸어요. 다행히 고구려가 모두 막아 냈지만, 고구려의 국력이 크게 약해졌어요.

태종의 뒤를 이어 고종이 황제에 올랐어요. 이 고종이 통치할 때에 고구려와 백제가 멸망했지요. 사실 이 전쟁을 지휘한 인물은 고종이 아니었어요. 고종의 황후였던 측천무후였어요. 측천무후는 원래 태종의 후궁이었는데, 권력을 잡으려고 아들이나 다름없는 고종의 황후가 된 거예요. 황후는 고종을 쥐락펴락하면서 모든 권력을 손에 넣었어요. 측천무후는 한때 당을 없애고 주라는 나라를 선포하기도 했어요. 물론 몇 년 만에 실패로 돌아갔지만요.

6대 황제 현종은 양귀비라는 미녀에 푹 빠졌어요. 현종은 양귀비의 뜻대로 정치를 했고, 그 결과 나라가 어수선해졌어요. 급기야 8세기 중반에는 양귀비가 총애한 지방 절도사 안록산이 부하인 사사명과 함께 반란을 일으키기도 했어요. 이게 안사의 난이에요[755년]. 절도사는 오늘날의 도지사와 비슷한데, 지방을 통치하는 사령관을 가리켜요.

안사의 난은 곧 진압되었지만 후유증이 컸어요. 이 사건 이후로 지방 절도사들이 중앙 정부의 지시를 들으려 하지 않았거든요. 귀족들은 더욱 더 많은 토지를 싹쓸이했고, 농민은 몰락했어요.

농민이 토지를 잃게 되니 균전제가 무너졌어요. 균전제가 무너지니 조용조 세법도 무너졌지요. 또한 모든 농민을 대상으로 하던 부병제도 병력을 따로 모집하는 모병제로 바뀌었어요. 정부는 부랴 부랴 일 년에 두 번만 세금을 내도록 하는 양세법으로 세제를 바꾸었어요. 하지만 이미 국가의 기틀이 흔들리고 있었어요. 양세법이 얼마나 효과가 있었겠어요? 갈수록 중앙 정부의 힘이 약해졌지요.

이 무렵 당은 중앙아시아까지 세력을 넓히고 있었어요. 그런데 이슬람 군대 또한 중앙아시아로 진출하고 있었지요. 당 현종은 군대를 보내 맞서도록 했어요. 중앙아시아의 탈라스강 유역에서 전투가 벌어졌어요. 당의 군대가 처참하게 깨졌어요. 이 탈라스 전투에서 승리한 이슬람 세력은 당의 제지 기술자들을 끌고 갔어요. 바로 이때 중국의 제지술이 서역으로 전파된 거랍니다.

당이 점점 기울고 있지요? 9세기 말에 더욱 치명적인 사건이 발생했어요. 소금 장수 출신의 농민인 황소가 반란을 일으킨 거예요. 황소의 군대는 금세 수십만 명으로 불어났어요. 한때 당의 수도인 장안까지 점령했죠. 하지만 황소의 군대는 기강이 약했어요. 병사들은 약탈을 일삼았지요. 그러니 백성들의 인심을 얻을 수 있겠어요? 결국 황소의 난은 진압되었어요.

하지만 이 황소의 난으로 당이 입은 타격이 너무 컸어요. 다시는 재기할 수 없을 정도였지요. 지방의 절도사들이 다시 반란을 일으켰고, 결국 10세기 초 주전충이란 절도사에 의해 멸망했답니다 907년.

당삼채가 서역 상인과 낙타의 모양새를 한 까닭은?

└당의 귀족 문화 발전과 교역 확대

당의 문화를 거론할 때 보통 "귀족적이다."라고 해요. 틀린 이야기가 아니에요. 위진 남북조 시대 때부터 발달한 귀족 문화가 수를 거쳐 당에 이르렀을 때 가장 발전했거든요. 더욱이 수 때 만든 대운하 덕분에 창장강 남쪽의 풍부한 물자가 수도 장안으로 언제든지 공급되니 귀족들은 부족한 것 없이 화려한 문화를 즐길 수 있었어요.

귀족들은 시를 즐겼어요. 당의 시인 중에는 오늘날까지도 유명한 사람들이 있어요. 대표적인 인물이 이백과 두보이지요. 이백은 시의 신선이란 뜻의 '시선'이라 불렸어요. 반면 두보는 시의 성인이란 뜻의 '시성'으로 불렸지요. 두 시인은 모두 8세기에 활동했지만 시 세계는 사뭇 달랐어요.

이백은 도가 사상에 심취했어요. 그래서 현실에서 벗어나 자연에서 시의 소재를 찾았지요. 사람들은 "이백이 입을 열면 그 자체가 시다."라고 했어요. 반면 두보는 사람의 심리를 시로 썼어요. 어수선한 사회를 비판하기도 했지요. 안사의 난 이후 황폐해진 장안을 찾았다가 울적해진 마음을 담은 시도 있었어요.

이백, 두보와 더불어 당의 3대 시인으로 꼽히는 또 다른 시인이 있어요. 왕유인데, 그는 시의 부처란 뜻의 '시불'로 불렸어요. 왕유 또한 자연을 소재로 서정시를 썼는데, 불교의 색채가 강해 이런 별명이 붙은 거예요. 왕유는 산수화를 잘 그려 당을 대표하는 화가로도 평가받고 있어요. 이 3대 시인 외에 백거이도 꽤 알려져 있답니다. 글씨에서는 구양순이 가장 유명했어요. 그의 글씨는 당시 고려에도 전해져 큰 인기를 얻었다고 해요.

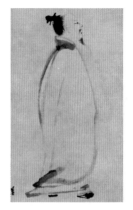

이백

유학 분야에서는 태종 시절인 7세기 중반에 한대 이후의 훈고학을 집대성한 《오경정의》가 편찬된 게 눈에 띄어요. 훈고학은 경전을 해석하는 학문이에요. 《오경정의》는 오경을 해석한 책이니 과거 시험을 준비하는 학생들에게는 교과서 역할을 했지요. 오경은 공자와 관련된 5개의 유교 경전으로, 《시경》, 《서경》, 《역경》, 《예기》, 《춘추》를 가리킨답니다.

이번엔 당의 예술 작품을 살펴볼까요?

두보

무엇보다 당의 예술 작품은 화려하고 색채감이 뛰어났어요. 이 또한 귀족 문화의 영향이지요. 대표적인 작품이 세 가지 색깔을 입혀 만든 도자기인 당삼채예요. 보통 백색, 갈색, 녹색 세 가지 유약을 표면에 입혀 만들었지요. 당삼채는 낙타 모양 혹은 서역의 악기나 서역인의 모습을 하고 있어요. 이 당삼채는 당과 서역의 교류가 활발했음을 보여 주는 증거이지요. 실제로 비단길을 따라 비단, 도자기 등이 서역으로 전파되었고, 서역의 보석이나 유리 같은 상품이 중국으로 수입되었어요.

당의 문화에서 볼 수 있는 또 다른 특징이 바로 여기에 있어요.

당의 당삼채
서역 상인과 낙타를 형상화했다.

국제적 문화를 자랑했다는 점이지요. 그 증거들을 살펴볼까요?

7세기에 승려 현장은 인도 날란다 사원에서 불교를 유학한 뒤 돌아올 때 불경을 가지고 왔어요. 그 불경을 보관하기 위해 수도 장안에는 대안탑이란 탑을 만들었어요. 8세기경에는 아라비아반도에서 탄생한 이슬람교, 사산 왕조 페르시아 때 탄생한 마니교가 중앙아시아를 통해 중국에 들어왔어요. 중앙아시아의 춤인 호선무도 함께 들어와 중국에서 큰 인기를 끌었어요. 호선무는 '유목 민족이 펼치는 춤'이란 뜻이에요. 주로 여성들이 흰 바지에 붉은 가죽신을 신고 춤을 추었다고 해요.

비잔티움 제국에서 사용하던 마노 잔도 중국에 수입되었어요. 마노는 보석의 한 종류랍니다. 조로아스터교나 네스토리우스교^{경교} 같은 종교도 들어왔어요. 조로아스터교는 페르시아의 국교였고, 네스토리우스교는 크리스트교의 한 종파였어요.

외국의 문화가 중국으로 수입만 된 것은 아니었어요. 이와 반대로 종이를 만드는 제지 기술은 8세기 중반에 중국에서 서역으로 전래되었어요. 탈라스 전투에서 이슬람 군대가 승리하면서 제지 기술자들을 포로로 잡아갔거든요.

당이 전 세계와 교류하고 있지요? 그 때문에 당의 수도 장안은 그야말로 초대형 국제도시로 성장했어요. 장안은 바둑판처럼 네모반듯하게 건설된 계획도시인데, 그 안에 여러 종교의 사원이 있었고, 외국 사신을 접대하는 기구도 있었어요. 또한 늘 각국에서 온 사신과 유학을 온 학생과 승려들로 북적였답니다.

일본 아스카 문화의 '원본'은 한반도에서 따왔다?
└일본 고대 국가의 성립과 발전

잠시 우리 역사를 짚어 본 뒤 일본으로 건너갈게요.

모두가 알고 있듯이 고조선이 만주와 한반도 일대에 가장 먼저 들어섰어요. 고조선은 청동기 문화를 바탕으로 건설됐지만 한때에는 철기 문화를 받아들여 꽤 번영했어요. 안타깝게도 한 무제의 침략을 막지 못하고 멸망했죠.

고조선에 이어 고구려, 백제, 신라 세 나라의 삼국 시대가 이어졌어요. 세 나라 모두 중국으로부터 유교와 불교를 비롯해 앞선 문화를 받아들였고, 서로 치열하게 경쟁하면서 성장했어요. 7세기에 신라가 고구려와 백제를 누르고 삼국을 통일했어요. 고구려 유민은 만주로 건너가 발해를 세웠죠. 이로써 남쪽에는 신라, 북쪽에는 발해가 각각 발전하는 남북국 시대가 이어졌어요.

우리가 이렇게 역사를 발전시키고 있을 때 일본은 어땠을까요? 사실 일본의 발전은 상당히 더디게 이뤄졌어요. 1만 년 전 신석기 문화가 시작되기는 했지만 섬나라라는 특성 때문에 그 후로 새로운 문화가 유입되지 않았어요.

쇼토쿠 태자

일본은 기원전 3세기경에야 새로운 문화가 나타났어요. 이를 야요이 문화라고 하는데, 중국과 한반도의 이주민이 건너가 만든 것이었어요. 야요이 문화가 발달하면서 일본에서도 벼농사가 시작되었고, 초보적이나마 철제 농기구를 사용했지요.

이때부터 일본에는 작은 나라들이 생겨나기 시작했어요. 한때 이런 국가들이 100개를 넘었지만 그 누구도 통일하지 못했어요. 그러다가 4세기경 야마토 정권이 세력을 키워 일본 최초의 통일 왕국을 세웠어요.

야마토 정권은 수·당과 한반도의 삼국 문화를 적극 수입하면서 발전했어요. 그러다가 6세기 후반 쇼토쿠 태자가 등장해 왕권을 강화하기 위한 개혁에 돌입했어요. 이때 쇼토쿠 태자는 모든 신하들이 왕에게 충성해야 한다는 내용의 법까지 만들었어요. 쇼토쿠 태자는 또 고구려와 백제에서 불교를 수입해 왕권을 강화하는 데 활용했어요. 사원을 짓고 불상을 만드는 등 불교를 적극 육성한 덕분에 이 시기에 불교가 크게 융성했지요.

쇼토쿠 태자의 노력으로 정치와 종교에서 큰 변화가 나타났지요? 이때 발전한 일본의 고대 문화를 아스카 문화라고 한답니다. 당시 야마토 정권의 수도가 아스카오늘날의 긴키 나라현에 있었기 때문에 이런 이름이 붙은 거예요. 아스카 시대는 약 100여 년간 지속되었어요. 아스카 문화가 발달하는 데 가장 큰 공헌을 한 나라가 바로 한반도의 삼국이라는 사실, 잊지 마세요.

아스카 문화는 그 후 어떻게 되었을까요?

7세기 초 쇼토쿠 태자가 죽자 왕권이 다시 위기에 처했어요. 호족 세력이 반란을 일으켜 권력을 잡았거든요. 왕실은 당으로 유학을 떠났던 지식인들과 함께 호족 세력과 싸웠고, 승리했어요. 왕실은 율령을 도입하고 중앙 집권 체제를 확립했어요. 왕은 왕보다 더 존칭인 '천황'으로 높여 불렀고, 나라 이름을 '일본'으로 바꾸었지요. 이로써 야마토 정권의 역사가 끝나고 일본의 역사가 시작되었어요. 아스카 시대의 막바지에 극적으로 시행된 이 개혁을 다이카 개신이라고 해요[645년]. 다이카는 개혁 때 시행한 연호*이고 개신은 새로운 정치를 연다는 뜻이에요.

이후 일본은 본격적으로 당을 모방했어요. 8세기 초에는 당의 수도인 장안과 흡사한 계획도시를 헤이조쿄[오늘날의 나라]에 만들었어요. 이 도시의 이름을 따서 이때부터 약 80년간을 나라 시대라고 한답니다.

당에서 불교가 번영했듯이 나라 시대에도 불교가 크게 융성했어요. 도다이사를 비롯해 여러 사찰이 이 무렵에 세워졌지요. 귀족 문화가 발달한 것도 당과 똑같아요. 심지어 왕실과 귀족들이 왕위 다툼을 벌인 점까지 비슷하죠.

이 권력 다툼을 해결해 보려고 일본은 8세기 말 헤이안쿄[오늘날의 교토]로 수도를 옮겼어요. 이 시기를 헤이안 시대라고 해요. 헤이안 시

* 연호 왕이 왕위에 오른 해에 붙이던 칭호

도다이사
일본 왕실이 불교를 국교로 채택함으로써
752년에 완공된 사찰이다.

대의 일본은 나라 시대와 정반대로 당의 영향으로부터 벗어나려 노력했어요. 덕분에 일본의 고유문화가 발달했지요. 대표적인 것이 오늘날에도 사용하는 일본어 '가나'예요. 이 '가나'는 한자를 변형해 만든 것이에요. 이와 함께 일본의 전통 복장이나 일본 전통 노래인 '와카'도 이때 만들어졌어요. 일본에서는 고유의 문화를 발전시키려 한 이 시기를 국풍 문화라고 한답니다.

헤이안 시대의 성과가 꽤 있지요? 하지만 정치는 어수선해졌어요. 왕권을 강화하려는 노력은 성공하지 못했어요. 외척과 귀족들은 왕을 허수아비로 내세우고 권력을 마음대로 휘둘렀어요. 지방 호족들은 토지를 마구 늘려 장원을 만들었어요. 장원은 봉건제적인 관계를 바탕으로 한 대농장이라고 보면 돼요. 호족 밑에 무사가 있었고, 그 아래에는 농민이 있었지요. 호족들은 장원이 커질수록 더 많은 무사^{사무라이}를 고용했어요. 이 무사들이 나중에 중앙 정계로 진출해 모든 권력을 장악하게 됩니다. 그 결과 일본만의 특유한 무사 정치가 시작되지요. 그 이야기는 나중에 할게요.

한·중·일의 공통점은 무엇일까?
└동아시아 문화권의 형성

동아시아는 동쪽에 있는 아시아란 뜻이에요. 아시아의 동쪽에는 태평양이 있고 남쪽에는 남중국해와 인도차이나가 있어요. 일반적으로 한국과 중국, 일본을 동아시아라고 하지요. 타이완^{대만}과 베트남 북부를 포함시키기도 해요. 베트남 북부가 예전에 중국의 지배를 받았거든요. 그래서 베트남 북부의 문화가 중국과 비슷한 점이 많아요.

동아시아의 세 나라는 공통점이 많아요. 문화적으로 크게 세 가지만 꼽으라면 한자, 유교, 불교를 들 수 있어요. 중국의 한자는 한반도, 일본, 베트남에서 모두 쓰였어요. 또한 이 한자를 변형해 한반도에서는 이두, 일본에서는 가나 문자, 베트남에서는 쯔놈 문자를 만들어 썼죠. 이 세 가지 말고도 하나를 더 추가한다면 고대 국가의 법령인 율령을 들 수 있어요. 발해와 일본은 당의 3성 6부제를 바탕으로 하되 각국의 상황을 반영해 통치 조직을 정비했는데, 이 또한 비슷한 점 중 하나예요. 이처럼 세 나라에 공통된 문화가 많으니 비슷한 점도 많았어요. 바로 이 때문에 세 나라를 동아시아 문화권이라 부른답니다. 이미 말한 대로 대만과 베트남 북부도 포함시킬 수 있어요.

하지만 세 나라가 처음부터 동아시아라는 지역을 매개로 하나의

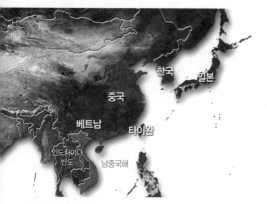

동아시아와 인도차이나반도

문화권이었던 것은 아니에요. 중국만 하더라도 여러 북방 민족의 문화와 한족의 문화가 많이 달랐어요. 물론 북방 민족이 한족의 문화를 따라가려 했지만 쉽지 않았어요. 고구려 또한 중국의 5호 16국과 대결을 벌였어요.

그렇다고 해서 모두가 서로 싸우기만 한 것은 아니에요. 고구려, 백제, 신라는 중국의 북조 혹은 남조와 친선 관계를 맺고 우수한 문화를 수입했어요. 한반도의 문화는 또다시 일본으로 전파되었어요. 이런 식으로 동아시아가 서서히 비슷한 문화권을 형성한 거예요.

동아시아 문화권이 어느 정도 완성된 시기는 중국 당 때였어요. 삼국을 통일한 신라가 당의 문화를 전폭적으로 받아들였지요. 일본도 당의 수도 장안을 모방해 자기들 수도를 만들었어요. 나중에 고려는 당의 통치 체제를 받아들여 2성 6부제를 시행하기도 했어요.

인도 불교와 동아시아의 불교를 비교해 보면 흥미로운 점이 있어요. 불교가 비단길을 거쳐 중국에 온 후로 호국 불교의 성격을 띠게 되었다는 거예요. 그 불교가 한반도로 전래되어 우리 토착 문화와 융합하면서 독자적인 우리만의 불교가 되었지요. 일본도 마찬가지였어요.

당의 수도 장안은 국제도시였어요. 그곳에는 동아시아에서 온 사신과 유학생들이 항상 넘쳐 났어요. 일본은 공식적으로 수와 당을 보고 배우겠다며 견수사와 견당사를 보내기도 했어요. 이런 과정을 통해 중국의 통치 이념인 유학이 한반도와 일본으로 전파되었지요. 이처럼 당의 문화는 한반도와 일본의 정치, 제도, 사상, 법률, 학문, 종교 등의 발전에 큰 역할을 했답니다. 더불어 문화적 특색까지 비슷해져 하나의 문화권이 된 것이지요.

★ 단원 정리 노트 ★

1. 후한 이후 중국의 국가들

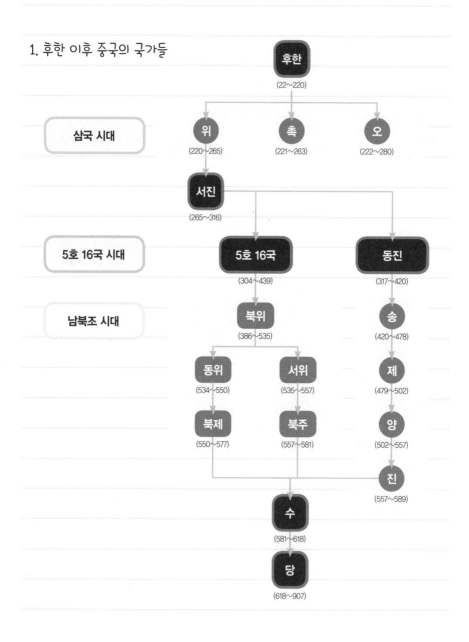

삼국 시대	
5호 16국 시대	
남북조 시대	

후한
(22~220)

위
(220~265)

촉
(221~263)

오
(222~280)

서진
(265~316)

5호 16국
(304~439)

동진
(317~420)

북위
(386~535)

송
(420~478)

동위
(534~550)

서위
(535~557)

제
(479~502)

북제
(550~577)

북주
(557~581)

양
(502~557)

진
(557~589)

수
(581~618)

당
(618~907)

2. 고대 일본의 역사 정리

문명의 태동 : 야요이 문화

중국과 한반도에서 이주한 사람들이 앞선 문화를 전파하면서 기원전 3세기경에 일본에서도 문명 발전의 계기가 마련되었다. 이 시기에 일본 전역에 100여 개의 작은 나라들이 흩어져 있었다.

⇩

일본 통일 : 야마토 정권

4세기경 일본 중부와 남부인 야마토 지역에서 호족들이 세력을 연합하여 일본을 지배함으로써 최초의 통일이 이루어졌다. 이를 '야마토 정권'이라고 한다. 6세기 후반에 쇼토쿠 태자는 왕권을 강화하기 위해 불교를 수입하고 갖가지 개혁을 단행해서 일본의 모습을 많이 바꾸었다. 이때 형성된 일본의 문화를 '아스카 문화'라고 한다.

⇩

천황과 일본 시대 개막 : 다이카 개신

쇼토쿠 태자가 사망한 뒤 왕실과 호족 사이에 세력 다툼이 일어났다. 이 다툼에서 왕족이 승리한다. 이때부터 왕실은 중앙 집권 체제를 강화하면서 왕을 '천황'이라고 높여 부르고, '일본'이라는 나라 이름을 쓰기 시작했다. 이처럼 큰 변화를 일으킨 7세기 중반의 개혁을 '다이카 개신'이라고 한다.

⇩

당 문화를 적극적으로 수용하며 발전 : 나라 시대

8세기 초 중국의 당을 모방하여 수도를 건설하고 다양한 방면에서 당의 문화를 받아들였다. 710년부터 794년까지 이어진 이 시기를 '나라 시대'라고 부른다. 이 당시에 일본의 수도가 오늘날의 나라 지역에 있었기 때문에 이런 이름을 붙였다.

⇩

일본의 독자적인 문화를 뿌리내리기 위한 노력 : 헤이안 시대

8세기 말부터 일본은 중국의 영향에서 벗어나기 위한 노력을 시작했다. 수도를 헤이안쿄(오늘날의 교토)로 옮기고 일본 고유의 문화를 발전시키고 뿌리내리기 위한 작업을 진행했다. 794년부터 1185년까지 이어진 이 시기를 '헤이안 시대'라고 부른다. 하지만 헤이안 시대에 왕권이 추락하고 지방의 귀족들이 독자적인 세력을 형성하기 시작했다. 귀족들이 장원을 운영하고 사병을 육성하는 과정에서 새롭게 무사 계급이 형성되었다. 이 결과로 천황은 허수아비일 뿐인 막부 시대가 열렸다.

6

이슬람 문화의 형성과 확산

: 새로운 종교가 서아시아를 뒤흔들다

- 메카가 급부상해서 이슬람교의 중심이 될 수 있었던 이유는 무엇인가요?
- 이슬람의 정통 칼리프 시대와 왕조 시대의 다른 점과 특징은 무엇인지 알아 봅시다.
- 수니파와 시아파가 분열한 이유에 대해 설명해 보세요.
- 아바스 왕조와 바그다드의 발전상에 대해 살펴봅시다.

메카가 왜 갑자기 떠올랐을까?
└이슬람교의 성립과 이슬람 공동체 건설

6세기경 서아시아의 상황을 다시 떠올려 볼까요? 이 무렵 서아 시아를 지배한 나라는 사산 왕조 페르시아였어요. 페르시아의 서쪽 에는 비잔티움 제국이 있었지요. 강대국과 강대국이 서로 눈을 부 릅뜨고 노려보는 상황이었어요. 툭하면 전쟁이 터졌어요.

이 두 나라가 전쟁을 벌이던 지역 근처에 비단길이 있었어요. 비 단길은 상인들이 많이 찾는 동서 교역로였어요. 그런데 비단길은 물론 다른 교역로까지 전쟁 때문에 막혔어요. 상인들은 새로운 교

메카와 메디나 위치

역로를 찾기 시작했어요. 그 결과 아라비아반도 서쪽의 홍해와 지중해를 연결하는 바닷길을 개척했어요. 인도를 비롯해 동쪽에서 온 물자를 아라비아반도 서쪽의 도시 메카와 메디나에 집결시킨 후 다시 홍해를 지나 지중해로 들어가면 유럽까지 갈 수 있는 거지요.

전쟁터를 피해 새로운 교역로로 다니는 상인들이 크게 늘자 상인들이 모여드는 도시가 성장했어요. 대표적인 도시가 메카와 메디나예요. 이 두 도시는 곧 무역의 중심지로 떠올랐습니다. 하지만 모든 사람이 부자가 된 것은 아니에요. 무역을 독점한 몇몇 귀족 가문만 큰 부자가 되었지요.

예로부터 이 지역에는 사막을 오가는 유목민 부족이 많았어요. 유목민은 약탈에 능해요. 교역로를 내 것으로 만들면 더 많은 이익이 생길 텐데, 유목민 부족들이 가만히 있겠어요? 유목민 부족들이 몰려들면서 이 교역로를 확보하려는 부족 간의 전쟁이 자주 일어났어요. 아라비아반도가 참으로 혼란스럽지요?

메카의 상인이었던 무함마드는 불평등한 세상을 바로잡기 위해 새로운 진리가 필요하다고 생각했어요. 명상과 고행을 한 끝에 무함마드는 그 진리를 찾았어요. 무함마드는 "알라가 유일신이고, 알라신 앞에서는 모든 인간이 평등하며, 알라를 믿고 따르면 천국에

갈 수 있다."라고 결론 내렸어요. 이렇게 해서 7세기 초 탄생한 종교가 이슬람교예요.

천사 가브리엘의 계시를 받는 무함마드

이슬람교에서는 모든 인간이 알라신이 창조한 아담과 이브의 후손이라고 주장해요. 그러니 종족이나 계급에 상관없이 모두 평등하다고 보고 있지요. 누구나 알라신을 믿고 따른다면 구원을 받는 거예요. 그러니 알라신에게는 절대 복종해야 하며 다른 우상을 숭배해서는 안 되지요.

이슬람교는 탄생하고 100여 년이 지나기 전에 세계 종교로 떠올랐어요. 오늘날 전 세계적으로 가장 많은 신도를 보유한 종교 또한 이슬람교라고 여겨지고 있어요. 이슬람은 아랍어로 '신에게 순종한다.'라는 뜻이에요. 가끔 무슬림이란 단어와 혼동하는데, 무슬림은 이슬람교도를 의미하는 용어랍니다. 참고로 알아 두세요.

일단 여기에서는 이슬람교가 탄생한 7세기 초부터 사상 최대의 영토를 자랑한 이슬람 아바스 왕조의 전성기인 10세기 중반까지의 서아시아와 아프리카 역사를 살펴볼 거예요. 이 지역은 이후 이슬람교를 중심으로 한 이슬람 문화권으로 발전한답니다.

다시 메카로 돌아가서 이야기를 계속해 볼게요. 메카의 귀족들은 모든 사람이 평등하다고 주장하는 이슬람교 사상이 마음에 들지 않았어요. 이슬람교가 확산되면 귀족들이 얻는 이익도 줄어들

사우디아라비아의 메카. 카바 신전을 중심으로 무슬림들이 경배하고 있다.

겠지요. 이 때문에 귀족들은 무함마드를 탄압했어요. 그래도 이슬
람교는 빠르게 확산되었어요. 귀족들은 결국 무함마드를 죽이려
들었지요.

귀족들의 위협이 커지자 무함마드는 더 이상 메카에 머물 수가
없었어요. 신도들과 함께 메디나로 떠났어요. 이 사건을 '헤지라'라
고 해요[622년]. 이 말은 '성스러운 이주'라는 뜻이에요. 이슬람 달력인
이슬람력에서는 헤지라가 일어난 이 해를 원년으로 정했답니다. 이
슬람력 1년이 서기 622년인 셈이지요.

무함마드는 메디나에서 이슬람 공동체를 만들었어요. 이 공동체
를 찾아오는 사람들이 늘어나면서 무함마드의 세력은 갈수록 커졌
어요. 얼마 후 무함마드는 메카까지 정복했어요. 메카와 메디나를
확보했으니 나머지 지역을 통일하는 것은 크게 어렵지 않았어요.

무함마드는 아라비아반도의 대부분을 통일한 후 거대한 이슬람 공동체를 건설했답니다.

이슬람이 수니파와 시아파로 분열한 까닭은?
└정통 칼리프 시대와 시아파의 등장

632년 무함마드가 세상을 떠났어요. 이슬람 공동체에 비상이 걸렸지요. 이때까지만 해도 이슬람 공동체가 왕국 수준으로 성장하지는 않았어요. 그러니 무함마드의 자리를 이을 후계자가 미리 결정되지 않았습니다. 결국 원로들이 모여 이슬람 공동체를 이끌 새로운 지도자를 선출했어요. 이때 지도자로 선출된 인물이 무함마드의 오랜 동료인 아부 바크르였어요.

이슬람 공동체에서 선출한 새 지도자는 '칼리프'라고 불렀어요. 칼리프는 '무함마드의 계승자'란 뜻입니다. 칼리프는 이슬람 공동체의 종교는 물론 정치까지도 모두 담당했어요. 쉽게 말하자면 칼리프는 이슬람 공동체의 최고 권력자를 가리키는 칭호예요. 아부 바크르가 첫 칼리프로 선출됨으로써 이슬람 세계는 정통 칼리프 시대로 접어들었습니다632년.

정통 칼리프 시대는 약 30년 동안 계속되었어요. 이 기간 동안 초대 칼리프인 아부 바크르를 포함해 총 4명의 칼리프가 선출되었어요. 정통 칼리프들은 이슬람 공동체의 영토를 크게 넓혔어요. 이 정통 칼리프 시대에 이슬람 세력은 아라비아반도를 넘어 이란과 아프리카로 진출했답니다.

이슬람 세력이 등장하기 전까지 서아시아 일대에서는 사산 왕조 페르시아와 비잔티움 제국이 수시로 전쟁을 벌였지요? 하지만 이슬람 세력이 커지자 두 나라는 힘을 쓰지 못했어요. 7세기 중반 이슬람 세력은 사산 왕조 페르시아를 정복했어요. 나아가 비잔티움 제국을 공격해 이집트와 튀니지 등 아프리카 북부까지 빼앗았어요.

칼리프들은 정복한 영토의 백성들을 포용하려 했어요. 이슬람교를 받아들이라고 강요하기보다는 이슬람교로 개종하면 세금을 깎아 주는 '당근' 정책을 썼어요. 경제적 혜택이 돌아오자 정복지의 많은 백성이 이슬람교로 개종했습니다. 그 결과 이슬람교는 빠르게 퍼질 수 있었어요.

흥미로운 점은, 이슬람 세력이 확산되는 속도만큼이나 이슬람 지도자들의 권력 투쟁도 심해졌다는 거예요. 이미 말한 대로 칼리프는 세습하는 자리가 아니었어요. 그러니 그 자리를 노리는 사람들 사이에 권력 다툼이 벌어졌어요. 지역과 파벌 갈등이 심해지면서 2대, 3대, 4대 칼리프가 모두 암살되고 말았어요. 그 결과 정통 칼리프 시대도 문을 닫을 수밖에 없었지요.

4대 칼리프인 알리의 이야기를 조금 해 볼게요. 알리는 무함마드의 사위였어요. 3대 칼리프 오스만은 반란을 일으켜 2대 칼리프를 제거한 뒤 칼리프에 올랐지요. 하지만 오스만도 2대 칼리프와 같은 운명을 맞았어요. 알리가 그를 제거하고 4대 칼리프에 오른 거예요. 그렇다면 알리를 반대하는 세력도 있지 않을까요? 네, 있었어요. 시리아를 기반으로 하는 우마이야 가문이 알리와 대립했답니다.

그러던 중 알리가 암살되고 말았어요. 이 기회를 틈타 우마이야 가문 출신의 시리아 총독 무아위야가 반란을 일으켜 칼리프 자리에 올랐어요. 무아위야 이후로는 칼리프 자리를 우마이야 가문이 독차지했어요. 이제 이슬람 세계도 일인자인 칼리프를 세습하는 왕조 시대로 돌입한 거예요. 그러니까 우마이야 왕조가 이슬람의 첫 왕조인 셈이지요^{651년}.

알리를 지지했던 사람들은 우마이야 왕조를 인정하지 않았어요. 그들은 "무함마드의 혈통만이 칼리프 자격이 있다."라며 따로 알리를 지지하는 종파*를 만들었어요. 이 종파가 시아파예요.

물론 무함마드의 혈통이 아닌 우마이야 왕조 사람들은 이 생각에 동의하지 않았어요. 굳이 무함마드의 혈통이 아니더라도 능력과 자질이 있다면 칼리프가 될 수 있다는 것이지요. 이런 생각을 하는 종파가 수니파예요. 오늘날 이슬람교 신도의 90% 정도가 수니파에 속해 있답니다.

우마이야 왕조를 인정하지 않던 시아파는 이란 지역으로 옮겨

* **종파** 한 종교에서 갈라져 나온 갈래. 교파라고도 한다.

가 자신의 종파를 발전시켰어요. 이 때문에 이란 지역은 시아파의 중심지가 되었어요. 오늘날까지도 이란은 대표적인 시아파 국가입니다.

우마이야 왕조, 100년 만에 멸망하다
└ 우마이야 왕조의 흥망과 이슬람교의 교리

우마이야 왕조는 오늘날의 시리아 다마스쿠스로 수도를 옮겼어요. 그다음은 무함마드가 그랬고 정통 칼리프 시대가 그랬듯이 우마이야 왕조도 정복 전쟁을 다시 시작했어요. 정통 칼리프 시대에 이슬람 세력은 아프리카 북부까지 정복했어요. 우마이야 왕조는 여기에서 더 나아가 유럽 남서쪽 이베리아반도까지 진출했답니다. 그 이야기를 해 볼게요.

때는 8세기 초, 이 무렵 유럽의 최고 강대국은 프랑크 왕국이었어요. 게르만족이 세운 나라이지요. 이베리아반도는 오늘날 포르투갈과 스페인이 있는 유럽의 서쪽이에요. 이 무렵 이베리아반도는 게르만족의 일파인 서고트족이 지배하고 있었어요.

우마이야 왕조의 군대는 아프리카 북부를 출발해 지중해를 건넜어요. 이베리아반도에 도착한 이슬람 군대는 타고 온 배를 모두 부수었어요. 이베리아반도를 정복하지 않고서는 절대로 돌아가지 않겠다는 각오를 다진 거지요. 투지가 대단하죠?
실제로 이슬람 군대는 곧 이베리아반도를 정복
했어요.

이어 이슬람 군대는 유럽의 중심부를 향해 진
격했습니다. 피레네산맥을 넘어 프랑크 왕국의
영토에 도착했지요. 투르 지방의 푸아티에 평원
에서 양쪽의 군대가 격돌했어요. 이게 그 유명한
투르 푸아티에 전투예요^{732년}. 이 전투에서 이슬람

이베리아반도와 프랑크 왕국 영토

군대가 승리했다면 그 후의 역사가 많이 바뀌었을 거예요. 하지만
결과는 프랑크 왕국의 승리였어요. 이슬람 군대는 유럽 중심부를
차지하는 꿈을 포기해야 했습니다. 그래도 이슬람교가 탄생한 지
100여 년 만에 이슬람 세력은 중앙아시아, 북부 아프리카, 유럽 이
베리아반도까지 정복했답니다. 대단하지요?

■ 무함마드 시대의 이슬람 제국 영토(622~632)
■ ■ 정통 칼리프 시대의 이슬람 영토(632~661)
■ ■ ■ 우마이야 왕조 시대의 이슬람 영토(661~750)

이후 이베리아반도는 한동안 이슬람 문화권으로 남게 됩니다. 현지의 이슬람 총독은 관용 정책을 폈어요. 이슬람교로 개종하지 않으면 세금을 더 걷기는 했지만 크리스트교와 유대교 신도를 핍박하지는 않았어요.

이렇게 이베리아반도의 이슬람 총독은 관용 정책을 폈지만 우마이야 왕조의 칼리프는 아랍인만 우대하는 정책을 폈어요. 그러니 다른 민족의 불만이 하늘을 찔렀지요. 그 결과 반란이 일어났고, 우마이야 왕조는 채 100년을 넘기지 못하고 멸망하고 말았어요.

우마이야 왕조를 무너뜨린 인물은 아바스 가문의 이브라힘이었어요. 아바스 가문은 이란 지방에서 성장했지요. 아바스 가문은 우마이야 왕조를 반대하는 시아파와 힘을 합쳤어요. 그 결과 이슬람 세계를 지배할 수 있었지요. 이렇게 탄생한 왕조가 아바스 왕조예요.^{750년}

아바스 왕조에 이르러 이슬람교는 세계 종교로 성장합니다. 오늘날 이슬람교는 세계 4대 종교 중 하나가 되었어요. 하지만 우리는 이슬람교에 대해 아는 것이 별로 없어요. 그러니 개략적으로 이슬람교에 대해 살펴보는 게 좋을 것 같아요.

우선 이슬람교의 경전인 《쿠란》에 대해 이야기할게요. 《쿠란》은 무함마드의 제자들이 무함마드의 설교를 받아 적어 만든 책이에요. 이슬람 교리와 이슬람교도가 실천해야 할 규율 같은 것을 담았지요. 《쿠란》은 종교를 넘어 일상생활의 규범에까지 적용되었어요.

모두 아랍어로 작성되었기 때문에 《쿠란》을 읽으려면 아랍어를 꼭 배워야 했어요. 덕분에 이슬람 세계 전체로 아랍어가 퍼졌답니다.

이슬람교의 경전인 《쿠란》

이슬람교로 개종하면 꼭 이행해야 할 5대 의무가 있어요. 이를 '이슬람교의 다섯 기둥'이라고 하는데, 줄여서 '이슬람교 5행' 또는 '이슬람교 5주'라고도 한답니다.

첫째, "알라가 유일신이며 무함마드가 알라의 사도라는 사실을 믿는다."라고 신앙 고백을 해야 해요^{샤하다}. 둘째, 메카가 있는 곳을 향해 하루에 다섯 번 예배를 드려야 해요^{살라트}. 셋째, 재물이 있는 사람은 가난한 사람을 위해 기부해야 해요^{자카트}. 넷째, 이슬람력으로 9월에는 해가 떠 있는 동안 음식을 먹어서는 안 돼요^{라마단}. 다섯째, 일생에 한 번은 성지인 메카를 순례해야 해요^{하즈}. 다만 경제적 여유가 없거나 몸이 아프다면 이 순례 의무는 면제가 된답니다. 오늘날 어떤 도시에서 패션이 뜬다면 그 지역을 '패션의 메카'라고 불러요. 이 '메카'가 바로 이슬람교가 탄생한 메카에서 비롯된 거랍니다.

왜 이슬람 국가들은 아바스 왕조를 멸망시키지 않았을까?
└ 아바스 왕조와 이슬람 분열

아바스 왕조는 시아파와 힘을 합쳐 우마이야 왕조를 멸망시켰어요. 하지만 정작 아바스 왕조는 수니파였어요. 그러니 시아파와 계속 같은 길을 갈 수는 없었어요. 아바스 왕조는 곧 시아파와 결별했어요. 이슬람교도의 대부분이 수니파에 속하기 때문에 다수의 뜻을 따르려는 거였지요.

이 점에서 알 수 있듯이 아바스 왕조는 민족이나 인종을 차별하지 않았어요. 아랍어를 공용어로 채택하긴 했지만 우마이야 왕조의 민족 차별 정책은 폐지했어요. 민족에 상관없이 누구든 이슬람교로 개종만 하면 관리나 군인이 될 수 있도록 동등한 기회를 준 거지요. 또한 아바스 왕조는 이슬람의 율법에 따라 정복지의 백성들까지도 평등하게 대했어요. 이 때문에 아바스 왕조에 이르러 이슬람교가 비로소 세계 종교로 도약했다고 평가하는 학자들이 많답니다.

아바스 왕조도 정복 전쟁을 멈추지 않았어요. 우마이야 왕조가 유럽으로 방향을 잡은 반면 아바스 왕조는 중앙아시아로 진격했어요. 이 무렵 중국의 당도 중앙아시아로 세력을 뻗고 있었어요. 그렇다면 충돌을 피할 수 없겠지요? 8세기 중반 중앙아시아의 탈라스강 유역에서 아바스 왕조와 당의 군대가 격돌했어요. 이것이 그 유명한 탈라스 전투예요751년. 이때 당의 군대를 지휘한 장수가 고구려 출신의 고선지였지요.

이 전투에서 아바스 왕조가 승리하면서 중앙아시아의 비단길을 비롯한 동서 교역로를 장악했어요. 이미 아프리카와 유럽까지 잇는 교역로를 지배했는데 비단길까지 얻었으니 아바스 왕조는 세계 어디로든 뻗을 수 있는 기반을 구축하게 되었습니다. 덕분에 아바스 왕조의 수도인 바그다드는 국제도시로 성장할 수 있었지요. 아바스 왕조는 비잔티움 제국을 공격해 조공을 받기도 했어요. 이처럼 8~10세기는 이슬람 세계가 크게 확대된 시기였어요. 하지만 이슬람 세계가 여러 파벌과 왕조로 분열한 시기이기도 해요.

처음 우마이야 왕조가 탄생할 무렵에는 수니파와 시아파로 파벌이 나뉘었어요. 아바스 왕조가 우마이야 왕조를 멸망시켰을 때도 비슷한 일이 벌어졌어요. 아바스 왕조를 따르지 않는 사람들이 이베리아반도에서 후後 우마이야 왕조를 세운 거예요.

10세기 초에는 이집트에 시아파 왕조가 들어서기도 했어요. 바로 파티마 왕조이지요909년. 파티마는 무함마드의 딸이자 4대 칼리프였던 알리의 아내 이름이에요. 시아파는 무함마드의 혈통만이 칼리프 자격이 있다고 주장했지요? 그래서 무함마드의 딸인 파티마를 왕조의 이름으로 내건 거예요.

파티마 왕조는 북부 아프리카의 작은 수니파 국가들을 하나씩 정복했어요. 얼마 후에는 이집트 전역을 지배하였고, 다시 얼마 후에는 지중해를 넘어 이탈리아 시칠리아까지 정복했어요. 서아시아로

이슬람의 용병인 맘루크
맘루크는 '소유된 자'라는 뜻이다. 이슬람 왕조에 의해 고용된 노예 용병이다. 튀르크족이 주를 이루었고, 이외에도 이집트, 중앙아시아, 남아시아의 노예들이 속해 있었다.

도 진출해 시리아 지역을 차지하기도 했지요. 아바스 왕조에게 이 파티마 왕조는 큰 위협이었어요. 파티마 왕조가 아바스 왕조에 적대적인 시아파였으니 언제든 공격할 수 있기 때문이지요.

아바스 왕조는 8세기 중반에 건국된 후 몽골에 멸망하는 13세기 중반까지 500여 년간 지속되었어요. 하지만 실제로는 여러 이슬람 왕조가 각자 세력을 키우면서 10세기 중반부터 아바스 왕조의 세력은 급격하게 약해졌어요. 심지어 주변의 작은 나라들에게 시달릴 정도로 쇠퇴했지요. 그토록 번영했던 아바스 왕조가 이처럼 약해진 까닭이 뭘까요?

바로 분열과 권력 다툼 때문이었어요. 특히 아바스 왕조의 칼리프가 개인적으로 고용한 튀르크 용병인 맘루크가 문제였어요. 칼리프의 말을 잘 듣던 맘루크들이 나중에는 세력을 키워 각자 반란을 일으켜 나라를 세운 거예요.

그래도 이 나라들이 곧바로 아바스 왕조를 무너뜨리지는 않았어요. 칼리프는 오로지 아바스 왕조의 혈통만이 세습할 수 있었기 때문이에요. 칼리프가 정치적 권력은 없었지만 종교적으로는 최고의 지도자였어요. 그러니 아바스 왕조를 멸망시키는 것은 아주 불경스러운 행위가 될 수 있지요. 뿐만 아니라 수니파 왕국들은 아바스 왕조의 칼리프로부터 "당신을 당신 영토의 정치적 왕으로 인정한다."라는 허락이 떨어져야 비로소 왕 행세를 할 수 있었어요. 이 왕이 바로 '술탄'이에요. 그러니까 칼리프는 종교적 권위를 내세운 지도자, 술탄은 정치권력을 쥔 왕이라고 이해하면 크게 틀리지 않아요.

아라비안나이트를 '천일야화'라고 하는 이유
└동서 교역 확대와 이슬람 문화권의 형성

아바스 왕조는 8세기 말 바그다드를 건설하고 수도로 삼았어요. 이 바그다드는 당의 장안과 더불어 인구 100만 명을 넘어선 국제 도시로 성장했습니다. 바그다드 시장은 전 세계에서 몰려온 상인들로 늘 북적였지요.

무함마드는 상인 출신이었어요. 그래서였을까요? 이슬람교에서는 상업 활동을 적극 장려하면서 정부가 직접 상인들의 교역로를 개척했어요. 예를 들어 바그다드의 성문은 바로 교역로와 연결되어 있었어요. 서쪽 문은 지중해로 향한 교역로와 연결되어 있었고, 북동쪽 문은 중앙아시아, 남동쪽 문은 페르시아만, 남쪽 문은 아라비아반도의 교역로로 연결되어 있었지요. 아시아, 아프리카, 유럽을 잇는 지리적 이점을 최대한 살려 교역로를 만든 거예요.

이런 방식으로 전 세계와 연결되는 교역로가 만들어졌어요. 이

오늘날 이라크의 수도인 바그다드 위치

슬람 상인들은 이 교역로를 따라 세계 어디든 가지 않는 곳이 없었어요. 비단길과 바닷길을 이용해 중국에 갔고, 나아가 통일 신라와 고려에까지 와서 무역을 하고 돌아갔어요. 이슬람 상인들은 주로 수은이나 향료를 팔았고, 도자기와 비단을 사 갔지요. 이슬람 상인들은 유럽으로도 진출해 모피나 금, 노예를 거래했어요.

전 세계에서 맹활약하는 이슬람 상인 덕분에 동서 교류가 활발해졌습니다. 이슬람 상인들은 중국에서 발명된 제지법, 나침반, 화약 제조 기술을 유럽으로 전파했어요. 나중에 유럽은 이 기술을 바탕으로 과학을 발전시키고 성큼 근대 세계로 나아가지요. 이슬람 상인들은 또 천문학과 역법달력을 중국에 전해 주었어요. 조선 전기에 우리 실정에 맞는 역법서《칠정산》을 만들었는데, 이 또한 이슬람 역법을 참고한 거예요.

이슬람 상인들이 전 세계를 누비다 보니 전 세계의 문화를 아우르는 이슬람 문화도 발전했어요. 특히 문학에서 뛰어난 작품이 등장했어요. 대표적인 것이 《아라비안나이트^{천일야화}》예요. 이 작품은 여성을 혐오하는 페르시아 왕의 이야기로 시작한답니다. 왕은 신부를 맞으면 첫날밤을 보낸 뒤 죽여 버렸어요. 이어 셰에라자드라는 처녀가 신부가 되었어요. 그녀는 이슬람 문화권에 떠돌아다니는 여행기, 모험담, 연애 이야기를 왕에게 들려주었어요. 왕은 다음 이야기가 궁금해 그녀를 죽이지 못했어요. 그렇게 셰에라자드는 1,001일간 왕과 보내지요.

《아라비안나이트》에 나오는 〈알리바바와 40인의 도둑〉의 한 장면을 묘사한 그림. 미국 삽화가 맥스필드 페리시가 그렸다.

《아라비안나이트》는 아라비아에 전해져 내려오는 민담을 기초로 해서 페르시아와 인도, 이집트 등 이슬람권에 속한 각 지역의 풍속까지 담은 방대한 작품이에요. 처음에는 사람의 입에서 입으로 전파되는 구전 문학이었다가 15세기경에 최종적으로 완성된 것으로 짐작되고 있어요. 이슬람 상인들이 전 세계를 누비다 보니 이런 방대한 문학이 탄생할 수 있었던 거겠지요? 이 작품은 18세기에 유럽으로 전해졌답니다.

과학, 그중에서도 수학과 화학의 발전이 두드러졌어요. 인도의 굽타 왕조 때 만든 '0'의 개념을 받아들여 최종적으로 아라비아 숫자를 만든 게 바로 이 무렵이었어요. 연금술도 발달했습니다. 연금술은 다른 금속으로 금을 만드는 기술이에요. 물론 가능한 일이 아니지요. 하지만 금을 만들기 위해 각종 실험을 하다 보니 결과적으

모로코 카사블랑카의 모스크. 벽을 장식
한 문양이 아라베스크 양식이다.

로 화학이 발전하게 되었어요. 알칼리, 알코올 등등의 화학 용어가 아랍어에서 비롯된 게 이런 이유 때문이에요. 이 밖에도 아리스토텔레스를 비롯한 그리스 학문이 이슬람 세계에 수입되어 연구가 활발히 이루어졌습니다.

　이처럼 발달한 이슬람 문화는 전 세계로 전파되었어요. 이 과정에서 이슬람교를 중심으로 다양한 지역 문화가 융합하면서 이슬람 문화권이 형성되었지요. 이슬람 문화권에 속한 도시라면 어김없이 볼 수 있는 것이 이슬람 사원인 모스크였어요. 주요 도시마다 모스크를 세웠거든요. 이 모스크에서는 종교 모임뿐 아니라 재판이나 집회도 열렸어요. 모스크를 중심으로 일상생활이 이루어진 셈이지요.

　모스크의 벽 장식은 좀 특이해요. 기하학적 무늬나 식물의 덩굴 무늬, 아라비아 문자 같은 것을 연속적으로 배열해 놓았지요. 이런 양식을 아라베스크라고 하는데, '아라비아풍'이란 뜻이에요. 우상 숭배를 금지한 이슬람교의 교리에 따르면 무함마드나 성인의 모습을 그리지 못하니까 이런 무늬로 대체한 거지요.

　자, 지금까지의 이야기를 정리해 볼까요? 무함마드가 이슬람교를 만들었고, 정통 칼리프 시대가 이어졌어요. 그 뒤를 이어 첫 이슬람 왕조인 우마이야 왕조가 들어섰지만 100년을 채우지 못하고 멸망했고, 아바스 왕조가 들어섰어요. 아바스 왕조 시절에는 이슬람교를 받아들인 여러 지역의 문화가 어우러지면서 이슬람 문화권이 형성되었지요. 이 이슬람 문화권은 11세기부터 또다시 빠른 속도로 바뀐답니다.

★ 단원 정리 노트 ★

1. 초기 이슬람 세계의 역사

이슬람의 형성

페르시아와 비잔티움 제국이 대치하는 상황에서 새로운 교역로를 찾던 중동의 상인들이 아라비아반도에서 홍해를 건너 지중해로 진출하는 길을 찾아냈다. 물자가 모이는 메카와 메디나는 국제도시로 급성장했다. 이 무렵 메카의 상인 무함마드는 진리를 찾아 명상과 고행을 하던 중 이슬람교를 창시한다.

⇩

이슬람의 확산

귀족들의 탄압으로 무함마드는 메카에서 메디나로 이주한다. 이를 '헤지라'라고 하는데, 이 일이 일어난 622년을 이슬람의 원년으로 본다. 메디나에서 세력을 키운 이슬람 공동체는 메카를 정복하고, 이어서 아라비아반도를 지배한다.

⇩

정통 칼리프 시대와 우마이야 왕조

무함마드가 사망한 뒤 아부 바크르가 1대 칼리프에 올랐다. 1대 칼리프인 아부 바크르부터 4대 알리까지를 정통 칼리프 시대라고 부른다. 알리가 암살된 뒤 우마이야 가문의 무아위야가 칼리프에 올랐고, 이때부터 우마이야 가문이 칼리프를 세습한다. 이렇게 이슬람 세계의 첫 번째 왕조인 우마이야 왕조가 탄생한다.

⇩

수니파와 시아파의 대립

우마이야 왕조에 반기를 든 사람들이 있었다. 이들은 무함마드의 혈통만이 칼리프 자격이 있다고 주장했다. 무함마드의 혈통만이 칼리프 자격이 있다고 주장한 사람들을 '시아파'라고 한다. 여기에 동조하지 않는 무리는 '수니파'라고 한다. 오늘날 수니파와 시아파의 비율은 9 : 1이다. 우마이야 왕조를 인정하지 않는 시아파는 이란으로 건너가 독자적인 이슬람 세력을 형성한다.

⇩

아바스 왕조, 후 우마이야 왕조, 파티마 왕조

651년에 출범한 우마이야 왕조는 1750년에 아바스 왕조에 의해 무너진다. 아바스 왕조에 이르러 이슬람교는 세계 종교로 발전한다. 아바스 왕조와는 별도로 이베리아반도로 진출한 이슬람 세력은 후 우마이야 왕조를 세우고, 이집트의 시아파 세력은 파티마 왕조를 건설한다. 이후 이슬람 세계는 여러 왕조가 동시에 존재하면서 서로 견제하는 가운데 발전해 나간다.

2. 이슬람 세계의 의미

① 이슬람 정복자들은 관용 정책을 폈다. 이슬람으로 개종하면 세금 혜택을 주는 등의 방법으로 이슬람교도를 확대해 나갔다.

② 이슬람의 근거지였던 중동은 서쪽으로는 유럽과 아프리카, 북쪽으로는 중앙아시아, 남쪽으로는 아라비아반도, 동쪽으로는 동남아시아와 동아시아를 연결하는 요충지에 있어서 세계 각지의 문화와 기술이 교류하고 융합되는 결과를 낳았다.

③ 이슬람은 고대 그리스의 문화를 연구하고 보존했을 뿐만 아니라, 수학과 과학에서도

큰 발전을 이루어 세계 문명이 한층 도약하는 데 이바지했다.

7

크리스트교 문화의 형성과 확산

: 봉건제와 크리스트교가 지배한 대륙

- 프랑크 왕국의 탄생과 분열에 대해 설명해 보세요.
- 중세 유럽의 봉건제와 장원 경제에 대해 알아봅시다.
- 카노사의 굴욕, 십자군 전쟁이 일어난 이유와 결과에 대해 설명해 보세요.
- 르네상스와 종교 개혁 운동이 일어난 이유와 결과를 살펴봅시다.

로마 교회는 왜 프랑크 왕국을 지지했을까?

└게르만족의 이동과 프랑크 왕국의 건국

5세기에 서로마 제국이 멸망하고 프랑크 왕국이 유럽의 중심부를 차지하면서 유럽은 중세 봉건 시대로 접어들었어요. 이번 장에서는 중세 유럽의 특징을 한꺼번에 살펴볼 거예요. 대략 5세기부터 14세기까지의 이야기입니다. 역사적인 사건이 많으니까 무작정 외우기보다는 전체 흐름을 이해하는 게 중요해요. 게르만족의 이동으로부터 시작해 볼까요?

게르만족은 원래 유럽 북부에 있는 발트해 연안에서 살았어요.

발트해와 흑해 위치

그곳은 날씨가 춥고, 농사를 짓기에도 적합하지 않았어요. 그래서 게르만족은 주로 목축과 수렵을 하며 살았지요. 시간이 흐르면서 게르만족의 일부가 남쪽으로 내려와 농사를 짓기 시작했어요.

게르만족은 전쟁이 터지면 지휘관에 절대 복종하는 전사들이었어요. 하지만 평소에는 민회가 정치를 맡았기 때문에 왕이라고 해서 큰 권력을 행사하지는 못했습니다. 그러니 전쟁이 없을 때는 아주 평화로웠어요.

4세기경 흑해 유역에서 평화롭게 살던 게르만족에게 큰 위기가 닥쳤어요. 아시아에서 건너온 유목 민족인 훈족이 서쪽으로 이동하면서 게르만족을 압박한 거예요. 훈족은 흉노의 후손으로 알려져 있는데, 용맹하고 무자비한 전사들이었지요. 흑해 북쪽에 살던 게르만족의 일파인 동고트족이 훈족을 피해 로마 제국의 영토로 집단 이동하기 시작했어요. 4세기 후반에 시작된 이 대규모 민족 이동을 '게르만족의 이동'이라고 해요[375년].

처음에는 게르만족의 이동이 평화롭게 진행되었어요. 로마 제국도 게르만족에게 땅을 내주어 정착하도록 했지요. 하지만 더 많은 게르만족이 이동해 오자 로마 제국의 핍박이 시작되었어요. 게르만족은 로마 제국과 싸웠고, 그 결과 로마 영토 안에 여러 국가를 세웠어요.

4세기 말 로마 제국은 동로마와 서로마 제국으로 분열한 상태였어요. 게르만족은 대부분 서로마 제국 영토 안에 나라를 세웠어요. 그러더니 급기야 5세기 후반에는 서로마 제국의 게르만 용병 부대가 반란을 일으켰어요. 용병 대장인 오도아케르는 서로마 제국의 황제를 끌어내리고 황제에 올랐어요. 이렇게 해서 서로마 제국은 멸망하고 말았답니다^{476년}.

서로마 제국이 사라졌으니 유럽의 1인자가 되려는 게르만 국가들의 경쟁이 시작되었어요. 이 경쟁에서 승리한 나라가 프랑크 왕국입니다. 나머지 게르만 국가들은 대부분 얼마 못 가서 멸망했지요. 부족이 원래 살던 지역에서 멀리 떨어져 나라를 세우는 바람에 적응을 잘 못하고 현지 주민과도 어울리지 못했기 때문이에요. 반면 프랑크 왕국은 프랑크족*이 원래 살던 곳과 가까운 곳에 세워졌어요. 게다가 프랑크 왕국을 세운 건국자가 로마 가톨릭교로 개종했기 때문에 현지 주민과의 마찰도 적었지요. 그러니 프랑크 왕국이 홀로 성장할 수 있었던 거예요.

프랑크 왕국은 서로마 제국이 멸망하고 5년이 지난 뒤 갈리아 지방^{지금의 프랑스}에서 건국되었습니다^{481년}. 이 나라를 세운 인물은 프랑크족의 클로비스였습니다. 클로비스는 지금의 파리에 수도를 정한 뒤 왕국을 정비했어요. 이어 게르만족의 전통 종교를 버리고 크리스트교^{로마 가톨릭교}로 개종했어요. 사실 이 개종은 클로비스에게는 정말 중요한 정치적 결단이었어요. 로마 교회의 지지를 얻을 수 있으니까

• 프랑크족 게르만족의 일파로, 오늘날 프랑스라는 나라 이름이 여기에서 유래했다.

세례를 받는 클로비스 1세

요. 로마 교회도 클로비스를 적극 환영했어요. 서로마 제국이 사라졌으니 새로 의지할 왕국이 필요하잖아요?

로마 교회와 손을 잡음으로써 프랑크 왕국은 서유럽을 대표하는 나라로 떠올랐어요. 하지만 프랑크 왕국의 정치는 한동안 어수선했어요. 왕자들 사이에 권력 투쟁이 심했기 때문이에요. 그러다 보니 왕이 아닌 재상이 모든 정치를 도맡아 했어요. 이 재상을 프랑크 왕국에서는 '궁재'라고 불렀어요.

8세기 전반 이슬람 우마이야 왕조의 군대가 이베리아반도를 침략했어요. 이슬람 군대는 이베리아반도를 정복하고 프랑크 왕국의 영토로 거침없이 진군했어요. 이 이슬람 군대를 투르 푸아티에 전투에서 격퇴한 주역이 궁재인 카롤루스 마르텔이었어요. 카롤루스 마르텔은 프랑크 왕국의 영웅으로 떠올랐지만 왕의 자리를 탐하지는 않았어요. 하지만 그의 아들 피핀은 달랐어요. 아버지에 이어 궁재가 된 피핀은 왕을 수도원에 가두고 왕위에 올랐습니다.

새로운 왕 피핀은 로마 교회와의 관계를 더욱 돈독하게 발전시켰어요. 물론 로마 교회도 피핀을 지지했지요. 사실 이 무렵 로마 교회는 비잔티움 제국의 황제와 갈등을 벌이고 있었답니다. 그런 로마 교회로서는 프랑크 왕국 같은 강국과 힘을 합치면 아주 든든했을 거예요. 왜 로마 교회가 피핀을 지지했는지 짐작할 수 있겠지요?

프랑크 왕국이 분열한 까닭은 무엇일까?

└ 프랑크 왕국의 분열과 로마 제국의 부활

피핀이 죽고 난 후에 그의 아들이 왕에 올랐어요. 이 인물이 카롤루스샤를마뉴. 카를로스 대제랍니다. 카롤루스 대제는 카이사르, 나폴레옹과 함께 유럽의 3대 정복자 중 한 명으로 꼽힙니다.

카롤루스 대제 시절 프랑크 왕국은 전성기를 맞았어요. 원래 프랑크 왕국의 수도는 지금의 프랑스 파리였어요. 카롤루스 대제는 수도를 파리에서 엑스라샤펠오늘날의 독일 아헨로 옮겼지요. 카롤루스 대제는 이어 사방으로 정복 전쟁을 벌였어요. 그 결과 이베리아반도를 뺀 서유럽의 대부분을 정복했습니다. 과거 서로마 제국의 영토를 거의 다 차지한 거예요.

카롤루스 대제는 이 정복 전쟁을 벌이면서 크리스트교를 널리 전파했어요. 수도사들이 모여 신앙생활을 하는 수도원도 카롤루스 대제 시절에 크게 늘었습니다. 카롤루스 대제는 또 과거 로마 제국의 문화도 계승하고 발전시켰어요.

이런 카롤루스 대제의 노력에 로마 교회가 보답을 했어요. 800년 크리스마스 날이었어요. 성 베드로 대성당에서 카롤루스 대제의 대관식이 열렸습니다. 대관식은 황제나 왕에 취임하는 행사를 가리켜요. 로마 교황 레오 3세는 카롤루스 대제에게 황제의 관을 씌워 주며 "서로마 제국이 부활했다!"라고 선포했어요800년.

카롤루스 대제의 대관식

이 대관식은 유럽 역사에서 상당히 의미가 큰 사건이에요. 게르만족의 문화와 크리스트교 문화, 로마 문화가 융합했음을 보여 주는 상징적인 사건이었거든요. 이렇게 해서 탄생한 새로운 문화는 이후 유럽 전역으로 확산되었고, 그 결과 서유럽 문화의 뼈대가 되었지요. 쉽게 말하자면, 중세 유럽 문화권이 카롤루스 대제 시절에 골격을 갖춘 거예요.

이때까지만 해도 유럽은 여러 나라로 나뉘어 있지 않았어요. 그래서 카롤루스는 여러 유럽 국가들의 '건국자'가 되요. 카롤루스 대제를 '유럽의 아버지'라 부르는 것도 그 때문입니다. 오늘날 프랑스에서는 카롤루스 대제를 샤를마뉴라고 불러요. 독일에서는 칼 대제라고 하지요. 카롤루스는 라틴어랍니다.

프랑크족에게는 유산을 자식에게 골고루 나누어 주는 풍습이 있었어요. 이 풍습에 따라 카롤루스 대제의 아들 루트비히 1세는 죽으면서 프랑크 왕국의 영토를 세 왕자에게 분배했어요. 세 왕자는 곧 서로 전쟁을 벌였어요. 갈등이 커졌고, 급기야 완전히 갈라서기로 합의했어요.

9세기 중반 왕자들은 베르됭에서 조약을 체결했어요843년. 이 베르됭 조약에 따라 프랑크 왕국은 동프랑크, 서프랑크, 중프랑크 왕국 세 나라로 쪼개졌어요. 이 나라가 각각 독일, 프랑스, 이탈리아의 기원이 됐죠. 9세기 후반에는 다시 메르센에서 조약을 체결해 중프랑크 왕국의 영토를 동프랑크와 서프랑크 왕국이 나누어 가졌어요[870년]. 이 메르센 조약에 따라 최종적으로 프랑크 왕국은 동프랑크와 서프랑크 왕국으로 분할되었습니다.

이후 동프랑크 왕국에서는 여러 제후들이 모여서 왕을 선출했어요. 이 과정을 통해 처음으로 하인리히 1세가 동프랑크 왕국의 왕에 올랐어요[919년]. 새로운 왕이 선출되면서 동프랑크 왕국은 서프랑크 왕국과 완전히 다른 나라가 되었답니다.

베르됭 조약에 따른 프랑크 왕국의 분할

하인리히 1세는 과거의 프랑크 왕국이 그랬던 것처럼 로마 교회와 우호적인 관계를 유지했어요. 유럽 동쪽에 나타난 이민족도 여러 차례 물리쳤지요. 덕분에 하인리히 1세의 아들 오토 1세는 로마 교회로부터 훗날 '신성 로마 제국'이라고 불리는 유럽 연합체의 황제로 추대되었어요[962년]. 카롤루스 대제 때 서로마가 부활했다면 오토 1세 때 신성 로마 제국이 탄생한 거예요.

오늘날의 프랑스와 독일, 이탈리아 영토

신성 로마 제국이라는 명칭이 쓰인 것은 13세기 중반부터지만, 오토 1세가 황제에 오르면서 사실상 이때부터 신성 로마 제국이 시작되었다고 보는 견해가 많아요. 신성 로마 제국은 설명하기 복잡한 나라예요. 전성기 때에는 프랑스와 영국을 빼고 유럽 거의 대부분이 신성 로마 제국에 속해 있었어요. 하지만 나중에는 오스트리아와 그 주변 지역만 신성 로마 제국의 영토로 남았어요. 신성 로마 제국의 영토가 들쭉날쭉한 이유는 가상의 제국이기 때문이에요. 이 제국에 참여하는 제후국이 많으면 영토가 커지고, 제후국이 적으면 영토도 줄어들었지요. 신성 로마 제국은 훗날 나폴레옹 전쟁 때 사라진답니다.

중세 유럽의 농민을 왜 농노라 부를까?
└중세 유럽 봉건제의 특징

카롤루스 대제^{재위 768~814년} 시절 프랑크 왕국은 영토가 크게 넓어졌어요. 문제는 아직 왕권이 강하지 않은 데다 왕자들의 권력 다툼까지 반복된다는 데 있었어요. 이러면 왕의 명령이 먹히지 않아요. 통치력이 미치지 못한다는 뜻이죠. 중국, 페르시아 등에서 발전한 중앙 집권 체제가 프랑크 왕국에서는 아직 정착하지 못한 거예요.

프랑크 왕국의 왕은 수도 주변의 영토만 통치했어요. 멀리 떨어진 지역은 제후들에게 주고 통치를 맡겼지요. 이처럼 왕이 제후에게 주는 토지를 봉토, 토지를 받은 신하를 봉신이라고 해요. 봉신이 된 제후는 왕을 주군으로 섬기면서 충성을 서약했어요. 그 대가로 제후들은 자기 봉토에서는 왕과 다름없는 권력을 누렸지요.

이 제도가 바로 봉건제예요. 과거 중국의 주에서 시행된 봉건제는 혈연을 매개로 이루어졌어요. 제후로 임명된 사람들은 왕실 사람이거나 개국 공신들이었지요. 하지만 유럽에서는 토지를 매개로 양쪽이 계약을 체결함으로써 봉건제가 성립되었어요. 어느 한쪽이 의무를 이행하지 않거나 거부하면 계약은 깨져요. 그래서 이 계약을 쌍무적 계약이라고 해요. 양쪽 모두 의무를 이행해야 한다는 뜻이에요. 앞에서 살펴봤지요?

그런데 왜 중세 유럽에서 봉건제가 발달한 걸까요? 이미 말한 대로 왕권이 약했던 게 한 이유였어요. 또 다른 이유가 있어요. 전쟁이 너무 많았기 때문이었어요.

프랑크 왕국이 분열할 무렵 유럽 북쪽에서는 노르만족*이 남하하기 시작했어요. 유럽 동쪽에서는 이슬람 세력이 침입했지요. 만약 중앙 정부가 이 모든 세력을 막아 줄 수 있다면 굳이 봉건제가 필요하지 않았을 거예요. 하지만 왕권이 약했어요. 그러니 지방의 제후들은 스스로 성을 쌓고 군사력을 갖추기 시작했어요. 제후들은 기사들을 고용했고, 기사들도 자신의 재능을 알아주는 제후들을 찾아가 몸을 맡겼지요.

왕이 제후들에게 토지를 나누어 주면서 봉건제가 시작되었지요? 왕이 제후에게 그랬던 것처럼 제후들도 자신의 토지를 기사들에게 나누어 주었어요. 그 결과 제후와 기사들 사이에도 주군과 봉신의 주종 관계, 그러니까 군주와 신하의 관계가 성립되었어요. 제후가

* **노르만족** 오늘날 덴마크, 노르웨이, 스웨덴의 인구를 구성하는 바이킹족에서 유래한 민족이다. 8세기까지는 유럽 북부의 해안 지방에 출몰하여 약탈을 일삼던 이민족으로 분류되었다. 900년경에 이르러 프랑크 왕국 북부에 거점을 마련했는데, 이 지역을 오늘날에는 노르망디라고 부른다.

왕의 간섭을 받지 않았듯이 기사들도 자신의 봉토에서는 제후의 간섭을 받지 않았어요. 직접 세금을 걷고 재판을 하는 등 왕과 다름없는 권력을 누렸지요.

이처럼 국왕에서부터 제후, 기사에 이르기까지 모든 지배층이 봉건제로 연결되었어요. 그러니 왕을 중심으로 모든 통치가 이루어지는 중앙 집권 체제가 유럽에 구축될 수가 있겠어요? 중세 유럽은 오히려 정치권력이 각 지방으로 분산되었어요. 이런 정치 체제를 지방 분권적 체제라고 합니다.

중세 유럽의 정치 체제가 봉건제이기 때문에 경제 체제도 이에 맞추어 결정되었습니다. 물론 중국과는 다른 방식이었지요. 중세 유럽의 경제 체제를 보통 장원 경제라고 해요. 제후나 기사들이 받은 봉토를 장원 형태로 운영했기 때문이에요. 장원은 모든 생산과 소비를 스스로 해결하는 자급자족의 농촌 공동체라고 할 수 있습니다. 우선 장원 안이 어떻게 구성되었는지 알아볼까요?

장원의 우두머리를 영주라고 해요. 기사나 제후 같은 지배층이 영주가 되겠지요. 그 영주의 성이 장원의 한가운데에 떡하니 버티고 있었어요. 성 옆에는 교회가 있고, 주변으로는 널따란 밭이 펼쳐져 있지요. 농부들의 마을뿐 아니라 시장, 방앗간, 대장간, 곡물 창고 등 생활 시설도 모두 장원 안에 있었어요. 그러니 굳이 장원 밖으로 나가 상업 활동을 할 이유가 없었지요. 이 때문에 장원 경제는 상당히 폐쇄적이었다고 할 수 있어요.

농민들의 삶은 그리 넉넉하지 않았어요. 자유 신분의 농민은 세금만 냈지만 장원에 사는 대부분의 농민은 노예와 다름없는 생활을 했어요. 이들을 '농노'라고 불렀는데, 영주의 땅을 의무적으로 일주일에 4일 가까이 경작해야 했어요. 그러면서도 세금은 더 냈죠. 물론 농노들은 노예와 달리 집과 토지를 가질 수 있었고 결혼할 수도 있었어요. 하지만 말뿐이었어요. 마음대로 이사를 갈 수 없었고, 방앗간 같은 생활 시설을 사용할 때마다 영주에게 사용료를 내야 했어요. 온갖 세금을 다 내고도 파리 목숨이었어요. 영주들은 종종 농노의 목숨을 함부로 빼앗았어요.

중세 유럽의 장원을 묘사한 그림

크리스트교는 왜 분열했을까?
└비잔티움 제국의 흥망과 동유럽 문화권의 성립

서로마 제국은 5세기 후반 멸망했지만, 동로마 제국은 그 후로도 1,000년 이상 지속되었어요. 동로마 제국을 비잔티움 제국이라고도 합니다. 동로마 제국의 수도 콘스탄티노폴리스의 원래 이름이 비잔티움이었거든요.

비잔티움 제국의 정치 체제는 서유럽과 많이 달랐어요. 동방 세계의 영향을 받아 황제가 정치, 군사, 종교 등 모든 분야를 관장했

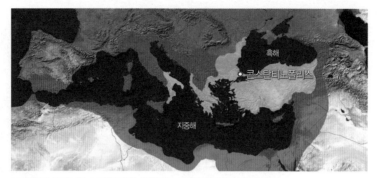

■ ■ 6세기 초 유스티니아누스 대제가 회복한 로마의 영토. ■ 10세기 중엽의 비잔티움 제국 영토

지요. 황제는 외적의 침략에 대비하기 위해 각 지방에 군사령관을 보내 행정과 군사 업무를 총괄하도록 했어요. 농민에겐 농사와 국방 모두를 담당하도록 했죠. 황제가 모든 걸 관장하고 있죠? 그 결과 비잔티움 제국에서는 서유럽과 달리 봉건제가 정착하지 않았어요. 오히려 황제를 중심으로 한 중앙 집권 통치가 이루어졌지요.

비잔티움 제국에서 황제의 권력은 막강했어요. 심지어 비잔티움 제국의 황제는 교회까지 지배했어요. 이를 황제 교황주의라고 합니다. 이 또한 서유럽과 많이 달라요. 이처럼 비잔티움 제국이 여러모로 서유럽 국가들과 다르기 때문에 로마를 계승한 '동로마'라는 이름보다 '비잔티움 제국'이라는 이름으로 더 많이 불리는 거랍니다.

비잔티움 제국의 전성기를 꼽으라면 6세기 초 유스티니아누스 대제가 통치하던 시절을 들 수 있어요. 유스티니아누스 대제는 북부 아프리카, 에스파냐^{스페인}, 서부 이탈리아 등 로마 제국의 옛 영토를 대부분 되찾았어요. 뿐만 아니라 그전까지 내려오던 로마의 모

든 법률을 정비해《유스티니아누스 법전》을 만들었어요. 이 법전은
《로마법 대전》이라고도 하는데, 그 후 유럽 여러 나라들이 법을 만
들 때 이 법전을 꼭 참고했어요. 그러니까《유스티니아누스 법전》
은 유럽 법체계의 근본이라고 할 수 있지요.

비잔티움 제국은 로마의 전통 위에 세워졌지만 고대 그리스 문
화와 헬레니즘 문화의 색채도 강했어요. 여러 문화가 융합된 거죠.
물론 서유럽과는 상당히 달라요. 사실 비잔티움 제국의 크리스트
교 또한 서유럽과 종파가 다른 그리스 정교˚였어요. 비잔티움 제국
의 공용어 또한 로마 제국이 썼던 라틴어가 아니라 그리스어였어
요. 그리스어를 쓰다 보니 그리스 고전을 많이 수집하고 연구했어
요. 이러한 노력은 훗날 르네상스의 밑거름이 된답니다.

성 소피아 대성당의 외부와 내부

비잔티움 제국에는 비잔티움만의 독특한 건축 양식이 있어요.
바로 비잔티움 양식인데, 대표적인 건축물이 성 소피아 대성당이
에요. 거대한 원형 돔으로 천장을 만들었고, 벽은 화려한 모자이크
장식으로 채우는 게 특징이에요. 성 소피아 대성당도 유스티니아
누스 대제 때 만들었어요.

시간이 흐를수록 비잔티움 제국은 서유럽 세계와 더욱 더 멀어
졌어요. 종교적 갈등이 큰 원인이 됐죠. 그 발단이 된 것은 8세기
초 비잔티움 제국 황제가 내린 '성상 숭배 금지령'이었어요. 성상은
예수와 같은 신앙의 대상을 동상이나 조각으로 만든 것이에요. 성
상은 겉모양에 불과하니 성상을 숭배해서는 안 된다는 게 비잔티

˚ 정교 비잔티움 제국의 국교로서 콘스탄
티노폴리스를 중심으로 발전한 기독교
의 한 교파다. 로마 가톨릭과 분리되면
서 탄생했다. 보통 동방정교라고도 하
는데, 비잔티움 제국이 그리스의 언어
와 문화를 수용하면서 그리스 정교로도
불렸다. 이 정교가 러시아로 건너가서
는 러시아 정교가 되었다.

움 제국 황제의 생각이었어요. 하지만 로마 교회는 "아직 크리스트교로 개종하지 않은 게르만족 중에 글을 모르는 사람이 많으니 성상으로 신앙을 가르쳐야 한다."라고 맞섰어요. 로마 교회가 감히 황제의 명령을 거부한 거예요. 이후 양쪽의 갈등은 점점 커졌고 급기야 완전히 갈라서고 말았어요. 이후 로마 교회는 로마 가톨릭교라고 하고 비잔티움 제국의 콘스탄티노폴리스 교회는 그리스 정교라고 했어요.

이후 로마의 주교가 자신이 베드로의 후계자라며 교황에 올랐어요. 오늘날의 교황이 이때 정식으로 탄생한 셈이지요. 로마 가톨릭교는 중세 서유럽의 정신적 지주 역할을 했어요. 그러다 보니 왕이나 제후가 로마 교회에 토지를 기증하거나 재산을 기부하기도 했습니다. 로마 교회는 갈수록 부자가 되었고 교세도 크게 확장되었어요.

그리스 정교는 이후 동유럽의 슬라브족 국가로 확산했어요. 특히 러시아의 기원인 키예프 공국은 비잔티움 제국의 우수한 문화와 그리스 정교를 받아들였죠. 비잔티움 제국의 선교사 키릴루스는 키예프 공국에 건너가서 문자를 만들기도 했는데, 이것이 키릴 문자예요. 키릴 문자는 오늘날 러시아어의 기원이 되는 문자이지요. 키예프 공국은 비잔티움에 있는 것과 똑같은 이름의 성 소피아 성당을 자기 나라에 세우기도 했어요.

훗날 러시아 모스크바에 지어진 성 바실리 대성당은 비잔티움 양식으로 지은 러시아 정교회 성당이에요. 비잔티움 제국이 멸망한 후에는 마지막 황제의 여자 조카가 러시아의 모스크바 공국 왕과 결혼했어요. 러시아는 이로써 자신들이 비잔티움 제국의 정통성을 계승했다고 선언했어요. 러시아 정교는 비잔티움 제국이 멸망한 후 러시아가 그리스 정교의 계승자임을 자처하면서 나온 종파랍니다.

성 바실리 대성당

이처럼 비잔티움 문화가 슬라브족에 전파되면서 동유럽에서는 서유럽과 다른 문화권이 만들어져요. 네, 오늘날 동유럽 문화권의 기본 뼈대가 이 비잔티움 제국 때 만들어졌다고 할 수 있어요.

비잔티움의 영향력이 상당히 크죠? 이처럼 한동안 번영하던 비잔티움 제국은 11세기부터 내리막길을 걷기 시작했어요. 이슬람 세력이 너무나 강했기 때문이에요. 13세기 이후 십자군 전쟁이 끝난 뒤 비잔티움 제국은 눈에 띄게 약해졌어요. 그러다가 결국에는 15세기 중반 이슬람 제국인 오스만 제국에게 멸망하고 말았습니다^{1453년}.

황제는 왜 교황에게 용서를 빌었을까?
└ 중세 크리스트교 문화의 발달

중세 서유럽의 가장 큰 특징을 꼽는다면 봉건제와 크리스트교 문

면벌부를 판매하는 로마 가톨릭 성직자들
을 묘사한 그림

화예요. 봉건제는 앞에서 살펴봤으니 이제 서유럽의
크리스트교 문화를 들여다볼게요.

프랑크 왕국은 로마 교회와 우호적인 관계를 맺은
후 적극 보호했어요. 왕과 제후들은 교회에 상당히
많은 토지를 기부했어요. 교회는 이 토지를 장원처럼
운영해 농민들을 발밑에 두었지요. 쉽게 말하자면,
교회 자체가 봉건 영주처럼 농민을 지배한 거예요.

시간이 흐르면서 교회의 세력이 더욱 커졌어요. 그러다 보니 부
작용도 나타났어요. 일부 성직자들은 봉건 제후들과 짝짜꿍이가 되
어 성직을 팔거나 면벌부 장사를 했어요. 크리스트교에서 죄를 고
백하는 것을 고해 성사라고 하는데, 고해 성사가 끝나면 단식이나
채찍질 같은 벌을 받았어요. 교회는 "면벌부를 사면 벌을 면제받을
수 있다."라고 했죠. 이 면벌부는 9세기경에 처음 등장했어요.

교회가 타락하는 것 같지요? 이러니 10세기 이후부터 교회 내부
에서 개혁의 목소리가 터져 나왔어요. 개혁을 주도한 세력은 클뤼
니 수도원이었어요. 이 개혁은 꽤 성과를 거두었어요. 교회는 봉
건 제후와의 부패한 관계를 청산했고, 그 결과 교회의 지위도 상당
히 높아졌어요. 그러자 또 다른 문제가 발생했어요. 이번에는 신
성 로마 제국 황제와 로마 교황이 갈등을 벌인 거예요. 이들은 왜
대립했을까요?

11세기까지만 해도 신성 로마 제국의 황제가 성직자를 임명했어

요. 교황은 이게 부당하다고 생각했어요. 교회의 지위와 권력이 강해졌기 때문에 교황이 직접 성직자를 임명해야 한다는 거지요. 황제는 교황의 요구를 거절했어요. 말을 잘 듣는 사람을 성직자로 임명해야 자신이 편해질 테니까요.

카노사의 굴욕을 표현한 그림. 하인리히 4세와 황후, 그의 어린 아들이 카노사성 바깥의 눈밭에서 맨발로 교황을 기다리고 있다.

교황 그레고리우스 7세는 물러서지 않았어요. 교황은 "앞으로 성직자는 내가 직접 임명하겠다."고 선언했어요. 황제 하인리히 4세는 "임명권을 내줄 수 없다."고 맞섰어요. 그러자 교황이 황제를 파문해 버렸어요. 파문은 교회로부터 추방한다는 뜻이에요. 제후들은 황제의 편을 들었다가 백성의 반발을 살 수도 있다는 걱정에 황제로부터 등을 돌렸어요. 결국 황제는 교황이 머물고 있는 카노사로 찾아가 눈을 맞으며 3일 동안 용서를 빌어야 했지요. 이 사건이 '카노사의 굴욕'이에요1077년.

굴욕을 당한 황제 하인리히 4세는 이를 악물고 힘을 키웠어요. 많은 제후들을 자기편으로 끌어들인 후 교황 그레고리우스 7세를 공격해 추방했지요. 두 사람의 대결은 이것으로 끝이 났지만 이후로도 황제와 교황의 갈등은 지속되었어요.

12세기 초 황제 하인리히 5세와 교황 칼리스토 2세가 독일 보름스에서 이 대립을 끝내기 위해 만났어요. 두 사람은 교황이 성직자 임명권을 가지는 것에 합의했어요. 사실상 교황이 황제를 꺾은 거예요.

크리스트교의 위세가 대단하지요? 사실 중세 시대 유럽 사람들은 아침에 눈을 뜨는 순간부터 밤에 잠자리에 드는 순간까지 크리스트교에서 벗어날 수 없었어요. 상황이 이러니 중세 유럽을 대표하는 건축물 대부분이 교회와 성당이었어요. 미술 작품 또한 크리스트교의 내용을 담았지요.

로마네스크 양식으로 지은 이탈리아의 피사 대성당

10세기 말부터는 주로 로마네스크 양식으로 건축물을 지었어요. 로마 시대의 건축물을 보면 반원형 아치를 쓴 게 많아요. 이처럼 반원형 아치를 쓰는 건축 양식이 로마네스크 양식이에요. 건물을 지탱하는 기둥이 두꺼운 것도 로마네스크 양식의 특징 중 하나이지요. 대표적인 건축물로는 이탈리아의 피사 대성당, 영국 런던탑 등이 있어요.

고딕 양식으로 지은 독일의 쾰른 대성당

12세기부터는 고딕 양식의 성당이 많이 만들어졌어요. 고딕 양식의 성당들은 하늘 높이 솟아오른 뾰족한 첨탑이 특징이에요. 이 첨탑은 크리스트교의 궁극적 목적인 천국에 올라가려는 소망을 상징한 것이에요. 또 다양한 색의 유리로 장식한 창문을 달았어요. 이를 스테인드글라스라고 하는데, 신의 은총을 담은 빛이 성당 내부로 들어올 수 있도록 하려는 취지에서 그런 거랍니다. 독일 쾰른 대성당과 프랑스의 샤르트르 성당이 고딕 양식으로 지은 대표적인 건축물이에요.

당연히 학문은 주로 신학이 발전했어요. 특히 스콜라 철학이 유행했는데, 신앙과 이성의 조화를 추구했지요. 대표적인 학자 토마스 아퀴나스는 《신학 대전》이라는 저서를 통해 크리스트교 교리를 철학적으로 설명했어요. 중세 후반부터 교회나 수도원의 학교들이 정식 대학으로 발전했어요. 가장 먼저 이탈리아에 볼로냐 대학이 세워졌고, 이어 프랑스 파리 대학 등이 들어섰어요.

낭만적인 기사 문학이 꽤 유행했어요. 영국의 〈아서왕 이야기〉를 비롯해 프랑스의 〈롤랑의 노래〉, 독일의 〈니벨룽겐의 노래〉 같은 작품이 대표적이지요.

십자군은 왜 같은 편인 비잔티움 제국을 공격했을까?
└ 십자군 전쟁과 장원 경제의 몰락

11세기 말, 프랑스 클레르몽에서 교황 우르바누스 2세가 종교 회의를 소집했어요. 교황은 "이슬람 세력으로부터 크리스트교 성지 예루살렘을 탈환하자."라고 외쳤어요. 교황은 이어 유럽 각국으로부터 십자군이라는 군대를 소집하고 이슬람 세력에 전쟁을 선포했지요. 이렇게 해서 시작된 전쟁이 바로 '십자군 전쟁'이에요[1096년].

십자군 전쟁은 1270년까지 170년 이상 계속되었어요. 이 길고 지루한 전쟁은 도대체 왜 터진 걸까요?

십자군 조직을 결의한 클레르몽 공의회
를 묘사한 그림

첫째, 아바스 왕조의 뒤를 이어 11세기 중반 바그다드를 점령한 셀주크 튀르크*가 크리스트교의 예루살렘 순례를 막았기 때문이에요. 사실 예루살렘은 이슬람교의 성지이기도 해요. 무함마드가 기적을 체험한 사실을 기리기 위해 만든 오마르 사원이 있거든요.

둘째, 셀주크 튀르크가 비잔티움 제국을 공격하는 바람에 비잔티움 제국의 황제가 로마 교황에게 도움을 요청했어요. 동서 교회가 상당히 대립했다고 이야기했지요? 로마 교회의 교황은 이참에 비잔티움 제국 황제를 꺾고 로마 교회의 우월함을 인정받고 싶었어요.

셋째, 로마 교황은 이 전쟁이 교황의 권위를 높일 아주 좋은 기회라고 생각했어요. 교황은 신성 로마 제국의 황제와도 대립했지요? 교황은 이 십자군 전쟁을 주도하고 승리하면 유럽의 모든 세력을 자기 발밑에 둘 수 있다고 생각했어요.

하지만 십자군 전쟁은 처음부터 많은 문제점을 드러냈어요. 제1차 십자군은 예루살렘을 정복하는 과정에서 유대인과 이슬람교도들을 닥치는 대로 죽였어요. 제4차 십자군은 이슬람 국가가 아니라 비잔티움 제국의 콘스탄티노폴리스를 약탈했지요. 콘스탄티노폴리스에 금은보화가 널려 있다는 소문이 돌자 이슬람교를 격파하겠다는 생각을 까마득하게 잊어버린 거예요. 이렇게 십자군 전쟁은 갈수록 타락했고, 점차 세속적인 전쟁으로 바뀌었어요.

● **셀주크 튀르크** 튀르크족 가운데 셀주크라는 족장이 이끈 유목 민족. 1037년 셀주크 왕조를 세웠다.

결국 십자군 전쟁은 크리스트교의 패배로 끝났어요. 유럽 사람들은 충격에 빠졌죠. 당연히 유럽 사회 전체가 크게 바뀌기 시작했어요.

첫째, 신이 우리에게 승리를 안겨 줄 것이란 믿음이 깨지면서 교황과 교회의 권위가 추락했어요. 교황이 왕과 귀족들에게 감금당하는 사건까지 발생했어요. 14세기 초의 '아비뇽 유수'가 바로 그 사건이에요1309년. 유수는 가둔다는 뜻이에요. 왕과 귀족들이 교황을 로마로 돌려보내지 않고 프랑스의 아비뇽이란 곳에 가두었던 거예요. 로마와 아비뇽에서 각각 교황이 선출되면서 교회는 더욱 어수선해졌어요. 이를 교회의 대분열이라고 해요.

둘째, 봉건 영주와 기사들이 크게 약해졌어요. 이들은 전 재산을 바쳐 십자군 전쟁에 참여했어요. 승리하면 더 많은 이익을 얻을 수 있을 거라 믿었지요. 하지만 전쟁에서 패하면서 빈털터리가 되어 버렸어요.

셋째, 십자군의 물자를 보급하고 운송을 담당한 이탈리아 남부 도시들이 크게 번영했어요. 이런 도시들이 발전하면서 장원 경제가 무너지기 시작했어요. 이는 정말로 중요한 변화였어요. 그러니 조금만 더 자세히 들여다볼게요.

중세 유럽의 경제가 장원 체제라고 했죠? 하지만 11세기 이후 길드라고 하는 상업과 수공업 조합들이 생겨나면서 변화가 시작됐어요. 길드의 활약으로 상업과 수공업이 발전했고, 시장도 늘어났어요. 막강한 길드는 때로 도시의 행정 업무까지 장악하기도 했답니다. 이런 도시의 상인들은 멀리 동방 지역까지 가서 무역을 했어요. 비슷한 시기에 북유럽에서는 수십여 개의 도시가 동맹을 맺어 무역을 독점했는데, 이게 '한자 동맹'이에요. 한자 동맹은 17세기까지 지속되었다가 사라진답니다.

이런 도시들은 창의적이었고 자유의 정신이 충만했어요. 이 도시들은 영주에게 돈을 주고 자치권을 삼으로써 영주의 지배에서 벗어났어요. 이런 자치 도시들이 늘어나면서 화폐도 널리 사용되었어요. 농노들도 돈을 주고 자유를 사서 장원을 떠났어요. 이들은 도시로 가서 자유민이 되었지요. 장원 경제가 조금씩 흔들리고 있는 게 느껴지나요?

설상가상으로 14세기 들어 유럽 전역에 흑사병이 돌았어요. 유럽 인구의 3분의 1이 목숨을 잃었죠. 일손이 모자랐으니 농민들이 목소리를 내기 좋은 환경이 되었어요.

뭔가 활기차게 경제가 돌아가는 것 같지요? 이런 과정을 거치면서 장원이 붕괴하기 시작했어요. 중세 유럽을 지탱하는 장원이 무너지기 시작했으니 유럽의 중세 봉건 사회 전체가 휘청거릴 수밖에 없었어요. 따라서 유럽에도 비로소 중앙 집권 국가가 등장하기 시작했죠.

백 년 전쟁에서 기사들이 몰락한 이유
└중앙 집권 국가 등장

십자군 전쟁이 진행되는 동안, 혹은 십자군 전쟁이 끝난 후 유럽 여러 나라의 정치에 큰 변화가 생겼어요. 역사적으로 중요한 내용만 간단히 살펴보고 넘어갈게요.

첫째, 13세기 초 영국의 왕이 귀족들의 동의를 받지 않고 마음대로 세금을 거두었다가 봉변을 당했어요. 귀족들이 반란을 일으켜 왕을 제압하고는 왕의 권력을 제한하는 내용의 대헌장^{마그나 카르타}에 서명하도록 했죠^{1215년}. 이 대헌장에서 특히 의미가 있는 것은 "국민의 대표만이 세금을 부과할 수 있다."라는 항목이었어요. 아직 의회가 발달하지 않았으니 이때의 대표는 귀족을 말하는 것이었지만, 이 대헌장은 나중에 영국 의회 민주주의가 발전하는 데 중요한 역할을 한답니다.

둘째, 13세기 후반 유럽 최대의 왕조인 합스부르크 왕조가 탄생했어요^{1273년}. 합스부르크 왕조는 한때 독일, 오스트리아, 에스파냐, 네덜란드 등 유럽의 대부분 지역을 지배했어요. 합스부르크 왕조는 오늘날에는 오스트리아의 역사로 규정해요. 하지만 이미 말한 대로 전성기에는 유럽의 대부분을 장악할 만큼 최고의 왕가로 여겨졌지요.

대헌장에 서명하는 영국의 존왕

백 년 전쟁의 전세를 뒤집은 오를레앙 전투를 승리로 이끈 잔 다르크

이 합스부르크 왕조에 버금가는 왕조로는 훗날 프랑스의 부르봉 왕조 정도를 꼽을 수 있어요.

셋째, 14세기 초반 영국과 프랑스 사이에 '백 년 전쟁'이 벌어졌어요[1337년]. 백 년 전쟁은 프랑스의 왕위 계승권을 놓고 두 나라가 다툰 전쟁이에요. 처음에는 영국이 우세했지만 잔 다르크가 등장한 이후로 전세를 뒤집었어요. 잔 다르크는 멸망하기 직전의 프랑스를 살려 놓았을 뿐 아니라 최종적으로 프랑스가 승리하는 데 크게 기여했지요.

넷째, 백 년 전쟁에서 패배한 영국에서는 왕위 계승권을 놓고 귀족 가문이 내전을 벌였어요. 이것이 '장미 전쟁'이에요[1455년].

이 여러 사건 중에서 특히 백 년 전쟁과 장미 전쟁은 유럽 역사에서 상당히 중요한 의미가 있어요. 유럽이 중세 봉건 사회에서 중앙 집권 국가로 성장하는 아주 중요한 계기가 되었거든요. 그러니 십자군 전쟁으로 장원 경제가 무너진 만큼이나 이 두 전쟁은 역사적으로 중요해요. 그러니 이 두 전쟁의 의미에 대해 조금만 더 이야기를 해 볼까요?

첫째, 이 두 전쟁은 유럽 사람들의 의식을 바꿔 놓았어요. 백 년 전쟁이 터지기 전까지만 해도 두 나라의 국민에게는 애국심이란 것이 없었어요. 국가를 생각하기보다는 먼저 영주의 눈치를 봐야 했으니까요. 하지만 이 전쟁을 치르면서 국민 의식이 성장했어요.

둘째, 이 두 전쟁에서 화약과 대포 등 첨단 무기들이 등장했어요. 특히 백 년 전쟁에서 프랑스가 승리할 수 있었던 결정적인 이유가 바로 이 첨단 무기를 썼기 때문이에요. 그 결과 말을 타고 창검을 쓰던 기사들이 몰락했어요. 아무리 날쌘 기사라 해도 대포알을 피할 수는 없잖아요? 봉건 제후와 기사들이 백 년 전쟁 과정에서 몰락하는

백 년 전쟁에 등장한 대포와 석궁 등의 신식 무기

동안 누가 이득을 보았을까요? 바로 왕이에요. 이 전쟁을 치르면서 왕권이 강화되었답니다. 왕권이 강해지니 또한 중앙 집권 국가로 발전할 수 있는 토대가 갖추어졌어요.

셋째, 장미 전쟁을 치르면서 왕권이 더욱 강화되었어요. 이 전쟁을 치르면서 상당수의 봉건 귀족이 몰락했거든요.

넷째, 이미 말한 대로 두 번의 전쟁을 치르면서 유럽은 중앙 집권 국가의 필요성에 대해서 공감대를 형성했어요. 사실 백 년 전쟁 이전부터 에스파냐와 포르투갈에서는 이미 왕이 직접 나서서 군대를 키우고 관료들을 양성하기 시작했어요. 봉건제 아래에서는 상상할 수도 없는 일이었지요. 바로 그런 형태의 정치 체제가 유럽에서 서서히 자리를 잡기 시작한 거예요. 실제로 얼마 후인 15세기 중반, 강력한 중앙 집권 체제를 구축한 에스파냐가 탄생하기도 했답니다.

15세기가 되면서 중세 봉건 사회는 거의 자취를 감추었어요. 그 다음의 역사는 어떻게 변할까요?

유럽은 왜 그리스·로마 문화를 되살리려 했을까?
└르네상스의 시작과 확산

14세기부터 유럽은 크게 변화하기 시작했어요. 르네상스, 종교 개혁, 신항로 개척, 절대 왕정 등 네 가지 사건이 잇달아 일어났죠. 그 결과 17~18세기 이후 유럽이 세계 역사를 주도하게 됐어요.

먼저 르네상스부터 살펴볼게요. 르네상스는 우리말로 '부활' 혹은 '재생'으로 옮길 수 있어요. 그리스·로마 문화를 되살리려는 문예 부흥 운동이지요. 그런데 왜 하필이면 그리스·로마 문화를 되살리려는 것일까요?

중세 유럽 문화는 크리스트교에 뿌리를 두고 있었어요. 신만이 중요했고 인간의 개성과 가치, 능력 같은 것에는 크게 관심을 두지 않았어요. 하지만 교회가 타락하면서 "인간 중심의 문화로 돌아가야 한다."라고 주장하는 지식인들이 늘어났어요. 그들은 인간적인 고대 그리스·로마 문화에 주목했지요. 이처럼 인간을 중히 여기는 정신을 인문주의人文主義라고 해요. 르네상스의 근본정신이 바로 이 인문주의였답니다.

르네상스의 발상지인 이탈리아의 피렌체. 피렌체의 메디치 가문은 많은 예술가와 학자를 후원하면서 르네상스가 꽃을 피울 토대를 마련했다.

르네상스는 14세기에 이탈리아에서 시작되었어요. 그럴 만한 이유가 있어요. 고대 로마의 문화유산이 이탈리아에 가장 많이 남아있었고, 지중해 일대의 무역을 통해 부유해진 도시 또한 이탈리아에 많았거든요. 피렌체, 베네치아, 시칠리아 같은 도시의 부유한 상인들은 예술가와 학자를 후원했고, 시민들은 새로움에 도전하려는 의지가 강했어요. 게다가 비잔티움 제국이 멸망한 후 고전 문화를 연구하던 많은 학자들이 이탈리아로 건너왔어요. 그리스·로마 문화에 정통한 사람들이 많으니 아무래도 다른 지역보다 르네상스가 일어나기에 좋은 조건이겠지요?

이탈리아 르네상스는 미술, 문학, 건축, 인문학, 과학 등 여러 분야에서 동시에 진행되었어요. 각각의 대표작과 대표적 인물을 살펴볼까요?

미술에서는 이탈리아 르네상스 3대 화가를 꼽을 수 있어요. 레오나르도 다빈치는 〈최후의 만찬〉과 〈모나리자〉 등의 회화 작품을 남겼어요. 미켈란젤로는 〈천지창조〉와 같은 천장 벽화와 조각 작품인 〈다비드 상〉 등을 남겼지요. 라파엘로는 조각 작품인 〈성모 상〉을 만들었어요. 이 밖에도 보티첼리의 회화 작품 〈비너스의 탄생〉이 유명해요.

르네상스 회화 작품은 중세 회화 작품과 상당히 차이가 있어요. 우선 인체의 아름다움을 있는 그대로 표현했어요. 사물을 그릴 때도 원근법을 도입해 가급적 사실적으로 표현했지요. 멀리 있는 것은 작게, 가까이 있는 것은 크게 그리는 기법이 원근법인데, 중세 회화에서는 이를 무시했어요. 예수나 성인이 두드러지도록 그림을 그렸거든요.

문학도 훨씬 인간적으로 변했어요. 평범한 사람들의 삶을 다룬 작품이나 중세 시대를 풍자하거나 경고하는 작품이 많이 나왔죠. 대표적인 르네상스 작가로는 보카치오, 단테, 페트라르카가 있어요. 보카치오의 《데카메론》은 근대 소설의 시초로 꼽혀요. 흑사병을 피해 별장으로 온 신사와 숙녀들이 10일 동안 나눈 이야기를 담았어요. 이들의 입을 통해 중세 시대의 타락한 모습과 인간의 위선을 날카롭게 풍자하고 있지요. 단테가 쓴 《신곡》은 종교적 이상과 관련된 서사시예요. 하지만 타락한 중세 시대를 비판하는 내용이 많아 르네상스의 선구적 작품으로 평가받고 있어요. 인문주의자 페트라르카는 사랑의 감정과 자연의 아름다움을 서정시로 표현한 르네상스의 대표적 시인이라고 할 수 있어요.

철학 분야에서는 16세기에 마키아벨리가 정치와 종교를 분리해야 한다는 《군주론》을 썼답니다. 건축 분야에서는 고대 그리스와 로마의 건축 양식을 되살린 로마의 베드로 대성당이나 피렌체 대성당이 만들어졌어요.

알프스산맥 위치

16세기 이후에 르네상스는 알프스 이북으로 확산되었어요. 그 결과 프랑스, 독일, 네덜란드, 영국, 에스파냐 등에서도 르네상스가 시작되었지요. 이 지역들은 이탈리아와 달리 아직도 봉건제의 전통이 많이 남아 있었고 교회의 권력도 훨씬 강했어요. 이 때문에 알프스 이북의 르네상스는 중세 봉건제와 교회를 비판하고 현실을 풍자하는 경향이 두드러졌답니다. 대표적인 작가와 작품을 살펴볼까요?

네덜란드의 에라스뮈스는 《우신예찬》을 통해 교회의 권위에 도전했어요. 에라스뮈스는 "교황과 성직자가 부패했다."라고 신랄하게 비판했지요. 영국의 토머스 모어는 《유토피아》를 통해 영국 현실을 비판하면서 이상 사회를 제시했어요. 에스파냐의 세르반테스 사아베드라는 《돈키호테》를 통해 중세의 어리석은 기사들을 풍자했어요.

르네상스 이전에는 문학 작품이 주로 라틴어로 쓰였어요. 하지만 이 무렵부터는 각자 자기 나라의 언어, 즉 모국어로 작품을 많이 썼어요. 그 결과 국민 문학이 발전할 수 있었지요.

베네치아의 지도자에게 망원경 사용법을
설명하는 갈릴레이

미술 분야에서는 무엇보다 서민 생활을 담은 작품이 많이 쏟아졌다는 게 특징이에요. 농민들의 일상생활이나 결혼식과 같은 풍속, 농가 풍경 등이 작품의 소재가 되었지요.

르네상스 시대에는 과학도 크게 발전했어요.

첫째, 지구가 태양 주변을 돈다는 지동설이 공개적으로 제기되면서 큰 파문을 불렀어요. 교회는 우주가 지구를 중심으로 돈다는 천동설을 주장하고 있었거든요. 코페르니쿠스는 논문을 통해, 갈릴레이는 망원경 관측을 통해 이 지동설을 입증했어요. 덕분에 신 중심의 우주관을 극복할 수 있게 됐죠.

둘째, 독일의 구텐베르크가 금속 활자를 사용해 대량으로 문서를 인쇄할 수 있는 활판 인쇄술을 발명했어요. 이제 200쪽짜리 책을 하루 만에 인쇄할 수 있게 되었어요. 과거에는 글자를 일일이 베껴 써야 했기 때문에 200쪽짜리 책을 만드는 데 4~5개월은 족히 걸렸죠. 게다가 책 가격이 확 낮아져 싼값에 대중에게 보급할 수 있게 됐어요. 덕분에 인문주의 사상이 빠르게 전파되었어요. 종교 개혁에도 이 활판 인쇄술이 크게 기여했어요. 교회의 타락을 비판하는 글이 대량으로 인쇄되어 유럽 전역으로 전파되었거든요.

헨리 8세는 왜 로마 가톨릭을 버렸을까?
└종교 개혁 열풍

알프스 이북으로 확산된 르네상스는 곧 종교 개혁 열풍으로 이어졌어요.

이미 말한 대로 알프스 이북 지역에서는 성직자와 교회의 권력이 상당히 강했어요. 르네상스를 주도한 인문주의자들은 "성직자는 부패했고, 교회는 타락했다."며 비판의 목소리를 높였어요. 하지만 로마 교회는 개의치 않았어요. 오히려 교황 레오 10세는 성 베드로

성 베드로 대성당

성당을 정비하는 데 드는 경비를 마련하려고 면벌부를 팔도록 했어요. 교회는 이것을 사면 죄가 면제된다며 대대적으로 홍보했지요.

아우구스티누스 수도회 소속의 신학자 루터가 교황의 이 조치를 정면으로 비판하고 나섰어요. 루터는 독일 비텐베르크 교회 정문에 총 95개로 되어 있는 반박문을 붙였어요.[1517년] 바로 이 사건을 시작으로 독일에서 종교 개혁의 불꽃이 타올랐어요.

루터는 로마 교회를 비판하면서 교회의 토지와 재산을 몰수해야 한다고 주장했어요. 루터는 "구원은 오로지 신앙과 은총을 통해서만 가능하다. 신앙의 근거는 성서다. 면벌부를 산다고 해서 죄에서 해방될 수 있는 것은 아니다."라고 주장했어요. 교황은 루터가 괘씸하다며 당장 파문해 버렸어요. 하지만 독일[신성 로마 제국]에 속한 제후

칼뱅
그는 종교 개혁 운동 과정에서 예정설을 주장했을 뿐만 아니라, 재산을 모으는 것이 종교적 미덕이라고 강조하여 오늘날 자본주의 이념이 탄생하는 데 기여했다.

국 중 상당수가 교황의 간섭을 싫어했어요. 게다가 많은 제후들과 농민들이 루터를 지지했어요. 곧 루터를 따르는 루터파 교회가 만들어졌고, 루터파 교회의 투쟁이 이어졌어요. 결국 루터파 교회는 종교 회의인 아우크스부르크 화의*和議에서 정식 종교로 인정받는답니다1555년.

독일의 또 다른 신학자 뮌처는 농민 봉기를 주도했어요. 뮌처는 농민들과 함께 수도원과 영주의 저택을 공격했지요. 뮌처는 종교 개혁에서 한 걸음 더 나아가 사회를 개혁하려 한 거예요. 하지만 이 시도는 실패로 끝나고 말았어요.

종교 개혁의 열풍은 스위스로 번졌어요. 칼뱅은《그리스도의 강요》라는 책에서 "신의 선택을 받은 사람만이 구원을 얻을 수 있다. 누구를 구원할지는 신이 미리 결정해 놓았다. 그러니 성서에 나와 있지 않은 교리는 따를 필요가 없다."라고 주장했어요1536년. 칼뱅의 주장대로 신이 구원할 사람을 결정했다면 인간은 정직하고 성실하게 살면서 선택을 기다리는 것 외에는 다른 방법이 없어요. 물론 면벌부는 아무 소용이 없지요. 이를 '예정설'이라고 해요.

칼뱅은 열심히 일해서 돈을 버는 것을 미덕이라고 했어요. 이 사상은 도시의 시민과 상인 등에게 큰 호응을 얻었는데, 나중에는 자본주의 이념이 탄생하는 데 크게 기여했답니다. 훗날 독일의 정치가이자 법률가인 베버는 칼뱅의 사상을 받아들여《프로테스탄트의 윤리와 자본주의》라는 책을 썼어요. 칼뱅은 자신의 사상을 실

• 화의 화해하기 위해 모임을 가지는 것

천하기 위해 종교 공동체를 스위스 제네바에 만들었어요. 칼뱅의 이 사상은 그 후 프랑스, 영국, 스코틀랜드 등으로 확산되었어요.

헨리 8세
그가 세운 영국 국교회는 오늘날 성공회라는 이름으로 알려져 있다.

영국에서도 종교 개혁이 이루어졌어요. 그런데 이 개혁을 주도한 인물은 신학자가 아니라, 영국의 왕 헨리 8세였어요.

헨리 8세는 새로운 여자가 생겨 왕비와 이혼하려 했어요. 그런데 교황이 이를 허락하지 않았어요. 헨리 8세는 평소에도 교회가 너무 많은 권력과 재산을 가졌다고 불만을 품고 있었어요. 헨리 8세는 이참에 로마 가톨릭교회로부터 벗어나야겠다고 생각했어요. 헨리 8세는 "영국의 왕이 영국 교회의 수장임을 선언한다."라며 수장령을 발표했어요. 이렇게 해서 영국 국교회가 탄생했죠[1534년].

이처럼 종교 개혁이 확산되자 로마 가톨릭교회도 자체 개혁에 들어갔어요. 특히 예수회를 조직해 아시아 등지로 파견했어요. 해외로 교세를 확장하기 위해서였지요.

로마 가톨릭교회를 따르는 사람들은 루터, 칼뱅과 같은 개혁가들을 '프로테스탄트'라고 불렀어요. '저항하는 사람들'이란 뜻이지요. 오늘날에는 종교 개혁과 함께 등장한 크리스트교 종파를 신교[개신교]라 불러요. 신교는 개인의 신앙을 중요하게 여기고 성서를 충실하게 따르려 했어요. 로마 가톨릭은 신교에 대비해 구교라 불렀답니다.

프랑스 화가 자크 칼로의 〈교수형〉
종교 전쟁이었던 30년 전쟁은 다른 종교를 가진 사람들에 대한 증오로 인해 이전의 어떤 전쟁보다도 잔인하고 비극적이었다.

　구교와 신교 사이의 갈등이 커지면서 여러 나라에서 전쟁이 벌어졌어요. 17세기로 접어든 후에는 독일에서 또다시 종교 전쟁이 터졌는데, 여러 나라의 정치적 이해관계까지 복잡하게 얽히면서 대형 전쟁으로 커졌어요. 이 전쟁에는 독일, 영국뿐 아니라 프랑스, 덴마크, 네덜란드, 스웨덴까지 참전했어요. 종교 갈등이 정치 전쟁으로 번진 거예요. 30년 동안 진행되었다고 해서 이 전쟁을 '30년 전쟁'이라고 해요[1618년].

　이 30년 전쟁을 끝내면서 베스트팔렌 조약이 체결됐어요[1648년]. 그 결과 구교와 신교의 자유가 모두 인정되었지요. 원하는 종교를 골라서 따를 수 있게 된 거예요. 아 참, 이 베스트팔렌 조약은 유럽 최초의 국제 조약이랍니다.

★ 단원 정리 노트 ★

1. 로마 제국과 프랑크 왕국

① 로마

조그마한 도시 국가였던 로마는 이탈리아반도의 여
러 라틴 국가들과 전쟁을 치르면서 성장했고, 기원전
304년경 이탈리아반도를 통일했다.

기원전 4세기 초의 로마 영토

② 서로마와 동로마

로마는 정복 전쟁을 통해 남유럽과 서유럽, 북아프리
카, 중동 지역까지 점령했다. 그러던 중 콘스탄티누스
대제가 로마의 수도를 비잔티움으로 옮기면서 로마는
서로마와 동로마로 나뉘었다.

4세기 중반의 서로마 제국과 동로마 제국

③ 프랑크 왕국과 비잔티움 제국

서로마 제국의 게르만 용병 부대 대장이었던 오도아케르가 반란을 일으켜 서로마 제
국의 황제를 끌어내리면서 서로마 제국은 역사 속으로 사라졌다. 서로마 제국이 지배
했던 지역에는 새로이 프랑크 왕국이 들어섰다. 프랑크 왕국은 이베리아반도에 쳐들
어온 이슬람 군대를 피레네산맥에서 막아내는 등 서유럽의 수호자로 등극하고, 로마
가톨릭교회는 프랑크 왕국과 힘을 합쳤다. 비잔티움 제국은 로마 가톨릭교회와 별도
로 그리스 정교회를 세우는 등 독자적인 국가 체제를 운영했다.

④ 프랑크 왕국의 분열

프랑크 왕국의 전성기를 이끈 카롤루스 대제가 죽은 뒤 프랑크 왕국은 동프랑크 · 서프랑크 · 중프랑크 왕국으로 분열했다가 결과적으로는 중프랑크 왕국을 동 · 서프랑크 왕국이 나누어 가지면서 동프랑크와 서프랑크 왕국으로 분할되었다.

⑤ 신성 로마 제국

로마 가톨릭교회는 동프랑크 왕국의 오토 1세를 새로운 로마 제국의 황제로 추대했다. 이로써 훗날 '신성 로마 제국'이라고 불리는 새로운 제국이 탄생했다. 신성 로마 제국은 실제적인 영토를 가진 나라가 아니라, 유럽의 크리스트교 국가들의 연명체였다. 따라서 각 왕국과 제후국이 이 연맹체에 합류하고 이탈함에 따라 세력권이 들쭉날쭉했다. 신성 로마 제국은 나폴레옹 전쟁이 한창이던 1800년대 초에 사라진다.

2. 십자군 전쟁이 역사에 미친 영향

① 왜 일어났을까? 중동을 새롭게 지배한 셀주크 튀르크가 크리스트교의 성지인 예루살렘으로 향하는 순례객들의 출입을 막고 비잔티움 제국을 공격했다. 로마 가톨릭교회의 교황은 이슬람 세력을 응징하여 스스로 권위를 세우고자 했고, 이로써 클레르몽 공의회에서 십자군을 조직할 것을 결의했다.

② 어떻게 전개되었나? 십자군의 군대는 유대인과 이슬람교도를 상대로 학살을 자행하고, 재물을 얻기 위해 같은 편인 비잔티움 제국을 공격하는 등 성스러운 전쟁을 치른다는 초심을 잃고 온갖 만행을 저질렀다. 결국 십자군의 원정은 패배로 끝났다.

③ 십자군 원정이 역사에 미친 영향은 무엇인가? 신(하느님)이 승리를 안겨 줄 것이라는 믿음이 여지없이 깨지면서 로마 가톨릭교회와 교황의 권위가 추락했다. 십자군 원정에 전 재산을 바쳐 뛰어들었던 봉건 영주와 기사 계급이 경제적으로 몰락했다. 반면에 십자군의 물자를 실어 날랐던 이탈리아 남부 도시들의 상인들이 부를 형성하면서 새롭게 시민 계급이 등장했다. 그리고 교황과 귀족 세력이 몰락하면서 왕의 권위가 높아진 덕분에 유럽은 중앙 집권 체제가 형성되는 토대가 마련되었다.

3. 백 년 전쟁과 장미 전쟁이 미친 영향

백 년 전쟁(1337~1453년)

내용

영토 분쟁과 왕위 계승 문제를 놓고 영국과 프랑스 사이에 100년 넘게 벌어진 전쟁이다. 전쟁 내내 영국이 우세했으나, 잔 다르크라는 영웅이 등장하고 대포와 석궁 등의 신식 무기를 도입한 프랑스가 극적으로 전세를 역전하여 승리했다.

영향

– 국민의식 형성 : 백 년 전쟁 전까지만 해도 유럽인에게는 애국심이라는 것이 없었다. 봉건제의 특성상 영주의 땅에 속한 백성들은 오로지 영주를 '군주'로 모셨기 때문이다. 하지만 영국과 프랑스라는 국가 사이의 큰 전쟁이 벌어지자, 영국인과 프랑스인은 모국에 대한 충성심을 갖게 되었다.

– 영주와 기사 계급의 몰락 : 십자군 원정으로 봉건 영주들이 경제적으로 큰 타격을 입은 데 이어 기사 계급이 완전히 추락했다. 신식 무기가 등장함으로써 창검을 휘두르는 기사의 존재 가치가 사라진 것이다.

장미 전쟁(1455~1485년)

내용

영국의 왕위 계승 문제를 놓고 영국의 요크 가문과 랭커스터 가문이 치른 전쟁이다. 엎치락뒤치락하는 가운데 결과적으로 랭커스터가의 헨리 튜더(헨리 7세)가 요크가의 엘리자베스를 왕비로 맞이하면서 종결되었다.

영향

– 봉건 귀족의 몰락과 왕권 강화 : 백 년 전쟁과 장미 전쟁을 치르면서 재산과 힘을 모두 소모한 봉건 귀족은 몰락하고 반면에 왕의 권력은 강화되었다.

– 잉글랜드 왕국의 탄생 : 공국에 머물러 있던 영국은 장미 전쟁을 통해 헨리 튜더를 시작으로 튜더 왕조를 열게 된다. 따라서 헨리 튜더(헨리 7세)는 잉글랜드 왕국의 첫 번째 왕이 된다.

– 중앙 집권 체제 형성 : 오랫동안 봉건제에 머물러 있던 유럽은 봉건 영주가 몰락함으로써 왕이 직접 통치를 하는 중앙 집권 체제를 형성하게 된다.

4. 르네상스의 발생과 문화적 특징

① 십자군 전쟁의 패배로 교황의 권위와 봉건 영주가 몰락하고 시민 계급이 성장함으로써 나타난 문화 현상이다.

② 크리스트교의 신과 신학 중심이었던 중세 유럽의 문화가 인간 중심으로 변화했다. 과거 인간을 중심에 놓았던 그리스 문화를 계승한다는 의미에서 '부활' 또는 '재생'이라는 뜻의 르네상스라는 이름이 붙었다. 신학의 틀에서 벗어나 문학과 예술의 발전이 이루어졌다는 뜻에서 '문예 부흥'이라고도 한다.

③ 주로 크리스트교의 교리를 담은 예술 작품이 만들어졌던 중세와 달리 르네상스 시기에는 인간을 소재로 다루었고 서민들의 생활상을 담은 작품이 등장했다.

④ 신이 만든 지구를 우주의 중심에 놓았던 사상(천동설)에서 벗어난 지동설이 나타났고, 더불어 과학이 발전했다.

⑤ 구텐베르크가 인쇄술을 발명하면서 지식이 전파되는 속도와 범위가 확대되었다.

5. 종교 개혁이 일어난 배경과 영향

① 로마 가톨릭교회가 성 베드로 대성당을 지으면서 재정을 마련하기 위해 면벌부를 판매하는 등 성직자들 사이에 부패가 만연했다.

② 아우구스투스 수도회 소속의 신학자 루터가 로마 가톨릭교회의 잘못된 행위를 비판하는 95개의 조항을 담은 반박문을 게시했다. (← 구텐베르크의 인쇄술 덕분에 반박문이 널리 퍼질 수 있었다.)

③ 루터 이후 칼뱅, 뮌처 등이 종교 개혁 운동을 이끌었고 많은 사람들이 이들의 개혁 운동에 동참했다.

④ 국가와 지역에 따라 로마 가톨릭(구교)과 프로테스탄트(신교)를 지지하는 세력으로 흩어졌다.

⑤ 구교와 신교 세력 간에 전쟁이 일어났다. 이를 30년 전쟁이라고 한다.

⑥ 베스트팔렌 조약을 체결하면서 유럽인들은 신앙의 자유를 얻었다.

III

지역 세계의
교류와 변화

세계, 변화의 소용돌이 속으로!

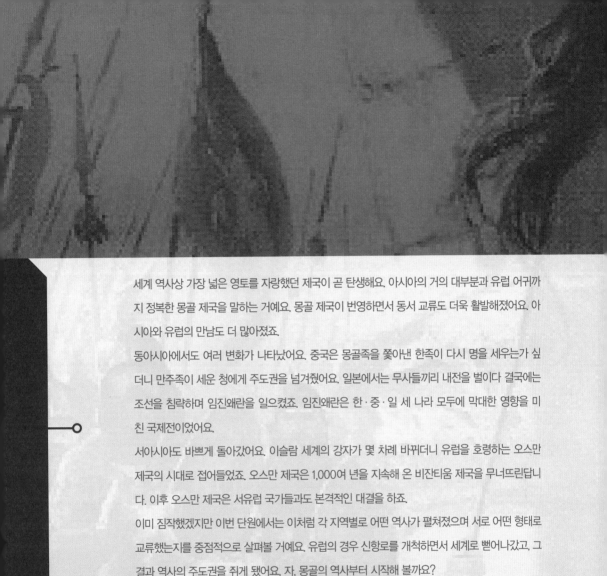

세계 역사상 가장 넓은 영토를 자랑했던 제국이 곧 탄생해요. 아시아의 거의 대부분과 유럽 어귀까지 정복한 몽골 제국을 말하는 거예요. 몽골 제국이 번영하면서 동서 교류도 더욱 활발해졌어요. 아시아와 유럽의 만남도 더 많아졌죠.

동아시아에서도 여러 변화가 나타났어요. 중국은 몽골족을 쫓아낸 한족이 다시 명을 세우는가 싶더니 만주족이 세운 청에게 주도권을 넘겨줬어요. 일본에서는 무사들끼리 내전을 벌이다 결국에는 조선을 침략하며 임진왜란을 일으켰죠. 임진왜란은 한·중·일 세 나라 모두에 막대한 영향을 미친 국제전이었어요.

서아시아도 바쁘게 돌아갔어요. 이슬람 세계의 강자가 몇 차례 바뀌더니 유럽을 호령하는 오스만 제국의 시대로 접어들었죠. 오스만 제국은 1,000여 년을 지속해 온 비잔티움 제국을 무너뜨린답니다. 이후 오스만 제국은 서유럽 국가들과도 본격적인 대결을 하죠.

이미 짐작했겠지만 이번 단원에서는 이처럼 각 지역별로 어떤 역사가 펼쳐졌으며 서로 어떤 형태로 교류했는지를 중점적으로 살펴볼 거예요. 유럽의 경우 신항로를 개척하면서 세계로 뻗어나갔고, 그 결과 역사의 주도권을 쥐게 됐어요. 자, 몽골의 역사부터 시작해 볼까요?

역사연표

세계사		한국사
거란, 요 건국 916년		
		936년 고려, 후삼국 통일
송 건국 960년		
		1019년 귀주대첩
셀주크 튀르크 건국 1037년		
셀주크 튀르크, 바그다드 점령 1055년		
십자군 전쟁 시작(~1270년) 1096년		
여진, 금 건국 1115년		
아이유브 왕조 성립 1169년		
		1170년 고려, 무신 정권 성립
일본, 가마쿠라 막부 성립 1185년		
칭기즈 칸, 몽골 제국 건설 1206년		
인도, 노예 왕조 성립하며		
델리 술탄 시대로 돌입		
금 멸망 1234년		
맘루크 왕조 성립 1250년		
몽골에 의해 아바스 왕조 멸망 1258년		
		1270년 고려, 무신 정권 종결
원 건국 1271년		
송 멸망 1279년		
오스만 제국 건국 1299년		
무로마치 막부 성립 1336년		
명 건국 1368년		

세계사		한국사
티무르 왕조 성립 1369년		
		1392년 조선 건국
명, 남해 원정 시작 1405년		
명 영락제, 베이징으로 천도 1421년		
비잔티움 제국 멸망 1453년		
일본, 전국 시대 시작 1467년경		
콜럼버스, 아메리카 대륙 발견 1492년		
사파비 왕조 성립 1501년		
티무르 제국 멸망 1508년		
아스테카 제국 멸망 1521년		
무굴 제국 건설 1526년		
잉카 제국 멸망 1532년		
에스파냐, 펠리페 2세 즉위 1556년		
		1592년 임진왜란 발발
에도 막부 수립 1603년		
누르하치, 후금 건국 1616년		
청 건국 1636년		1636년 병자호란
청, 베이징 함락 / 명 멸망 1644년		
청과 러시아, 네르친스크 조약 체결 1689년		
사파비 왕조 멸망 1736년		

8

몽골 제국과 문화 교류

: 몽골, 세계를 제패하다

- 송의 문치주의가 무엇이며 장점과 단점에 대해 설명해 보세요.
- 정복 왕조의 종류와 역사에 대해 이야기해 보세요.
- 몽골 제국이 탄생한 과정과 그 영향을 알아봅시다.
- 몽골 제국이 일찍 멸망한 원인에 대해 이야기해 보세요.

문인만 우대하면 어떤 일이 벌어질까?

└송의 흥망과 북방 민족의 성장

10세기 초 당이 멸망한 이후 중국은 약 50년 동안 혼란스러웠어요. 5대 10국*으로 이어졌거든요. 화베이 지방에 5개, 나머지 지역에 10개 나라가 들어섰다고 해서 이런 이름이 붙었어요. 이 5대 10국의 분열을 끝내고 중국을 다시 통일한 인물은 조광윤이었어요. 조광윤은 카이펑에 수도를 두고 송을 건국했어요.960년

송 태조 조광윤은 황제의 권력부터 강화했어요. 이를 위해 모든 군대를 황제의 직속으로 두었어요. 태조는 과거 제도도 개혁했어

• **5대 10국** 당이 멸망한 뒤 송이 성립할 때까지의 시대를 말한다. 중국의 중심부인 중원을 중심으로 성립한 다섯 개의 왕조인 후량, 후당, 후진, 후한, 후주와 그 이외의 지방에서 일어난 전촉, 오, 남한, 형남, 오월, 초, 민, 남당, 후촉, 북한 등 열 개의 나라가 흥망을 거듭했다. 이 열다섯 나라는 한 시대에 공존한 것이 아니라, 시대에 따라 서로 교차하며 등장하고 소멸했다.

요. 당 때에는 1차와 2차 시험으로 관료를 뽑았어요. 태조는 이를 고쳐 1차와 2차 시험에서 통과한 응시생이 3차 시험을 보도록 했어요. 3차 시험 때는 황제가 직접 시험장에 나가 감독관 역할을 했어요. 이 시험을 '전시'라고 해요. 황제가 직접 뽑은 관료들이니 황제에게 더욱 충성하겠죠? 황제 또한 이렇게 뽑은 문관 관료를 우대했어요. 이런 정책을 '문치주의'라고 해요. 이 문치주의가 도입되면서 유교 지식을 갖춘 사대부들이 관직을 차지하고 새로운 지배층으로 떠올랐어요.

송 태조 조광윤

태조가 문치주의를 도입하고 군사력을 독점한 것은 지방의 절도사 세력을 견제하기 위해서였어요. 절도사 세력이 너무 커서 당이 멸망했다고 여겼거든요. 송은 태조 이후로도 문치주의를 유지했어요. 황제의 권력이 강해지나 싶었지만 부작용도 있었어요. 송 전체의 군사력이 크게 약해진 거예요.

실제로 송은 잇달아 거란국과 탕구트족의 서하에 무릎을 꿇고는 막대한 양의 비단과 은을 공물로 보냈어요. 그 대가로 평화를 얻었지만 그런 평화는 허상이에요. 국가 재정은 궁핍해졌고, 백성의 부담만 커졌죠. 보다 못해 왕안석이란 관료가 개혁에 나섰어요. 그는 자영농과 소상인을 보호해야 한다고 생각했어요. 그래야 세금을 안정적으로 거둘 수 있고, 민생 안정과 부국강병도 이룰 수 있다는 거예요. 왕안석은 이를 위해 새로운 법을 시행하자고 했어요.

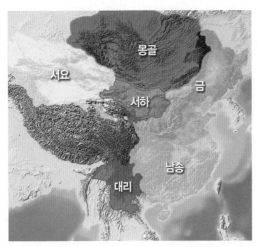

12세기경 중국의 국가들

그의 개혁을 신법 개혁이라고 해요. 백성에게 빌려준 돈의 이자는 적게 받고, 농업과 군사를 병행하며, 정부가 물가를 조절하는 등 여러 내용이 담겼어요. 안타깝게도 이 개혁은 보수파의 반발로 5년 만에 실패하고 말았어요. 이후 더 큰 혼란에 빠져들었어요.

송은 12세기 초에 또다시 여진족이 세운 금의 침략을 받았어요. 거란족, 탕구트족에 이어 북방 민족의 세 번째 공격이었죠. 송은 금의 이 공격에 무너졌어요[1127년]. 다행히 황제의 동생이 남쪽 항저우로 수도를 옮겨 송을 살려 냈어요. 되살아난 송을 남송, 그전의 송을 북송이라고 해요. 남송도 군사적으로는 아주 약했어요. 남송은 13세기 후반 몽골의 공격을 막아 내지 못하고 결국 멸망한답니다[1279년].

송은 중국을 통치하는 내내 북방 민족에게 시달렸고, 끝내 북방 민족에게 멸망했어요. 한족을 몰아내고 북방 민족이 세운 왕조를 정복 왕조라고 해요. 이번에는 이 북방 민족의 입장에서 역사를 살펴볼까요?

당이 멸망한 후 중국은 5대 10국의 분열 시대를 맞았어요. 주변의 유목 민족이 세력을 키우기에는 이보다 좋은 기회가 없죠. 중국 북서부 초원 지대에서 가장 먼저 변화가 나타났어요. 과거에 선비라 불렸던 유목 민족, 즉 거란족이 10세기 초 세력을 키웠어요. 그러다가 마침내 야율아보기란 영웅이 등장해 거란 부족을 통일하고는 요를 세웠어요^{916년}.

요는 빠른 속도로 성장했어요. 발해를 멸망시키는가 하면, 중국 화베이 지방의 요충지인 연운 16주를 차지했고, 고려도 여러 차례 침략했어요. 이미 말한 대로 송도 쳤고, 그 결과 송은 비단과 은을 공물로 보냈어요.

몇 년 후 송의 북서쪽에 있던 탕구트족이 서하를 세웠어요. 11세기 중반에 서하가 송을 쳤고, 결과는 똑같았어요. 송은 이번에도 비단과 은으로 서하를 달래야 했지요. 서하는 송이 약한 틈을 타서 중앙아시아의 동서 교역로까지 장악했어요.

얼마 후 이 두 민족보다 더 강력한 북방 민족이 등장했어요. 중국 북동부의 여진족이었어요. 이들은 예전에는 말갈이라 불렸는데 송이 건국될 무렵까지도 철기가 잘 보급되지 않았을 정도로 문명 수준이 낮았어요. 그런데 12세기 초 여진족 사이에 아골타^{아구다}라는 영웅이 등장해 여진족을 통일한 뒤 금을 세웠어요^{1115년}.

중국 지도가 아주 복잡해졌어요. 서하는 중국 본토를 직접 공략하지 않았으니 일단 뺄게요. 중국 본토는 한족의 송, 거란족의 요, 여진족의 금 세 나라가 서로를 노려보는 모양새가 되었어요.

먼저 송과 금이 연합해 요를 공격해 멸망시켰어요^{1125년}. 두 나라만 남자 금이 송을 공격했고, 수도인 카이펑을 정복했어요^{1127년}. 북송은 무너졌고 화베이 지방은 모두 금의 차지가 되었지요. 물론 남송도 나중에는 몽골의 원에 무너지지요.

마지막으로 북방 민족의 공통된 특징 하나만 알려 줄게요. 거란족, 서하, 여진족 모두 자기들만의 고유한 문자를 사용했답니다. 또한 유목 민족으로서의 긍지를 지키기 위해 한족 문화에 동화되지 않으려고 노력했어요. 이런 점은 높이 평가해야 하겠죠?

세계에서 가장 오래된 지폐는 무엇일까?
└송의 경제와 문화의 발달

북송이나 남송 모두 군사력은 약했지만 경제는 상당히 발전했어요. 특히 중국 남부의 성장이 아주 두드러졌어요. 송대의 경제 변화를 살펴볼까요?

우선 중국 남부에서 이모작이 시작되었어요. 창장강 하류 일대를 개간해 농지를 늘려 쌀을 심었어요. 벼의 품종을 개량하고 새로운 농기구를 만들었죠. 그 결과 쌀 생산량이 크게 늘었고, 강남* 지방은 곡물 생산의 중심지가 되었지요. 식량 걱정이 줄어들자 인구가 크게 늘면서 어느새 중국 인구가 1억 명을 돌파했어요.

농업이 발달했으니 농산물을 거래하는 시장도 생겼어요. 시장이 생기니 상인들도 늘어났지요. 상인들은 얼마 지나지 않아 '행'이란

• **강남** 강의 남쪽을 가리킨다. 중국에서 강남은 창장강의 남쪽을 말한다.

동업 조합을 만들었어요. 같은 업종에 있는 상인들끼리 힘을 합쳐 이익을 더 얻어 보려는 것이지요. 수공업자들도 이와 비슷한 '작'을 만들었어요. 비슷한 시기에 유럽에서는 길드가 성행했어요. 똑같은 일이 중국과 유럽에서 동시에 일어나고 있었던 거예요. 흥미롭지 않나요?

상업이 발달하면 화폐를 많이 사용하게 돼요. 송대에는 동전을 화폐로 썼어요. 어마어마한 양이 전국적으로 유통되었지요. 또 하나 기억해 둘 게 있어요. 송대에 처음으로 지폐를 썼다는 거예요. 당시 사용하던 지폐가 '교자'인데, 세계에서 가장 오래된 지폐로 알려져 있답니다.

상업은 국제적으로도 뻗어 갔어요. 정부의 관리 아래 해상 무역이 활발하게 이루어졌죠. 정부는 항구 도시인 항저우와 취안저우 등에 '시박사'라는 관청을 두어 해외 무역을 관리하도록 했어요. 정부가 이처럼 해외 무역을 육성하니 남송의 수도 항저우는 국제 무역 도시로 성장했지요. 멀리 아라비아와 인도의 상인들까지 이곳에 와서 향료와 진주, 상아를 팔고 도자기와 비단 같은 것을 사서 돌아갔답니다.

농업과 상업, 나아가 국제 무역까지 활발하니 경제가 살아나는 것 같지요? 경제적으로 여유가 생긴 서민들이 문화를 즐기기 시작했어요. 이 점이 당 문화와 가장 크게 다른 점이에요. 당대에 귀족 문화가 발전했다면 송대에는 서민 문화가 발전했습니다. 카이펑,

북송 시대의 활발한 상업 활동과 분위기를 보여 주는 그림. 장택단이 그린 〈청명상하도〉의 일부이다.

항저우 같은 대도시에는 서민들이 즐길 수 있는 공연장이 즐비했어요. 공연장에서는 인형극이나 곡예, 만담 같은 공연이 열렸지요. 곳곳에 서민들이 즐기는 찻집과 시장이 들어섰고, 서민들의 취향에 맞는 소설이나 수필도 유행했죠.

송대의 지배층이 누구였죠? 유교적 지식을 갖추었으며 과거 시험을 통해 관리가 된 사람들, 바로 사대부였어요. 이 사대부를 중심으로 한 문화도 발전했어요. 사대부들은 형식에 치중하는 시보다 자유롭게 쓸 수 있는 산문을 특히 즐겼답니다.

사대부가 특히 중요하게 여기는 학문이 성리학이었어요. 성리학은 남송의 주희^{주자}가 집대성한 유학의 한 갈래인데, 우주의 원리와

인간의 본성을 연구하는 학문이었어요. 국내에는 고려 시대에 전파되었고, 조선 시대에는 통치 이념이 되었지요.

송대에는 과학 기술도 크게 발전했습니다. 오늘날 중국의 4대 발명품을 꼽으라면 종이를 만드는 제지술, 화약, 나침반, 활판 인쇄술을 가리켜요. 이 중에서 후한 때 발달한 제지술을 제외한 세 가지가 모두 송대에 등장했죠. 이 가운데 화약은 영원히 늙지 않고 죽지도 않는 불로장생의 약을 구하려다가 만들어진 물질이랍니다.

이 네 가지 발명품은 유럽이 중세 시대를 극복하고 근대로 나아가는 데 큰 도움을 주었어요. 화약은 백 년 전쟁을 비롯해 유럽의 여러 전쟁에서 사용되었는데, 그 결과 봉건 제후들과 기사들이 몰락하고 왕권이 강해졌지요. 나침반은 유럽 함대가 바다로 나아가는 데 이정표가 되어 주었어요. 인쇄술은 종교 개혁과 지식 발전에 도움을 주었지요.

칭기즈 칸이 중국을 정복하지 않은 까닭은?
└ 몽골의 세계 제국 건설 및 원 건국

중국의 여러 정복 왕조 중에서 으뜸을 꼽자면 단연 몽골 제국을 들 수 있어요. 몽골 제국은 13세기부터 14세기까지 전 세계를 뒤흔들었어요. 정복자 칭기즈 칸과 그의 후예들은 중국에서부터 동유럽까지, 약 6,500킬로미터에 이르는 영토를 지배했어요. 몽골 제국의 이전 혹은 이후에도 이토록 광대한 영토를 거느린 제국은 없었죠. 지금부터 이 몽골 제국의 이야기를 할 거예요.

중국에서 금, 요, 송 세 나라가 대결하고 있을 때 몽골 부족은 중국 북쪽 초원 지대에 흩어져 유목 생활을 하고 있었어요. 그러다 13세기 초에 몽골의 영웅 테무친이 등장해 흩어진 몽골 부족을 통일했어요. 몽골이나 튀르크족은 왕을 '칸'이라고 불렀어요. 테무친은 몽골 제국을 건설하고, '칸 중에서도 가장 위대한 칸'이란 뜻의 칭기즈 칸에 올랐지요[1206년].

칭기즈 칸은 곧바로 정복 전쟁에 돌입했어요. 먼저 오랜 세월 몽골족을 지배한 금을 쳤어요. 하지만 금을 정복하지는 않았어요. 칭기즈 칸은 중국이 좁다고 생각했어요. 그보다는 서쪽으로 펼쳐진 더 넓은 세계로 나아가고 싶었지요. 그래서 금으로부터 막대한 공물을 챙긴 후 곧바로 중앙아시아로 진군했어요.

알타이산맥을 넘자 이슬람 국가인 호라즘 왕국이 나왔어요. 몽골 군대는 호라즘 왕국을 정복한 후 캅카스산맥을 넘어 러시아 남부로 진격했어요. 또 다른 몽골 군대는 오늘날의 이란과 북인도까지 점령했어요. 나중에는 서하까지 멸망시켰지요.

얼마 후 칭기즈 칸이 세상을 떠났어요. 셋째 아들 오고타이가 몽골 제국의 2대 칸에 올랐어요. 오고타이도 왕성하게 정복 활동을 벌였어요. 우선 금을 공격해 멸망시켰지요[1234년]. 이어 그의 명을 받은 몽골 군대가 여러 지역으로 원정을 시작했어요.

칭기즈 칸의 손자인 바투가 이끈 몽골 군대는 러시아를 정복했어요. 러시아는 이때부터 한동안 몽골족의 지배를 받아야 했어요. 바투의 군대는 동유럽의 폴란드와 헝가리도 점령했어요. 그 다음 목표는 오스트리아였어요. 바투가 막 오스트리아로 진격하려 할 때 몽골 본국에서 전갈이 왔어요. 오고타이 칸이 죽었다는 소식이었지요. 바투는 급히 군대를 돌릴 수밖에 없었어요.

칭기즈 칸의 또 다른 손자 훌라구의 군대는 서아시아로 진격했어요. 이 무렵 수니파 이슬람교의 정신적 지도자 역할을 하는 나라는 아바스 왕조였어요. 훌라구는 바그다드를 점령함으로써 바

13세기 중반의 몽골 제국 영토

로 그 아바스 왕조를 멸망시켰어요[1258년]. 그러고는 그 땅에 일한국을 세웠지요.

아 참, 오고타이 칸이 죽고 난 후 몽골 본국은 어떻게 되었을까요? 왕위 다툼이 심해 수시로 칸이 바뀌었어요. 이 싸움에서 최종 승리한 인물은 5대 칸 쿠빌라이였어요. 쿠빌라이 칸은 수도를 카라코룸에서 대도[베이징]로 옮겼어요. 나라 이름도 중국식인 원으로 바꾸었지요[1271년]. 쿠빌라이 칸을 중국식으로 부르면 원 세조가 되죠. 원 세조는 얼마 후 남송을 멸망시키고 중국 전체를 차지했어요[1279년]. 이로써 원은 중국 전역과 몽골 초원을 지배하게 되었죠. 이쯤에서 13세기 중반의 몽골 제국 영토를 볼까요?

원 말고도 몽골 제국에 속한 나라들이 많았는데, 이런 나라를 '한국[汗國]'이라 불렀어요. 훌라구가 바그다드에 세운 나라가 바로 일한국이었지요? 러시아와 동유럽에는 킵차크한국이 건설되었어요. 중앙아시아에는 차가타이한국이 있었지요. 이 모든 나라의 '큰형님'

이 바로 원이었어요. 나머지 나라들은 원의 '동생 나라'
였어요. 부족이나 국가를 뜻하는 몽골어 '울루스'를 사
용해 영역을 구분하기도 해요. 그 울루스를 건설한 인
물이나 가문의 이름을 앞에 붙이지요. 이 경우 일한국
은 훌라구 울루스, 킵차크한국은 주치 울루스, 차가타
이한국은 차가타이 울루스라 부른답니다.

전쟁터의 몽골 병사들

　이렇게 해서 몽골 제국은 동쪽의 만주에서 서쪽의 동유럽 폴란
드와 헝가리 국경까지를 지배했어요. 세계 최대의 제국을 건설한
것이지요. 몽골이 이처럼 거대한 제국을 건설할 수 있었던 비결은
무엇이었을까요?

　무엇보다 뛰어난 몽골 부대에 성공의 비결이 있었어요. 칭기즈
칸은 몽골의 각 부족별로 편성되어 있던 부대를 해체시켰어요. 그
러고 나서는 10명, 100명, 1,000명 단위로 다시 군사 조직을 만들
었지요. 이를 천호제라 불렀는데, 각 부대는 지휘관의 명령에 따라
신속하게 움직였어요.

　몽골 병사들의 기동력도 뛰어났어요. 몽골 병사들은 두세 마리
의 말을 한꺼번에 끌고 다녔어요. 한 마리가 지치거나 다치면 다른
말로 갈아탔지요. 그러니 어디로든 신속하게 움직일 수 있었어요.
뿐만 아니라 몽골 병사들은 고삐를 잡지 않고 말을 탈 수 있었어요.
말 위에서 몸을 뒤로 돌려 화살을 쏘는 몽골 병사들의 모습은 적들
을 아주 당황하게 만들었지요.

원은 왜 100여 년 만에 멸망했을까?
└동서 교류의 확대와 개방적인 원의 문화

몽골은 세계 제국을 건설한 덕분에 육상은 물론 해상의 동서 교통로를 모두 장악했어요. 우선 육상 교통을 볼까요? 몽골 제국은 큰형님인 원의 중앙 정부와 동생 나라들에 이르는 모든 구간에 약 40킬로미터마다 역참을 설치했어요. 상인, 관리, 여행가들이 이 역참에서 말을 교환하거나 하룻밤 잠을 청했지요. 이를 역참 제도라고 해요.

해상 교통도 무척 발달했어요. 덕분에 해외 무역에서 눈부신 발전이 이루어졌어요. 송의 수도였던 항저우를 비롯해 취안저우, 광저우 등의 도시를 국제 무역항으로 발전시켰어요. 이 도시에는 이슬람 상인은 물론이고 멀리 유럽의 상인까지 와서 교역을 했어요.

동서 교류에 기여한 교통로를 생각해 보세요. 대표적인 게 초원길, 비단길, 바닷길이에요. 이 세 가지 길이 몽골 제국 시절에 모두 뻥뻥 뚫렸어요. 그러니 그 어느 때보다 동서 교류가 활발할 수밖에 없죠.

어떤 품목이 거래됐을까요? 금이나 은, 비단, 자기 등 여러 상품이 거래됐어요. 송대의 발명품인 화약, 나침반, 인쇄술이 이 무렵에 이슬람 세계를 거쳐 서양으로 전해졌어요. 반면 이슬람 세계에서 특히 발달한 천문학과 역법, 의학, 수학이 중국으로 수입됐어요. 이때 수입된 역법을 이용해 중국에서 수시력이라는 달력을 만들기도 했죠.

내부 교류와 동서 교류가 모두 활발해지면서 화폐 사용량이 늘었어요. 송대에도 지폐가 사용되었어요. 바로 교자라는 지폐였죠. 원에서는 '교초'라는 지폐가 사용되었답니다.

이처럼 전 세계의 문화가 서로 어울렸으니 원의 문화는 상당히 개방적이고 국제적이었어요. 실제로 크리스트교와 이슬람교, 라마교를 비롯해 전 세계의 다양한 종교들이 중국에 유입되었어요. 선교사 카르피니를 비롯한 많은 모험가들이 원을 다녀갔어요. 아랍 여행가인 이븐바투타, 이탈리아 상인 마르코 폴로가 대표적이지요. 두 사람 모두 여행기를 썼는데, 특히 마르코 폴로의 《동방견문록》은 유럽을 발칵 뒤집어 놓았어요. 이 책이 유럽 세계에 전해진 후로 서양에서는 중국에 대한 관심이 더욱 커졌고, 훗날 서양이 중국으로 몰려드는 원인이 되기도 했죠.

이븐바투타

마르코 폴로

상업만 발전했을까요? 아니에요. 근대 이전까지만 해도 대부분의 국가에서 주요 산업은 농업이었어요. 그러니 원 정부도 농업을 장려했지요. 덕분에 농업과 상업 모두가 발전했어요. 이렇게 되면 서민들의 세상살이가 조금은 좋아져요. 그 결과 송대에 싹튼 서민 문화가 원대에 더욱 더 발전했어요.

노래와 연극을 합친 예술을 잡극이라고 하는데, 원대에는 이 잡극이 서민들 사이에 큰 인기를 끌었어요. 또 그전까지 말로만 전해져 내려오던 것들이 비로소 소설로 만들어져 큰 사랑을 받기도 했지요. 오늘날까지 수많은 사람이 읽고 있는《수호지》,《서유기》,《삼국지연의》같은 소설들의 원형이 이때 만들어졌답니다.

하지만 이토록 번영했던 원은 고작 100여 년 만에 멸망하고 말았어요. 이후 몽골 제국은 사실상 해체됐죠. 원은 어쩌다 그토록 빨리 멸망한 걸까요?

첫째, 세조 쿠빌라이가 죽자 왕위를 둘러싼 분쟁이 심해졌어요. 쿠빌라이 이후 70여 년 동안 황제에 올랐다가 사라진 인물만 10명이었어요. 한 황제의 통치 기간이 평균 7년 정도밖에 안 되는 거예요. 얼마나 권력 다툼이 심했는지 알겠지요?

둘째, 원은 자신들이 지배한 민족을 심하게 차별했어요. 문화가 개방적이고 국제적이었지만 정작 통치에 있어서는 몽골 제일주의를 내세웠던 거예요. 원은 몽골인을 가장 우대했고, 그 다음엔 서아시아나 중앙아시아, 유럽에서 온 외국인을 뜻하는 색목인*을 우대했어요. 반면 전체 인구의 90%가 훨씬 넘는 한족과 남인^{남송의 한족}은 심한 차별 속에 살아야 했지요. 송대까지만 해도 지배층이었던 사대부는 온갖 멸시에 시달렸고, 관직도 제대로 얻지 못했어요. 원은 또 정복지를 통치한다는 명목으로 행성을 설치하고 다루가치라는 관리를 파견했어요.

이러한 민족 차별에 반발해 14세기 중반부터 한족과 남인들의 농민 반란이 곳곳에서 일어났어요. 반란군 중에 특히 세력이 컸던

• **색목인** 色目人. 눈동자 색깔이 다르다 해서 붙여진 이름이다. 유럽과 서아시아, 중앙아시아 사람을 일컫는 명칭이다.

것이 홍건적이었어요. 머리에 붉은 수건을 둘러서 이런 이름이 붙었어요. 후한 말기의 반란군인 황건적과 이름이 비슷하지요? 혼동하지는 마세요.

★ 단원 정리 노트 ★

1. 당 이후의 중국 왕조

당 멸망

연속된 황제의 그릇된 정치와 이슬람 군대와의 전투에서 패배하는 등 국가가 흔들리는 가운데 지방 절도사들이 반란을 일으켰고, 결국 907년 절도사 중 한 사람인 주전충에 의해 황실이 쫓겨나며 당은 멸망했다.

⇩

5대 10국

중국 화베이 지방에서는 후량, 후당, 후진, 후한, 후주가 차례대로 일어났다. 중국의 중부와 남부에서는 오, 전촉, 형남, 초, 오월, 민, 남한, 후촉, 남당, 북한이 자웅을 겨루었다. 화베이 지방의 다섯 나라, 중부와 남부의 열 나라가 있었다 해서 이 시절을 '5대 10국'이라고 부른다.

⇩

송의 통일과 북방 민족의 공격

960년 한족인 조광윤이 중국을 통일하고 송을 건국했다. 하지만 불완전한 통일이었다. 화베이 지방 일대에서 세력을 키운 거란족(요)와 북서 지방의 탕구트족(서하)이 시시때때로 송을 공격했다. 문치주의를 표방하느라 군사력이 약했던 송은 두 나라에 공물을 바쳐서 달래야 했다.

⇩

금과 남송

거란족의 지배를 받던 여진족이 1115년 반란을 일으켜 금을 건국했고, 10년 뒤에 금은 요를 무너뜨렸다. 금 역시 송을 공격했다. 송은 남쪽으로 밀려나 '남송'을 세우고 명맥을 유지했다.

⇩

몽골의 세계 제패

1206년, 테무친이 몽골족을 통일했다. 테무친은 몽골 국가를 세우고 칭기즈 칸이 되었다. 몽골은 금을 공격해 멸망 직전까지 내몰았다. 결국 칭기즈 칸의 아들인 오고타이 칸에 의해 금은 멸망했다. 하지만 몽골은 중국보다는 서쪽으로 진출하는 것이 목적이어서 남송을 내버려 두었다. 서쪽으로 말을 달린 몽골 병사들은 동유럽까지 진출했다.

⇩

원 건국과 남송 멸망

몽골의 다섯 번째 황제인 쿠빌라이 칸은 마침내 남송을 멸망시키고, 나라 이름을 중국식인 '원'으로 바꾸었다. 이로써 중국 전역은 정복 왕조인 원에 의해 완전한 통일을 이루었다.

⇩

원 멸망과 명 건국

쿠빌라이 칸이 사망한 뒤 몽골 제국은 권력 다툼이 이어지면서 점점 기울기 시작했다. 몽골의 차별 정책에 불만이 컸던 한족이 반란을 일으켰다. 홍건적의 난이다. 홍건적을 이끈 주원장은 1368년 원을 무너뜨리고 명을 건국한다.

2. 송대 문화의 특징

① 전시라는 과거제를 도입하여 황제가 관리를 직접 선발하면서 관료에 대한 황제의 지배력이 강화되었다. 이때 형성된 관료 계층을 사대부라고 한다. 사대부들은 성리학 연구에 치중했다.

② 문인 관료를 우대하는 문치주의가 지나쳐서 군사력이 약해진 탓에 주변 유목 민족 국가의 공격을 받았다.

③ 창장강 하류 지역의 농지를 개간하고 농업 기술이 발전함으로써 농업 생산량이 크게 늘었다.

④ 농업 경제가 발달하자 인구가 크게 늘었고, 동시에 상공업이 발달했다. 상인과 수공업자들은 '행'과 '작'이라는 조합을 형성했고, 동전과 지폐 등의 화폐가 널리 사용되었다.

⑤ 경제가 좋아서 서민들이 여유를 가진 덕분에 서민 문화가 발달했다. 그리고 다른 나라와 활발히 교역하면서 개방적이고 국제적인 문화가 자리 잡았다. 송대의 서민 문화는 원까지 이어졌다.

9

동아시아 지역
질서의 변화
: 또다시 중국을 장악한 유목 민족

- 명이 남해 원정을 단행한 이유에 대해서 알아봅시다.
- 청의 건국 과정과 주변 나라에 미친 영향을 설명해 보세요.
- 명·청 시대의 세금 제도 및 문화의 변화에 대해 이야기해 보세요.
- 일본에서 무사 정치가 탄생한 배경을 알아보고 막부의 변화 과정을 살펴봅시다.

명이 해외 개척을 중단한 이유
└ 남해 원정과 명의 흥망

원의 한족 차별 정책에 반기를 들어 봉기한 홍건적을 이끈 지도자 중에 주원장이란 인물이 있었어요. 주원장은 여러 차례 위기를 맞았지만 모두 극복하고 마침내 원을 멸망시키는 데 성공했어요. 이윽고 금릉^{지금의 장쑤성 난징}에 수도를 두고 나라를 세웠는데, 바로 명이에요^{1368년}. 명의 태조 홍무제 주원장은 이어 원의 수도인 대도^{베이징}로 진격해 남아 있던 몽골족을 몰아냈어요. 이로써 명은 중국 대륙을 차지했어요. 다시 한족이 중국의 주인이 된 거예요.

명 태조 주원장

새 나라를 세우면 으레 제도를 정비하기 마련이에요. 홍무제도 마찬가지였어요. 홍무제는 황제의 권력을 강화하기 위해 재상 제도를 폐지하고, 모든 관청을 황제 직속으로 두었어요. 모든 통치를 황제가 직접 하겠다는 뜻이지요. 홍무제는 나라를 함께 세운 개국 공신들도 모두 숙청했어요. 통치에 저항하는 세력이나 반대파를 제거하기 위해 비밀경찰을 두기도 했어요. 쉽게 말해 황제가 모든 권력을 독차지함으로써 독재 정치를 한 것이에요.

홍무제는 지방까지도 모두 장악하려 했어요. 각 마을마다 110개의 집을 한 모둠으로 만들었어요. 110호 중에서 부유한 순으로 10호까지를 이장으로 삼고, 나머지 100호는 갑이라 불렀어요. 이장은 갑에게서 세금을 걷는 일을 했어요. 이렇게 해서 향촌의 구석구석까지 통치가 미치게 했지요. 이 제도를 '이갑제'라 불러요. 홍무제는 세금을 제대로 걷기 위해 토지 대장과 호적 대장도 만들었어요.

홍무제는 백성의 일상생활도 장악하려 했어요. 백성을 가르치기 위한 여섯 가지의 가르침이란 뜻의 육유를 반포하기도 했죠. 부모에게 효도하고, 웃어른을 공경하며, 이웃과 화목하게 지내라는 내용, 자식을 잘 교육시키고, 자신의 생업을 열심히 하며, 나쁜 짓을 하지 말라는 내용이 들어 있었어요.

홍무제가 이처럼 모든 제도를 정비한 까닭은 몽골의 흔적을 지우

중국 베이징의 자금성

기 위해서였어요. 홍무제는 몽골족의 풍습을 없애고 유교를 바탕으로 한 한족의 문화를 되살리려고 했답니다.

명은 홍무제의 넷째 아들로 황제가 된 3대 영락제 시절에 전성기를 맞았어요. 오늘날 중국의 수도는 베이징이에요. 베이징에 가면 세계 최대 규모의 궁궐이 있지요. 바로 자금성입니다. 자금성은 동서로 750미터, 남북으로 960미터에 이르러요. 그 안에는 건물만 800채가 있고 방은 9,000개가 넘습니다. 영락제는 이 자금성을 만들고 수도를 베이징으로 옮겼어요[1421년].

새로운 수도를 건설한 뒤 영락제는 적극적으로 팽창 정책을 추진했어요. 직접 군대를 이끌고 북쪽으로 쫓겨 간 몽골을 공격하기도 했죠. 한때 베트남을 정복하기도 했어요. 이런 군사적 업적도 있지만 영락제 시절 가장 기억할 만한 일은 따로 있어요. 바로 남해 원정이라는 대규모 항해를 한 거예요[1405년].

정화의 함대가 아프리카에서 데려온 기린

남해 원정 함대의 사령관은 정화였어요. 정화는 28년간 7회에 걸쳐 항해를 했어요. 정화의 함대는 처음에는 동남아시아를 지나 인도까지 항해했어요. 인도 캘리컷의 왕에게는 영락제의 편지도 전했지요. 4차 항해 때는 아라비아해를 지나 호르무즈까지 갔어요. 이때 본대가 따로 보낸 파견대는 멀리 아프리카 동부 말린디까지 항해했죠. 함대는 귀국하면서 진귀한 동물인 기린을 선물로 받기도 했어요.

영락제는 왜 이 항해를 명한 것일까요? 세계에 명의 국력을 과시하기 위해서였어요. 실제로 정화는 동남아시아와 서아시아 왕국들에게 "명에 조공을 바쳐라."라고 요구했어요. 그 결과 30여 개 국가가 명에 조공을 바쳤지요.

남해 원정은 서양의 신항로 개척 시대보다 앞서 단행되었어요. 만약 명이 바닷길을 계속 개척했더라면 그 이후의 역사는 달라졌을지도 몰라요. 하지만 영락제가 죽자 남해 원정은 중단되었어요. 뿐만 아니라 해외 무역을 제한하는 해금 정책을 실시했어요. 명이 왜 이런 조치를 취한 걸까요?

홍무제가 그랬듯이 명은 한족 문화를 부흥시키기 위해 많은 노력을 했어요. 그중 하나가 상업을 억제하고 농업을 장려하는 것이었어요. 상업은 몽골의 문화이고, 농업은 한족의 문화라고 여겼던 거지요. 바로 이런 점 때문에 해외 원정이 중단된 거예요.

이제 명의 종말을 살펴볼까요?

명은 16세기 이후 쇠퇴했어요. 지배층의 권력 다툼이 다시 시작된 데다 임진왜란이 터져 조선에 군대를 파견하느라 국가 재정을 많이 축냈기 때문이에요. 북쪽에서는 여진족이 호시탐탐 명을 노렸고, 남쪽에서는 왜구가 약탈을 하고 있었지요.

물론 개혁을 시도했어요. 명의 초기에 시행했던 이갑제가 별 효과를 보지 못하자 세금 제도도 고쳐 봤어요. 모든 세금을 토지와 사람, 둘로 통일했어요. 토지에는 토지세를 매겼고 사람에게는 1인당 세금인 인두세를 매겼지요. 이 새로운 세금 제도를 일조편법이라고 해요. 하지만 여러 개혁이 별 효과를 거두지 못했어요. 국가 재정이 어려워지자 황실과 정부는 재정을 충당하기 위해 무리하게 세금을 거두었어요. 결국 농민들의 반란이 시작되었고, 명은 그 위기를 넘기지 못했어요. 17세기 중반 이자성이 이끈 농민군은 명의 수도 베이징을 점령했어요. 이로써 명은 멸망하고 말았지요.^{1644년}.

관료 월급을 은으로 준 이유는?
└명의 대외 교류와 경제·문화

명이 남해 원정을 단행한 이유가 뭐였죠? 국력을 과시하기 위해서였어요. 명은 중국이 천하의 중심이라고 여겼어요. 주변 민족과 국가는 한낱 오랑캐로 여겼죠. 이런 사상을 화이사상이라고 해요.

명은 화이사상을 바탕으로 주변 국가들과 조공* · 책봉* 외교를 시행했어요. 명에 조공하는 나라에 대해서는 감합이라는 무역 허가증을 주었죠. 이런 허가증을 받아 가면서까지 명과 무역을 해야 하느냐고요? 당시 명은 최대 강국이었고, 수많은 물자가 유통되고 있었어요. 그러니 명과 무역을 하지 않을 수가 없었고, 조공과 책봉 외교를 받아들여야 했던 거죠.

남해 원정이 중단된 것은 농업을 중시했기 때문이라고 했죠? 그러니 명대에는 농업이 크게 발전했어요. 창장강 중류와 상류 지방은 여전히 쌀을 많이 생산했고, 전국에서 최고의 쌀 중심지가 되었어요. 쌀 이외에 고구마, 옥수수, 담배, 감자, 고추 같은 작물을 새로 재배하기도 했어요. 정부가 이처럼 농업을 우선적으로 육성하는 정책을 폈지만 상업과 수공업 또한 발달했어요. 시대의 흐름을 막을 수는 없으니까요. 창장강 하류 지방은 비단의 수공업 중심지로 떠올랐어요. 면직물이나 도자기를 만드는 공장도 생겨났죠. 지역별로 전문 생산품이 만들어졌어요. 이런 상품의 거래가 활발해지면서 대상인도 속속 등장했습니다.

명 말기에는 외국과의 교류도 다시 늘었어요. 유럽이 신항로 개척 시대를 열면서 전 세계적으로 무역이 발달했거든요. 그전에는 감합이란 무역 허가증을 가진 나라와만 교류했죠? 그러니까 민간 대외 무역은 사실상 금지했던 거예요. 16세기 후반에는 이런 해금 정책을 완화하고 일부 항구를 개항했어요.

• **조공** 작은 나라가 큰 나라에게 바치는 예물 또는 그 일
• **책봉** 큰 나라의 황제나 왕이 종속국이나 작은 나라의 왕에게 왕위를 내리는 일

중국이 문을 열자 서양 상인들이 먼저 몰려왔어요. 서양 상인들은 도자기와 비단, 차를 사 가지고 갔어요. 이때 상인들은 무역 대금을 은으로 결제했어요. 그 결과 중국의 은 유통량이 크게 증가했고, 나중에는 은을 화폐로까지 쓰게 되었습니다. 명 정부는 관료 월급을 은으로 주었고, 세금도 은으로 받았어요.

이탈리아 선교사 마테오 리치와 명의 정치가이자 학자 서광계. 서광계는 크리스트교도가 된다.

상인 다음으로는 크리스트교를 전파하기 위해 예수회 선교사들이 중국으로 들어왔어요. 선교사들은 서양의 과학 기술과 학문을 중국에 소개했어요. 대포를 만드는 법이나 천문, 지리, 역법 같은 학문이 이때 중국에 전해졌지요. 마테오 리치가 제작한 〈곤여만국전도〉가 대표적인 사례예요. 이 지도는 중국 최초의 세계 지도랍니다. 명 말의 학자 서광계는 유클리드의 《기하원본》을 번역하기도 했어요.

송대에는 성리학이 발전했지요? 하지만 원대에 성리학은 사실상 무너졌어요. 사대부들도 핍박을 받았지요. 명 정부는 다시 성리학을 장려했어요. 이 또한 한족의 전통을 되살리기 위해서였어요. 하지만 시간이 지나면서 성리학이 이론과 형식에 집착하는 부작용이 나타났어요. 그러자 경전을 연구하는 것도 좋지만 그보다는 개인의 깨달음과 실천이 더 중요하다는 학문이 나타났어요. 그게 바로 왕수인^{왕양명}이 집대성한 양명학이에요. 명대 중기 이후로는 이 양명학이 발달했답니다.

명에서는 정부가 주도해 편찬 사업을 벌이기도 했어요. 훌륭하고 중요한 문장을 추려서 만든 《영락대전》, 성리학 내용을 집대성한 《사서대전》이나 《성리대전》 같은 책이 편찬되었지요. 이와 별도로 서광계는 농법을 정리한 《농정전서》를 썼답니다.

서민 문화는 송, 원에 이어 명대에도 꾸준히 발달했어요. 《삼국지연의》, 《서유기》, 《수호지》 등의 소설과 희곡이 서민들로부터 큰 사랑을 받았어요.

송대에 사회를 주도했던 신분은 사대부였어요. 원대에는 몽골족이 그 지위를 차지했지요. 명대에는 신사라는 새로운 지배층이 등장했어요. 이들은 사대부의 후예라고 할 수 있어요. 원대에 몽골족의 지배를 피해 지방으로 내려가 세력을 키웠다가 한족 왕조가 되살아나자 중앙 정계로 진출했거든요. 관리가 되지 않은 신사들은 그대로 지방에 남아 향촌을 지배했지요. 신사들은 명대에 이어 청대에도 사회를 주도한답니다.

오늘날의 중국 영토는 언제 확정됐을까?
└청의 건국과 발전

명에 이어 중국을 지배한 왕조는 청이에요. 이어서 청의 역사를 살펴볼까요?

한반도의 북부, 그러니까 만주에는 오래전부터 여진족이 살고 있었어요. 명이 강력했을 때 여진족은 힘을 발휘하지 못했어요. 여러 부족이 만주 여기저기에 흩어져 살고 있었죠. 명은 17세기 초반부터 약해지기 시작했어요. 여진족으로서는 통일 왕국을 건설할 좋은 기회였죠. 실제로 이 무렵 여진족 사이에 통일 분위기가 무르익기 시작했어요. 마침내 누르하치라는 영웅이 나타나 여진족을 통일하고 후금을 세웠죠[1616년].

후금은 과거 금의 영광을 잇겠다는 뜻으로 지은 이름이에요. 같은 여진족이지만 이때의 여진족은 만주에서 일어났다고 해서 만주족이라 불러요. 후금의 군사력은 막강했어요. 후금 군대를 팔기군이라 불렀어요. 여덟 개로 나뉜 부대가 각각의 깃발을 사용하기 때문에 이런 이름이 붙었지요. 몽골이 천호제를 통해 군대를 강화했다면 후금은 팔기군을 통해 군사력을 키운 거예요.

후금 태조 누르하치는 곧바로 명을 쳤어요. 하지만 명을 정복하지 못했고, 전쟁 도중에 죽고 말았어요. 이어 누르하치의 아들 16명 중 8번째인 홍타이지가 2대 태종에 올랐어요. 태종은 몽골을 정복해 영토를 넓혔어요. 이어 나라 이름을 청으로 바꾸었어요[1636년].

바로 이 해에 청이 조선을 침략했어요. 우리에게는 병자호란으로 알려진 바로 그 전쟁이지요. 이때까지만 해도 청이 중국 전체를 차지하지는 못했어요. 그럴 기회가 곧 찾아왔죠. 얼마 후 명에서 대형 반란이 일어났거든요. 바로 이자성의 난이었지요. 이 난

청 태종 홍타이지

으로 명이 멸망했다는 이야기는 이미 했죠? 명의 수도인 베이징은 무정부 상태가 되었어요. 이 틈을 타서 청의 군대가 베이징으로 진격했어요. 결국 베이징을 차지하면서 중국은 청의 시대로 접어들게 되었지요.

청은 대체로 명의 제도를 이어받았어요. 청은 정복 왕조였지만 한족의 문화를 존중했고, 한족을 관리로 등용했어요. 고대 중국부터 전해 내려오는 서적들을 총망라한 《사고전서》를 10여 년에 걸쳐 제작하기도 했지요.

그렇다고 해서 만주족의 문화를 버린 것은 아니었어요. 때로는 한족에게 만주족의 문화를 강요하기도 했어요. 한족에게도 앞머리와 옆머리를 깎고 뒷머리만 남기는 변발을 하도록 한 것이 대표적 사례예요. 또한 만주족이나 청을 비판하는 책은 모조리 압수하고 출판하지 못하도록 했어요. 쉽게 말하자면 회유 정책과 강압 정책을 적절히 섞어 쓴 거예요.

세금 제도는 명의 일조편법에서 약간 바뀌었어요. 은으로 세금을 낸 점은 같지만, 세금을 부과하는 방식을 달리했지요. 명대에는 사람과 토지로 나누어 인두세와 토지세를 내도록 했지요? 청대에는 인두세를 토지세에 합쳤어요. 가난한 사람이 많아서 세금을 걷기가 어려워졌으니 따로 인두세를 걷지 않도록 한 거지요. 세금 제도가 훨씬 간편해졌지요? 이를 지정은 제도라고 해요.

청은 4~6대 황제인 강희제, 옹정제, 건륭제가 통치한 130여 년간, 그러니까 17세기 중반부터 18세기 후반까지가 최고의 전성기였어요.

강희제는 이미 말한 지정은 제도를 도입한 황제예요. 이것 말고도 여러 제도를 정비했죠. 러시아와 네르친스크 조약을 맺어 국경을 확정하기도 했어요[1689년]. 이 네르친스크 조약은 중국이 체결한 최초의 국제 조약이랍니다.

강희제는 타이완을 정복하기도 했어요. 그의 뒤를 이은 옹정제는 태평성대의 정치를 하면서도 군기처라는 기구를 설치해 황제의 권력을 강화했죠. 특히 건륭제 때 청의 영토가 크게 늘어났어요. 건륭제는 정복 전쟁을 벌여 몽골, 만주, 티베트로 영토를 넓혔죠. 오늘날의 중국 영토가 이 건륭제 때의 영토와 거의 일치해요. 네. 오늘날 중국 영토가 이때 거의 확정된 거예요.

일단 청의 역사는 여기까지만 다룰게요. 19세기경부터 청은 유럽 국가들의 침탈로 곤욕을 치른답니다. 청의 전성기도 끝이 난 거지요.

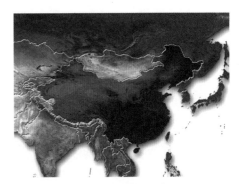

오늘날의 중국 영토

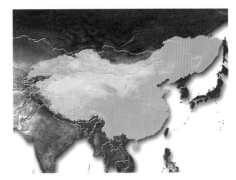

18세기 중반 건륭제 때 청의 영토

청이 공행 제도를 도입한 까닭은?
└청의 대외 교류와 경제·문화

명은 한족이 세계의 중심, 즉 중화이며 주변 민족과 국가는 오랑 캐라고 여겼어요. 이를 화이사상이라고 한다고 했죠? 청의 시대가 되면서 이 사상이 갈 데가 없어졌어요. 청은 만주족이 지배하는 나 라였으니까요. 화이사상에 따르면 오랑캐인 만주족이 중화^{中華. '세상의} 중심이 되는 문명국가'를 뜻함 한족을 지배하는 일은 일어날 수가 없어요. 하지 만 현실적으로 그런 일이 일어나고 말았어요.

당연히 화이사상에 변화가 생길 수밖에 없어요. 한족의 명이 멸 망했으니 새로운 세계의 중심이 필요해졌으니까요. 조선의 성리학 자들은 명이 멸망했으니 이제 조선이 중화의 역할을 맡아야 한다 고 생각했어요. 이런 사상을 소^小중화주의라고 해요. 그러니까 이 제 조선이 세계의 중심이 되는 거죠. 일본에서도 비슷한 현상이 나 타났어요. 중화와 오랑캐가 뒤바뀌었고 일본이 이제 중화가 됐다 는 거죠.

청의 대외 정책을 마저 살펴볼게요.

청도 명이 그랬던 것처럼 처음에는 해외 무역을 제한하는 해금 정책을 실시했어요. 하지만 서양 상인들이 집요하게 개항을 요구하 자 고민하기 시작했어요. 결국 17세기 후반에 4개 항구를 개방했어 요. 명대에는 항구에 시박사를 두어 해외 무역을 관리했어요. 청대에는 해관을 설치해 해외 무역을 관리하도록 했지요.

해외 교류가 활발해지면서 부작용도 생겼어요. 크리스트교 선교 사들이 중국의 미풍양속을 해친다는 비판이 나왔지요. 사실 가장 먼저 중국에서 선교 활동을 했던 예수회는 중국인의 예법을 존중했어요. 그러니 큰 충돌이 없었지요. 하지만 그 이후에 중국으로 들어간 선교사들은 중국의 풍속을 비판하며 천주, 즉 예수만 섬기라고 강요했어요. 그러자 18세기 중반에 청 정부는 크리스트교 선교사를 모두 추방했어요. 나아가 광저우를 뺀 모든 항구를 닫아 버렸어요. 또한 외국 상인과 교역할 수 있는 사람도 정부의 특허를 받은 상인인 공행에게만 허용했지요.

그렇다고 해서 모든 교역이 중단된 것은 아니었어요. 원근법을 사용한 서양 회화 기법이 청으로 수입되었고, 청의 도자기, 비단, 가구, 정원 만드는 법이 유럽으로 전파되어 큰 인기를 끌었지요.

이미 말한 대로 청의 영토는 상당히 넓어졌어요. 인구도 크게 늘었죠. 경제가 발달하면서 대형 상업 도시들도 생겨났어요. 경제가 발전하면서 서민 문화도 덩달아 발달했어요. 노래와 춤, 연기를 종합한 경극이라는 대중 오락이 크게 성행했어요. 《삼국지연의》, 《수호지》 같은 문학 작품은 여전히 인기를 누렸어요. 또 구어체 소설인 《홍루몽》도 등장해 인기를 끌었어요.

▲ 중국의 장편 소설 《홍루몽》의 장면을 표현한 그림

성리학은 크게 발전하지 못했어요. 세계가 급변하고 있었기 때문에 이론과 형식을 중요하게 여기는 성리학은 더 이상 학자들의 관심을 끌지 못했어요. 명대에는 실천을 중요하게 여기는 양명학이 발달했지요? 청대에는 여기에서 더 나아가 실제 입증할 수 있어야 학문이라 여기는 고증학이 발달했답니다. 이 고증학은 조선에도 전파되어 실학의 한 분야로 발전했어요. 청대에 출판된 서적으로는 《사고전서》가 대표적이에요. 아 참, 명대에 지배층으로 떠오른 세력이 누구였죠? 신사였어요. 신사는 명이 멸망한 후에도 청 왕조와 좋은 관계를 유지하며 건재했답니다.

일본이 임진왜란을 일으킨 까닭은?
└ 일본, 무사 정권 시대 성립

이제 한반도와 일본의 역사를 살펴볼게요. 우리 역사에 대해서는 앞에서 남북국 시대남쪽의 통일 신라와 북쪽의 발해까지 짚어 봤어요. 그 다음에는 어떻게 됐을까요?

10세기 초 왕건이 고려를 세운 뒤 후백제와 신라를 모두 꺾고 한반도를 다시 통일했어요936년. 고려 시대에는 북방 민족과 많은 전쟁을 치렀어요. 처음에는 거란·여진족과 싸웠는데 13세기에는 몽골의 침략을 받았고, 이어 한동안 몽골의 간섭을 받아야 했지요.

14세기 말 이성계가 등장해 신진 사대부와 함께 고려를 무너뜨리고 조선을 건국했어요[1392년]. 조선은 성리학을 통치 이념으로 삼아 기반을 다졌어요. 그러다가 16세기에 임진왜란이 일어나면서 전국이 전쟁터로 변했죠.

일본은 어떻게 변했을까요? 8세기 말 헤이안 시대에 무사들이 성장하기 시작했답니다. 이럴 수밖에 없는 이유가 있어요. 당시 지방에서는 호족들이 서로 싸우고 있었어요. 그들은 자기 재산을 보호하기 위해 무사를 고용했죠.

중앙 정부에서는 왕과 상왕 사이에 극심한 권력 다툼이 벌어졌어요. 상왕은 바로 직전의 왕인데, 은퇴한 후에도 권력을 놓지 않으니까 이런 싸움이 벌어진 거죠. 왕과 상왕이 각각 무사 집단을 고용하면서 이들이 중앙 정계에 발을 들여놓았어요. 이후 무사들은 권력을 장악하고, 자기들끼리 싸우기 시작했어요.

12세기 말에 미나모토노 요리토모라는 무사가 모든 권력을 장악했어요. 왕은 그에게 장군이란 뜻의 쇼군 칭호를 내렸어요. 왕은 허수아비가 됐어요. 각 지방의 영주와 무사들은 모두 쇼군의 지배를 받았죠. 중세 유럽의 봉건제와 비슷한, 일본만의 특이한 봉건제가 시작된 거예요.

미나모토노 요리토모는 가마쿠라에 막부를 설치하고, 그곳에서 정치를 했어요. 그래서 이 정부를 가마쿠라 막부라고 해요[1185년]. 일본에 처음으로 무사 정권이 들어선 건데,

미나모토노 요리토모

비슷한 시기에 고려에도 무신 정권이 들어섰어요. 흥미롭지요?

가마쿠라 막부 시절에 두 차례 몽골의 공격을 막아 냈어요. 사실 태풍이 부는 바람에 일본 정벌이 실패한 것이지만 어쨌든 일본이 승리했어요. 참고로 이때의 태풍을 일본에서는 '신의 바람', 즉 '신풍가미카제'이라 불렀어요. 그러면서 가미카제가 일본을 보호한다는 신국 사상이 등장해 일본인들 사이에 퍼져 나갔지요.

자신들의 승리라고 주장하지만 이 전쟁으로 입은 일본의 피해도 컸어요. 원과 고려 연합군을 막느라 국가 재정을 다 썼거든요. 결국 반란이 일어났고, 가마쿠라 막부는 무너지고 말았어요. 새로운 쇼군이 등장해 무로마치에 막부를 열었지요. 이렇게 해서 무로마치 막부의 시대가 열렸어요.[1336년]

무로마치 막부는 명과 조공 관계를 맺었고, 일본 국왕 칭호까지 받았어요. 조선과도 자주 교류를 했지요. 이렇게 노력했지만 정치는 아주 혼란스러웠어요.

15세기 이후 일본에서는 지방의 영주들이 영토를 넓히기 위해 다른 영주와 수시로 전쟁을 벌였어요. 쇼군의 후계자 자리를 놓고도 싸움이 벌어졌지요. 누가 일본을 차지하게 될까요? 한 치 앞을 내다볼 수 없을 정도로 혼란했던 이 시기를 전국 시대라고 해요. 전국 시대는 100년 넘게 계속되었답니다. 이 무렵 포르투갈 상인이 조총을 일본에 전파했어요. 크리스트교를 비롯해 각종 서양 문물도 많이 수입되었지요. 혼란 속에서도 교류가 이루어진 셈이에요.

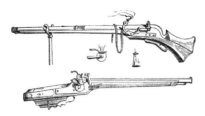

포르투갈이 일본에 전파한 조총(화승총)

16세기 말 도요토미 히데요시가 일본을 통일하고 전국 시대를 끝냈어요.[1590년] 도요토미 히데요시는 무사와 농민을 엄격히 구분했어요. 무사가 지배층, 농민이 피지배층이라는 신분제를 다시 확립한 거예요. 하지만 도요토미 히데요시의 지배를 받아들이지 않으려는 무사들이 여전히 많았어요. 도요토미 히데요시는 그 무사들의 불만을 밖에서 터뜨리도록 하려고 임진왜란을 일으켰어요.[1592년]

임진왜란의 결과는 이미 다 알고 있는 대로 일본이 패했어요. 하지만 이 전쟁이 동아시아 전체에 미친 영향이 상당히 컸답니다. 일단 명이 멸망했어요. 전쟁 기간 중에 조선에 지원군을 보내느라 국력이 약해진 거죠. 이 틈을 타서 만주족이 세력을 키워 후금을 건국했어요. 후금은 나라 이름을 곧 청으로 바꾸었고 조선을 침략했어요. 이후 청은 중국을 장악했고, 청[후금]과 명 사이에서 중립 외교를 펼치려던 조선의 광해군은 왕위에서 쫓겨났어요. 상당히 변화가 크지요?

일본이 네덜란드에만 항구를 개방한 까닭은?
└ 에도 막부의 성립과 발전

일본에서도 큰 변화가 나타났어요. 임진왜란에서 참패한 일본은 어수선해졌어요. 그 틈을 노려 도쿠가와 이에야스가 도요토미 히데요시 정권을 무너뜨리고 에도 막부를 세웠어요[1603년]. 중국에선 왕조가 바뀌었고 조선과 일본에서는 정권이 바뀐 셈이죠.

이 에도 막부는 최후의 무사 정권이었어요. 에도 막부 시절 일본은 여러 분야에서 눈부시게 발전한답니다. 우선 그전의 막부와 달리 체계적인 통치 구조를 만들었어요. 쇼군은 중앙의 수도와 쇼군이 소유한 지역만 다스렸어요. 지방의 토지는 그 지역의 다이묘^{영주}에게 영지로 내주어 다스리도록 했지요. 쇼군은 영주를 거의 간섭하지 않았어요. 독립적인 지위를 보장해 준 거예요.

다이묘의 가족과 식솔들이 일정 기간 머물렀던 에도(도쿄)의 저택 밀집 지역

일본만의 독특한 봉건제에서 조금 달라진 것 같죠? 중세 유럽의 봉건제와 비슷해 보일 수도 있어요. 하지만 쇼군이 영주를 강력하게 통제했기 때문에 사실상 중앙 집권 체제에 더 가까워요. 그래서 중앙 집권적 봉건 체제라고 부르기도 한답니다. 실제로 에도 막부는 회유 정책과 함께 강압 정책도 썼어요. 다이묘의 아내와 자식을 에도에서 살게 했거든요. 가족을 인질로 잡아 두면 지방의 다이묘가 반란을 일으키지 못할 거라 판단한 거지요. 이것을 산킨코타이 제도라고 해요.

에도 시대에는 이미 말한 대로 경제가 크게 발달했어요. 농업 분야에서도 마찬가지였어요. 황무지를 개간하고 곡식의 품종을 개량한 덕분이지요. 농업 생산량이 늘어나니 상업, 수공업, 광업이 덩달아 발전했어요. 상업 도시도 잇달아 등장했어요. 대표적인 곳이 에도^{오늘날의 도쿄}와 오사카이지요.

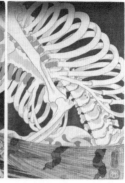

일본에서 발생한 독특한 회화 양식으로 그린 우키요에. 네덜란드 출신 화가 반 고흐는 우키요에를 좋아한 나머지 일본을 이상 향으로 여겼다.

경제력이 좋아지니 상공인 계급이 성장하고 서민 문화가 발전했 어요. 도시의 상공업자들을 조닌이라 불렀어요. 그래서 이들이 중 심이 된 문화를 조닌 문화라고 해요. 이들은 문화를 꽤나 즐겼어요. 색깔이 입혀진 채색 판화인 우키요에, 일본의 전통 연극인 가부키 를 특히 즐겼어요. 이 문화는 모두 에도 시대에 시작한 거랍니다.

18세기 후반에는 꽃꽂이, 정원, 도자기 등 일본의 고유문화를 되 살리자는 국학 운동이 일어나기도 했어요. 나중에 에도 막부를 타 도하자는 투쟁이 일어나는데, 그 투쟁을 주도했던 사람들이 이 국 학 운동의 정신을 계승한 이들이었어요.

일본은 서양 세력과 교류를 많이 했을까요? 사실 일본은 이미 전 국 시대 때인 15세기부터 조총 기술을 도입하는 등 서양 상인과 교 역을 했어요. 하지만 에도 막부 초기에는 중국의 명·청 정부가 그 랬던 것처럼 해외 무역을 통제하는 해금 정책을 시행했어요. 서양 문물과 크리스트교가 유입되면서 일본의 정치 체제가 위험에 빠질 수 있다고 판단한 것이지요.

그 대신 조선과는 다시 교류하기 시작했어요. 임진왜란으로 중단됐던 두 나라의 관계가 다시 개선된 거지요. 이때 조선은 통신사를 보내 일본에 선진 문물을 전파했어요. 또 한 가지. 일본이 모든 서양 국가에 문을 닫은 건 아니었어요. 네덜란드와는 우호적인 관계를 이어 나갔어요. 네덜란드는 다른 유럽 국가들과 달리 종교나 정치 체제 이야기를 하지 않고 무역에만 전념했거든요.

에도 막부는 나가사키를 개방하고 그곳에서 네덜란드와 무역을 했어요. 서양의 의학이나 천문학, 대포 기술 등도 네덜란드를 통해 적극 수입했죠. 일본에서는 네덜란드를 '화란', 네덜란드로부터 받아들인 학문과 기술을 '난학'이라고 했어요. 이때부터 일본에서 난학이 크게 발달했답니다.

일본도 중국과 마찬가지로 19세기 들어 큰 변화를 겪게 된답니다. 서양 세력이 강제로 일본의 문을 열지요. 그 후 일본은 어떻게 될까요?

★ 단원 정리 노트 ★

1. 명의 남해 원정과 해금 정책

① 화이사상 : 화(華)는 중국의 한족을 뜻하고 이(夷)는 오랑캐를 뜻하는데, 중국의 한
족은 자신들 외의 다른 민족은 모두 야만인으로 여겼다. 화이사상을 중화사상이라고
도 하는데, 중화(中華)는 '중심에 있는 문화인'이라는 뜻이다.

② 남해 원정 : 명의 3대 황제 영락제는 명의 국력을 과시하기 위해 정화로 하여금 해외
원정을 떠나도록 했다. 정화의 함대는 멀리 아프리카까지 진출했다. 명은 남해 원정
을 통해 중국 주변에 있는 30여 개 나라로부터 조공을 받았다.

③ 해금 정책 : 영락제가 죽은 뒤 남해 원정이 중단되었다. 명은 금과 원의 지배를 받는
동안 훼손된 한족 문화를 되살리기 위해 노력했는데, 무역과 상업은 오랑캐의 문화라
고 배척하고 농업을 중시했기 때문이다.

2. 명의 멸망 과정과 청의 중국 지배

① 1368년 홍건적을 이끈 주원장이 원을 무너뜨리고 명을 건국했다. 이로써 중국에 다
시 한족 왕조가 들어섰다.

② 임진왜란(1592년) 때 조선에 지원군을 보내면서 명은 국가 재정이 파탄나자, 황실
과 정부는 국가 재정을 충당하기 위해 무리하게 세금을 거두었다. 이에 농민들 사이
에 불만이 점점 커졌다.

③ 과거에 금을 세웠던 여진족의 후예 만주족이 부족을 통합하여 1616년에 후금을 건
국했다.

④ 후금은 중국에 남아 있는 몽골족을 내쫓아 영토를 넓힌 뒤에 1636년 나라 이름을 청으로 고쳤다.

⑤ 1644년 이자성의 난으로 명이 멸망하고, 수도인 베이징은 무정부 상태가 되었다.

⑥ 청이 베이징을 함락함으로써 중국은 청의 지배하에 놓이게 되었다.

3, 송대 이후 중국의 지배 계층 변화

① 송-사대부 : 문치주의에 따라 등용된 문인 관리 (성리학)

② 원-몽골인 : 한족은 철저하게 차별되었음

③ 명-신사 : 송대의 사대부를 이은 문관과 학생, 향촌의 문인들 (양명학)

④ 청-신사 : 신사는 청 왕조와 좋은 관계를 유지함 (고증학)

4. 헤이안 시대 이후의 일본 역사 정리

헤이안 시대 종결과 가마쿠라 막부

1794년부터 1185년까지 이어진 '헤이안 시대'에 지방 귀족들이 사병을 육성하여 서로 싸우고, 왕실에서도 권력을 쟁탈하기 위해 무사를 고용했다. 이렇게 중앙으로 진출한 무사들 가운데 미노모토노 요리토모가 모든 권력을 장악하여 쇼군에 오르고 1185년에 가마쿠라 막부를 세운다.

⇩

무로마치 막부

중국의 원과 고려 연합군이 일본을 정벌하기 위해 나섰다가 때마침 닥친 태풍(신풍)으로 실패하지만, 일본 역시 공격을 막아 내면서 국가 재정이 어려워진다. 결국 반란이 일어나 가마쿠라 막부는 무너지고 새로운 쇼군이 나타나 1336년에 무로마치 막부를 연다.

⇩

전국 시대

상업 발전에 따라 지방의 다이묘들이 자치권을 요구하는 가운데 쇼군 계승 문제가 발생하자, 각 다이묘들 사이에 전쟁이 벌어진다. 1467년 오닌의 난으로 시작되어 1590년까지 이어진 이 혼란스러운 시기를 '전국 시대'라고 한다.

⇩

도요토미 히데요시의 일본 통일과 에도 막부 출범

1590년 도요토미 히데요시가 일본을 통일하고 전국 시대는 막을 내리지만, 반감을 품은 무사가 많았다. 이에 도요토미 히데요시는 무사들의 불만을 바깥으로 유도하기 위해 조선을 침략하는데, 이 전쟁이 '임진왜란'이다. 하지만 임진왜란은 일본의 패배로 끝난다. 어수선한 시기에 도쿠가와 이에야스가 도요토미 히데요시 정권을 무너뜨리고 1603년에 에도 막부를 연다.

10

서아시아와 북아프리카 지역 질서의 변화

: 이슬람 세계의 새 강자가 등장하다

- 셀주크 튀르크를 비롯해 여러 이슬람 왕조에 대해 이야기해 보세요.
- 오스만 제국이 유럽을 공략하는 과정에 대해 설명해 보세요.
- 오스만 제국의 문화와 관용 정책에 대해 알아봅시다.
- 무굴 제국의 탄생 과정과 인도 문화를 설명해 보세요.

터키의 나라 이름은 민족 이름에서 따왔다?

└이슬람 세계의 변화

자, 이슬람 세계를 좀 살펴볼까요? 지금은 대략 8~9세기예요. 이때 이슬람 세계의 중심은 어느 나라일까요?

바로 서아시아에 있는 아바스 왕조였어요. 아바스 왕조는 8세기 중반에 건국되었고, 13세기 중반에 멸망했어요. 물론 이 기간 내내 아바스 왕조가 번영했던 것은 아니에요. 11세기경에는 새로운 세력이 힘을 키워 아바스 왕조를 쥐락펴락했지요. 그 세력은 중앙아시아에서 온 셀주크 튀르크였어요.

셀주크 튀르크는 처음에 아바스 왕조의 용병 역할을 했어요. 그러다가 11세기 초반에 독립했고, 이후 빠른 속도로 성장했어요. 몽골 제국이 그랬던 것처럼 여러 지역에 셀주크 튀르크 왕국을 세웠지요. 그중 '큰형님' 역할은 이란에 세운 대* 셀주크 왕조가 맡았어요.

11세기 중반 셀주크 튀르크의 군대가 아바스 왕조의 수도 바그다드로 진격했어요. 주변의 시아파 왕조에게 시달리던 아바스 왕조 칼리프가 도움을 요청했기 때문이에요. 셀주크 튀르크는 시아파 왕조를 몰아내고 바그다드를 점령했어요. 그러고는 스스로 이슬람의 보호자를 자처했지요^{1055년}.

아바스 왕조의 칼리프는 답례로 셀주크 튀르크의 왕에게 '술탄' 칭호를 내렸어요. 칼리프는 이슬람 세계의 정신적 지도자, 술탄은 정치적 지배자를 뜻해요. 보통은 술탄의 지위를 받으면 정치권력을 세습하는 왕조로 인정받았으니까 셀주크 튀르크가 이슬람 세계의 왕이 된 거예요. 아바스 왕조의 칼리프는 정신적 지도자일 뿐이니까요.

셀주크 튀르크는 전성기 때 중앙아시아의 사마르칸트에서 서아시아의 아라비아반도, 나아가 소아시아^{터키}까지 영토를 늘렸어요. 사실상의 이슬람 지배자답게 여러 지역의 이슬람 문화를 융합하고, 학문과 상업을 적극 장려하기도 했죠.

하지만 셀주크 튀르크는 크리스트교 세력과 지나치게 갈등을 벌였어요. 예루살렘을 정복한 후에 크리스트교도들의 성지 순례를 방해했고, 비잔티움 제국을 공격했죠. 심지어 비잔티움 제국의 황제를 붙잡아 처형하기도 했어요. 셀주크 튀르크의 이런 강경 정책은 유럽에 심각한 위협으로 여겨졌어요. 결국 로마 교황이 나서서 성전을 선포했지요. 그렇게 해서 시작된 전쟁이 바로 십자군 전쟁이었어요.

십자군 전쟁을 치르면서 셀주크 튀르크의 국력도 약해졌어요. 13세기에 칭기즈 칸의 손자인 훌라구가 이끈 몽골 군대로부터 공격을 받아 휘청거렸죠. 몽골 군대는 나아가 아바스 왕조를 무너뜨리고, 바그다드에 일한국^{훌라구 울루스}을 세웠어요.[1258]

일한국은 몽골 제국의 일부였어요. 하지만 이슬람교를 받아들였어요. 그래야 이슬람교를 믿는 대다수의 백성을 통치할 수 있으니까요. 일한국의 수명은 짧았어요. 14세기로 접어든 후에 몽골 제국이 분열하면서 약해진 탓이에요. 뿐만 아니라 원래 이 지역에 살던 이슬람인들도 계속 저항하고 있었어요. 결국 일한국은 쇠퇴의 길을 걷다가 새로 등장한 티무르 왕조에게 멸망했습니다.

잠깐만. 아프리카 지역도 살펴볼게요. 제3차 십자군 전쟁의 이슬람 영웅 살라딘이 오늘날의 이집트 지역에 아이유브 왕조를 세웠어요[1169년]. 80여 년 후에는 튀르크 출신의 노예 용병인 맘루크가 반란을 일으켜 왕조를 세웠어요. 이것이 맘루크 왕조예요[1250년]. 아이유브 왕조와 맘루크 왕조는 모두 수니파로, 아바스 왕조의 칼리프를

티무르의 두개골을 바탕으로 복원한 흉상

정신적 지도자로 모셨어요.

일한국을 무너뜨린 티무르 왕조를 세운 인물은 차가타이한국^{차가}타이 울루스의 장군이었던 티무르였어요. 그의 아내가 칭기즈 칸의 혈통이었어요. 그래서 티무르는 몽골 제국의 부활을 외쳤어요. 그는 반란을 일으켜 차가타이한국의 영토 대부분을 정복한 뒤 티무르 왕조를 건국했어요.^{1369년}.

티무르는 중앙아시아의 대부분과 인도 북서 지방을 정복했고, 북서쪽으로는 러시아 남부도 차지했어요. 거대한 제국을 건설한 거예요. 티무르가 맨 마지막으로 나선 전투는 명 정벌이었어요. 명이 원을 몰아냈으니 복수도 하고, 영토도 되찾으려는 심산이었지요. 하지만 티무르는 이 정벌을 끝내지 못하고 도중에 사망했어요. 그가 죽자 티무르 왕조는 극도의 분열과 혼란으로 빠져들었어요. 그러다가 16세기 초에 결국 내분으로 멸망하고 말았어요.^{1508년}.

티무르 왕조는 약 140년 동안 번영을 누렸어요. 이슬람 문화와 페르시아 문화, 중앙아시아의 튀르크 문화까지 다양한 문화를 융합했다는 점이 가장 큰 특징이에요. 특히 수도인 사마르칸트는 동과 서, 남과 북을 연결하는 중계 무역으로 큰 이익을 남길 수 있었지요. 오늘날 사마르칸트에는 당시의 번영을 알 수 있는 유적지가 꽤 많이 남아 있어요. 화려한 궁전과 왕의 무덤, 이슬람 사원인 모스크 등이 있지요. 특히 돔이 청색으로 된 모스크가 유명해요. 그래서 사마르칸트를 '푸른 돔의 도시'라고 부른답니다.

끝으로 한 곳만 더 살펴볼게요. 바로 페르시아예요. 이 무렵 사산 왕조가 무너진 후 800여 년 만에 페르시아의 부활을 외친 인물이 등장했어요. 바로 이스마일 1세였는데, 티무르 왕조가 약해지자 기회를 노려 새 나라를 세웠어요. 그 나라가 바로 사파비 왕조였어요.[1501년].

사파비 왕조는 시아파를 국교로 삼았어요. 한때 중앙아시아는 물론 서아시아의 바그다드와 모술 등 수니파의 중심지를 모두 점령했어요. 동서 무역을 중계함으로써 수도인 이스파한은 대형 도시로 성장하기도 했죠. 하지만 그 이상 큰 두각을 나타내지는 못했어요. 사파비 왕조는 18세기 초까지 혼란을 거듭하다 결국 멸망했답니다.[1736년].

오스만 병사들이 함대를 등에 지고 산을 넘은 까닭은?
└오스만 제국의 성립과 발전

훌라구가 일한국을 건설한 후에 셀주크 튀르크가 약해졌지요? 이때 셀주크 튀르크의 지배를 받던 튀르크족의 분파인 오스만 튀르크족이 소아시아[터키]에서 독립해 나라를 세웠어요. 그 나라가 오스만 제국이에요.[1299년]. 오스만 제국의 '오스만'은 족장의 이름이었답니다.

오스만 제국은 출범하자마자 유럽을 공략했어요. 14세기 말 3대 술탄 무라트 1세 때는 발칸반도의 여러 지역을 정복했고, 비잔티움 제국의 황제로부터 공물을 받았어요. 헝가리를 중심으로 유럽 여러 나라의 크리스트교 세력이 연합군을 구성해 반격해 오자 격파하기도 했지요. 바로 이때 오스만 제국이 술탄 지위를 받았답니다.

하지만 그 후 오스만 제국은 한동안 주춤했어요. 술탄 자리를 놓고 권력 투쟁이 심했던 게 가장 큰 이유였어요. 물론 초창기에 벌인 티무르 왕조와의 전쟁에서 크게 패한 것도 한 이유가 됐지요.

15세기 들어 오스만 제국은 전열을 가다듬고 다시 유럽 공략에 나섰어요. 유럽이 또다시 연합군을 구성해 맞섰지만 오스만 제국의 상대가 되지 않았어요. 이후로도 오스만 제국은 비잔티움 제국의 주변 지역을 조금씩 정복해 나갔어요. 이제 콘스탄티노폴리스만 남았어요.

7대 술탄인 메흐메트 2세 시절 오스만 제국은 비잔티움 제국에 총공격을 감행했어요. 비잔티움 제국의 수도인 콘스탄티노폴리스는 바다에 면한 천연 요새였어요. 그 누구도 정복할 수 없는 도시로 여겨졌죠. 하지만 그 판단은 틀렸어요. 메흐메트 2세는 병사들에게 72척의 함대를 등에 지고 산을 넘도록 했어요. 산을 넘은 병사들은 다시 함대에 타고 콘스탄티노폴리스의 코앞까지 항해했고, 곧바로 콘스탄티노폴리스를 함락시켰어요. 메흐메트 2세는 콘스탄티노폴리스의 이름을 이스탄불로 바꾸었어요. 이로써 1,000년 넘게 지속되었던 비잔티움 제국이 멸망했어요[1453년].

콘스탄티노폴리스에 입성하는 메흐메트 2세

오스만 제국이 정말로 큰 사건을 만들었지요? 이후 오스만 제국은 더욱 빠른 속도로 성장했어요. 비잔티움 제국을 정복하고 몇 년 안 가서 세르비아, 보스니아, 그리스를 잇달아 정복했어요. 발칸반도 거의 대부분의 지역이 오스만 제국의 영토가 된 거예요.

이어 오스만 제국의 9대 술탄 셀림 1세는 이집트의 맘루크 왕조를 정복했어요[1517년]. 맘루크 왕조는 이때까지 아바스 왕조의 후손인 칼리프를 보호하고 있었어요. 그런데 맘루크 왕조가 사라져 버렸으니 이제 아바스 왕조 후손인 칼리프를 보호할 세력이 없어요. 오스만 제국의 술탄이 칼리프 자리를 가져갔어요. 오스만 제국의 술탄을 술탄 칼리프라 부른 것도 이때부터예요.

아직도 오스만 제국은 만족스럽지 않았나 봐요. 정복 전쟁은 끝이 없었어요. 오스만 제국은 16세기 들어 10대 술탄 칼리프 술레이만 1세가 등극하면서 최고의 전성기를 맞았어요.

술레이만 1세는 여러 차례 헝가리 왕국을 두들긴 끝에 정복하고는 점차 유럽의 심장부를 향해 진격했어요. 에스파냐, 로마 교황청, 베네치아가 연합 함대를 구성해 맞서자 프레베자에서 격퇴해 버렸어요. 이게 그 유명한 프레베자 해전이에요. 이 전쟁에서 승리한 결과 오스만 제국은 지중해, 홍해, 아라비아해 연안을 완전히 장악했

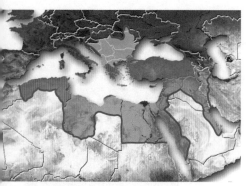

오스만 제국의 영토 변화
☐ 오스만 제국의 최대 영역
▨ 영토 상실 1815~1871
▨ 영토 상실 1871~1914
▨ 1914년의 영역

어요. 서유럽 국가들이 신항로 개척에 나선 이유가 바로 여기에 있어요. 오스만 제국이 항로를 장악했으니 다른 길을 찾아야 했던 거예요.

술레이만 1세가 있는 한 그 누구도 오스만 제국을 꺾을 수 없을 것 같았어요. 그가 술탄 칼리프로 있을 때 오스만 제국의 영토는 그 어느 때보다 넓었어요. 아라비아반도의 남단 일부 지역을 뺀 서아시아 전체, 아프리카 북부, 발칸반도와 동유럽 일부가 모두 오스만 제국의 영토였답니다.

하지만 이토록 강했던 오스만 제국도 술레이만 1세가 사망하자 기울기 시작했어요. 그가 사망하고 5년 후에 유럽과 치른 전투에서 그 점이 명확하게 드러났어요.

에스파냐 함대를 주축으로 한 유럽 연합 함대가 다시 오스만 제국에 도전장을 던졌어요. 이 연합 함대에는 종전보다 많은 크리스트교 국가들이 가세했어요. 유럽에서는 이 연합군을 신성 동맹이라 불렀어요. 이슬람교에 맞서는 신성한 동맹이란 뜻이지요.

그리스 앞바다 레판토라는 곳에서 오스만 제국의 함대와 신성 동맹 함대 사이에 전투가 벌어졌어요. 이 레판토 전투에서 오스만 제국이 처참하게 패했어요[1571년]. 이 패배 이후 오스만 제국은 내부 권력 다툼까지 겹치면서 급격하게 기울기 시작했어요.

17세기 이후에는 서양 세력이 본격적으로 오스만 제국을 공략하기 시작했어요. 오스만 제국은 더욱 빠른 속도로 쇠퇴했지요. 비슷한 시기에 인도의 무굴 제국도 영국, 프랑스 등 유럽 국가의 침탈로 쇠퇴하기 시작했습니다. 이슬람 세계가 큰 위기를 맞은 거지요.

오스만 제국에서는 왜 커피가 유행했을까?
└오스만 제국의 경제와 문화 발전

오스만 제국은 한때 서아시아, 아프리카 북부, 유럽 남동부를 아우르는 대제국으로 성장했어요. 지중해 일대도 완전히 장악했지요. 그 결과 아시아와 아프리카, 유럽을 잇는 중계 무역이 크게 발달했어요. 오스만 제국의 수도인 이스탄불은 전 세계에서 온 상인들로 늘 북적였어요.

이스탄불을 비롯해 주요 도시에는 대형 시장이 들어섰어요. 이 시장에는 모두 지붕이 얹혀 있었는데, 이를 바자^{bazaar}라고 해요. 바자는 15세기 중반에 이스탄불에 처음 세워졌고, 그 후로 오스만 제국 영토 곳곳에 설치되었어요.

바자는 전 세계의 물자가 모이는 장소였어요. 상인들은 중국에서 차, 비단, 도자기를 가지고 와서 거래했고, 동남아시아에서 향료를 사 가지고 와서 팔았어요. 오늘날에도 터키에 가면 바자를 볼 수 있

오스만 제국의 시장인 바자

는데, 당시와 마찬가지로 향료, 도자기, 금은 세공품, 가죽 등 팔지 않는 제품이 없다고 해요.

오스만 제국의 문화 또한 전 세계의 문화가 어우러져 완성되었습니다. 오스만 제국은 튀르크와 이슬람 문화를 바탕으로 비잔티움 문화, 나아가 페르시아 문화까지 모두 흡수했어요. 건축에서는 비잔티움 양식을 받아들였고, 문학에서는 페르시아의 전통을 이어 궁정 문학을 발전시켰으며, 미술에서는 세밀화가 유행했어요. 이처럼 모든 문화가 융합하면서 오스만 제국만의 찬란한 문화가 만들어진 거예요.

사실 오스만 제국에는 다양한 문화만큼이나 다양한 민족이 살고 있었어요. 오스만 제국의 지배층은 튀르크족이었지요? 하지만 오스만 제국은 정복 지역의 백성들에게 튀르크족의 문화를 강요하지 않았어요. 다양한 민족의 종교와 전통, 언어 등 모든 것을 인정하는 관용 정책을 폈지요. 물론 자기 민족의 전통과 종교를 지키려면 따로 지즈야라는 인두세를 내야 했어요. 그래도 세금만 내면 모든 것을 존중해 주었고, 능력에 따라 관직도 주었으니 상당히 부드러운 통치 정책인 셈이에요.

특히 다른 종교를 믿는 민족에 대해서는 자치 공동체를 허락했어요. 이 자치 공동체를 밀레트라고 하는데, 그리스 정교 공동체, 유대 공동체 등이 운영되었어요. 이 공동체가 만들어지자 로마 가톨릭의 박해를 받던 많은 유대인들이 오스만 제국으로 건너와 정착하기도 했습니다.

15세기의 예니체리

오스만 제국의 술탄을 지키는 친위 부대를 예니체리라고 했어요. 이 예니체리에서도 오스만 제국이 민족과 종교의 차별 없이 관용 정책을 폈다는 점을 알 수 있어요. 예니체리는 14세기 중반에 창설되었어요. 병사들은 주로 유럽에서 건너온 소년들로 채웠지요. 이들은 원래 크리스트교를 믿었어요. 오스만 제국 통치자들은 이 소년들을 이슬람교로 개종시킨 뒤 5년 이상 군사 훈련을 시켜 정예 부대로 만들었지요. 물론 예니체리 병사들은 최고의 대우를 받았어요. 그래서 많은 소년들이 예니체리에 들어가고 싶어 했답니다.

오스만 제국이 이슬람교 외의 다른 문화를 받아들인 또 다른 증거가 성 소피아 대성당이에요. 오스만 제국은 이스탄불을 점령한 뒤 이 성당을 파괴하지 않았어요. 이 성당에 네 개의 첨탑을 추가해 이슬람 사원으로 개조했지요. 성당의 맞은편에는 추가로 술탄 아흐메트 사원을 지었어요.

이 밖에도 오스만 제국의 과학이 서양으로 전파되기도 했어요. 이 과학 기술은 나중에 유럽 국가들이 부강해지는 원동력이 되었지요. 반대로 유럽의 귀족 문화가 오스만 제국으로 수입되기도 했어요. 오스만 제국의 귀족들은 유럽의 귀족이 그랬던 것처럼 풍류를 즐기며 차나 커피를 마셨어요.

커피를 즐기는 이슬람 귀족

오스만 제국에 커피 문화가 정착된 것은 15세기 초였어요. 커피의 원산지는 아프리카의 에티오피아로 알려져 있어요. 원래 커피는 종교 의식 때 잠을 쫓으려고 마시던 음료였어요. 이슬람 문화권에서는 술을 못 마시게 하니까 대신 커피를 마시는 문화가 생겨난 것이지요.

16세기 중반에는 이스탄불에 세계 최초로 커피를 파는 커피 하우스까지 생겨났어요. 커피는 오스만 제국이 오스트리아의 빈을 정복하기 위해 맹공격을 퍼붓던 17세기 후반에 유럽에 전파되었어요. 당시 오스만 제국의 군대가 커피 자루를 놓고 퇴각한 것이 커피가 유럽으로 전파된 계기가 되었지요. 오스트리아인들은 우유를 커피에 첨가해 마시기 시작했답니다.

마라타족이 무굴 제국과 내분을 벌인 까닭은?
└무굴 제국의 성립과 발전

인도로 가 볼까요? 굽타 왕조가 멸망한 후인 8세기부터 살펴볼게요.

당시 중앙아시아의 유목 민족이 인도 북서 지방을 침략했어요. 이 유목 민족은 이슬람교를 이미 받아들인 상태였어요. 불교와 힌두교에 이어 이슬람교라는 새로운 종교가 인도 아대륙*으로 스며

* **아대륙** 완전한 대륙은 아니지만, 대륙만큼이나 큰 땅덩어리를 지형학적으로 분류하는 용어

든 거예요. 하지만 이들이 당장 이슬람 왕국을 건설하지는 못했어요. 이들은 12세기가 되어서야 인도 북서부에 이슬람 왕국을 세웠어요. 이것이 구르 왕조예요.

구르 왕조의 왕실은 맘루크가 지켰어요. 맘루크는 튀르크족 계통의 이슬람 용병이라고 했죠? 이 맘루크 중에 아이바크라는 인물이 있었어요. 13세기 초 아이바크가 인도 북부의 델리에서 반란을 일으켰어요. 반란에 성공한 아이바크는 술탄에 올라 인도의 지배자가 되었어요. 이 왕조를 노예 왕조라고도 하고 맘루크 왕조라고도 해요. 아이바크가 노예이자 맘루크 출신이었거든요.

이후 약 300년간 5개 왕조가 이 지역에 있었어요. 상당히 혼란스러웠다는 점을 알 수 있겠죠? 그 순서만 대충 보자면 노예 왕조→할지 왕조→투글루크 왕조→사이이드 왕조→로디 왕조예요. 이 5개 왕조의 공통점은 모두 이슬람 왕조였으며 100년을 채 넘기지 못했다는 거예요. 또 모두 델리에 수도를 두었어요. 그래서 이 5개의 왕조가 있던 시절을 델리 술탄 시대라고 한답니다.

델리 술탄 시대를 끝낸 인물 또한 외부에서 왔어요. 티무르 제국을 건설한 티무르의 후손 바부르가 16세기 초 인도 북부를 침입했어요. 바부르는 로디 왕조를 무너뜨리고 새로운 나라를 세웠어요. 이 나라가 바로 무굴 제국이에요[1526년]. 물론 무굴 제국 또한 이슬람 왕조였죠.

무굴 제국은 바부르의 손자로 3대 황제에 오른 아크바르 시절,

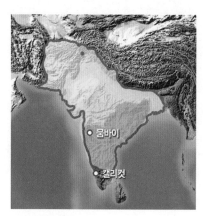

■ 아크바르 황제 시절의
　무굴 제국 영토
■ 아우랑제브 황제 시절에 확대된
　무굴 제국 영토
□ 무굴 제국의 최대 영토

그러니까 16세기 중반에 전성기를 맞았어요. 아크바르는 활발한 정복 활동을 벌여 영토를 넓혔어요. 그 결과 무굴 제국은 남부의 데칸고원을 제외한 북인도 전체와 중앙아시아의 아프가니스탄에 이르는 거대한 영토를 확보할 수 있었어요.

사실 영토의 크기로만 따진다면 아크바르 때보다 17세기 후반의 아우랑제브 황제 시절이 더 넓었어요. 그래도 아크바르 황제 시절을 전성기로 보는 까닭이 있어요. 우선 아크바르는 통치 제도를 정비해 중앙 집권 체제를 확립했어요. 또 상업을 장려해 경제를 발전시켰지요. 특히 아크바르는 모든 종교를 아우르는 관용 정책을 폈어요. 그래서 무굴 제국이 번성할 수 있었던 거죠.

그전의 이슬람 왕조들은 힌두교도에게 따로 세금을 거두었어요. 한 사람당 부과하는 이 인두세를 지즈야라고 했어요. 아크바르는 지즈야를 폐지했어요. 힌두교도라 하더라도 능력이 있으면 관리로 임명했고, 군대에서 장교가 될 수 있었어요. 또한 아크바르는 스스로 힌두교를 믿는 북인도 라지푸트족 출신의 여성을 아내로 맞아 종교 차별이 없음을 몸소 입증했어요.

이처럼 아크바르가 힌두교를 포용함으로써 인도인들은 종교 문제로 갈등을 벌이지 않았어요. 덕분에 힌두교와 이슬람교를 융합시킨 시크교까지 등장했지요. 시크교는 우상 숭배를 반대했고, 힌두교의 카스트 제도를 없애야 한다고 주장해 많은 신도를 확보했어요. 이처럼 모든 종교가 융합함으로써 아크바르 시절 무굴 제국은 그 어느 때보다 평화로운 나날을 누렸답니다.

이런 관용 정책은 100여 년 만에 끝이 나고 말았어요. 17세기 후반 6대 황제에 오른 아우랑제브가 이슬람 정통주의를 추구했기 때문이에요. 아우랑제브는 할아버지 아크바르의 정책을 모두 폐기했어요. 이슬람교가 아닌 다른 종교 신도들에게 다시 지즈야를 내도록 했지요. 이슬람교 사원을 뺀 나머지 종교의 사원과 학교도 없애 버렸어요.

아우랑제브는 힌두교와 시크교를 탄압하는 동시에 정복 전쟁에도 박차를 가했어요. 그 결과 무굴 제국은 남부의 타밀 지역을 제외한 인도 전역을 정복할 수 있었어요. 인도 역사상 가장 큰 영토를 가진 나라가 된 거예요.

영토가 커져도 국민 융합이 안 되는 나라는 미래가 없어요. 여러 지역에서 무굴 제국에 저항하는 반란이 일어났어요. 힌두교를 믿는 마라타족은 데칸고원 지역에 아예 마라타 왕국이라는 나라를 세우기도 했어요. 이 마라타 왕국은 무굴 제국과 여러 차례 전투를 치렀어요. 무굴 제국에 내란이 시작된 거예요.

여기에다 무굴 제국은 페르시아의 공격까지 받았어요. 정말 혼란스럽지요? 무굴 제국은 이 혼란을 극복하지 못한 채 영국을 비롯한 유럽 국가들의 경제적 침략을 당하게 됩니다. 그 결과만 미리 말하자면, 무굴 제국이 멸망하고 인도는 영국의 지배를 받게 된답니다.

타지마할은 종교 융합의 상징
└무굴 제국의 문화와 경제 발전

이슬람교가 인도에 수입된 이후 이슬람 문화와 토착 힌두^{인도} 문화가 융합해 독창적인 인도·이슬람 문화가 발전했어요. 이런 현상은 델리 술탄 시대에 시작됐어요. 델리에 있는 높이 72.5미터짜리 5층 석탑 쿠트브 미나르가 대표적인 유적이에요. 쿠트브 미나르는 '빛나는 첨탑'이란 뜻인데, 노예 왕조의 술탄 아이바크가 인도 정복을 기념하며 만든 것이에요. 1층은 힌두 양식으로 되어 있고, 2층과 3층은 이슬람 양식으로 되어 있어요. 이 밖에도 이슬람 모스크^{사원}를 지을 때 안에는 힌두교 양식으로 장식하기도 했답니다.

이런 흐름은 무굴 제국 시대에 더욱 두드러졌어요. 무굴 제국 문화의 가장 큰 특징이 바로 이 점이에요. 수입된 이슬람 문화와 토착 힌두^{인도} 문화가 융합해 독창적인 인도·이슬람 문화가 발전했다는 거죠. 이런 점을 가장 잘 보여 주는 대표적 건축물이 있어요. 바로 타지마할 궁전이지요.

무굴 제국의 5대 황제 샤자한은 아내를 무척 사랑했어요. 왕비가 죽자 그녀를 기리기 위한 무덤이자 궁전을 짓기 시작했지요. 공사는 22년 동안 계속되었어요. 매일 2만 명의 인부가 동원되었죠.

17세기 중반에 완성된 이 건물이 바로 타지마할이에요. 뾰족한 첨탑과 천장의 둥근 돔은 이슬람 양식을 따랐고, 건물 내부의 연꽃무늬 장식은 힌두 양

타지마할

식을 따랐지요. 바로 이 점 때문에 타지마할이 종교의 융합 정책을 가장 잘 보여 주는 상징이 되었습니다. 멀리에서 보면 눈이 부실 정도로 빛이 나서 타지마할을 '빛의 궁전'이라고 한답니다.

다른 분야에서도 종교의 융합 정책이 잘 드러나요. 우선 언어를 보면, 공식 문서에는 페르시아어를 썼어요. 하지만 일상적인 생활에는 힌두어, 아랍어, 페르시아어를 적절히 배합해 만든 우르두어를 공용어로 썼지요. 이 우르두어는 오늘날에도 인도와 파키스탄의 여러 공용어 중 하나로 사용되고 있답니다.

이미 말한 대로 종교 분야에서는 시크교라는, 여러 종교가 융합한 새로운 종교까지 등장했어요. 미술 분야에서도 힌두 양식에 페르시아 양식이 결합된 무굴 회화가 발전했지요.

하지만 이런 발전은 아우랑제브 시절에 끝났어요. 사실 타지마할 궁전이 여러 종교의 융합으로 탄생한 마지막 작품일지도 몰라요. 샤자한은 이 궁전을 만든 후에 아들인 아우랑제브에게 쫓겨나 간

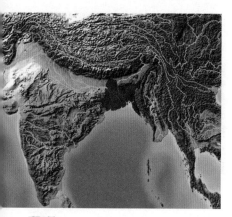

벵골 지방

현재는 인도의 서벵골과 방글라데시의 동벵골로 나뉘어 있다.

혀 살아야 했답니다. 아버지를 쫓아내 왕에 오른 아우랑제브는 이슬람 정통주의를 외쳤지요. 그 결과는 이미 말한 대로 무굴 제국의 쇠퇴였어요.

무굴 제국의 경제는 어땠을까요? 결과만 말하자면 전성기 때는 중국과 동남아시아, 아라비아와 지중해를 잇는 인도양 무역을 주도하면서 경제적으로 크게 번성했답니다.

인도에서는 예로부터 면직물 산업이 발전했어요. 과거로 거슬러 올라가자면 고대 이집트에서 파라오를 미라로 만들 때 이 면직물을 사용했어요. 그리스 마케도니아의 알렉산드로스 시절에도 인도 면직물은 서양에서 큰 인기를 끌었지요. 당시 유럽에서는 양털로 만든 천, 그러니까 양모로 옷을 만들어 입었어요. 면직물은 양모보다 훨씬 가볍고 가격도 싸요. 그러니 유럽 사람들이 인도 면직물에 반할 수밖에 없었어요.

무굴 제국 당시 최대 수출품이 바로 이 면직물이었어요. 인도 북동부의 벵골에서 면직물을 많이 생산했어요. 벵골은 이 면직물 산업이 활기를 띠면서 인도의 경제 중심지로 성장했어요. 이 때문에 나중에 유럽 국가들이 벵골을 차지하려고 경쟁을 벌이기도 하지요.

유럽 국가 중에 가장 먼저 인도에 진출한 나라는 포르투갈이었어요. 포르투갈은 15세기 말 아프리카를 돌아 인도의 캘리컷오늘날의 인

^{도 남서부 코지코드}에 도착했어요. 포르투갈은 이어 16세기에 인도 중서부 고아 지역에 무역 사무소를 세웠어요.

포르투갈은 인도에서 향료를 산 뒤 유럽으로 돌아가 팔았어요. 후추, 계피, 정향 같은 것을 향료라 하는데 유럽 사람들이 주식으로 먹는 고기의 부패를 막고 맛을 좋게 하는 역할을 했어요. 향수나 화장품, 해독제의 성분으로도 쓰였지요. 이처럼 쓰임새가 많으니 유럽에서 향료는 상당히 인기가 있었어요.

일단 포르투갈 상인이 진출하자 유럽 여러 나라에서 인도로 몰려왔어요. 17세기에는 가장 먼저 영국이 인도에 동인도 회사[*]를 세웠지요. 프랑스와 네덜란드도 이에 질세라 동인도 회사를 설립했어요. 그 결과 인도의 상인과, 인도를 오가며 중계 무역을 하던 서아시아의 상인들이 모두 쇠퇴하기 시작했어요.

사실 무굴 제국 정부는 처음에 이 서양 상인들에게 별로 신경을 쓰지 않았어요. 서양 상인들이 무굴 제국의 경제를 뒤흔들고 나서야 관심을 보였지요. 하지만 이미 늦은 후였어요. 무굴 제국의 경제가 거의 무너지기 직전까지 악화되었거든요. 그 다음은 이미 말한 대로입니다. 유럽 국가들이 인도를 놓고 대결을 벌였고, 이 대결에서 최종 승리한 영국이 인도를 차지하지요.

끝으로 동남아시아의 상황만 살짝 살펴볼게요.

15세기 이후 동남아시아의 상황을 요약하자면, 여러 이슬람 국가가 들어섰어요. 하지만 여전히 힌두교를 고집하는 나라도 있었

● **동인도 회사** 17세기에 영국, 네덜란드, 프랑스 등이 인도, 동남아시아와의 무역을 독점하기 위해 세운 회사. 민간 기업의 형태를 띠었으나, 사실상 정부의 지휘를 받았다. 유럽 열강들의 식민지 경쟁이 가속화하면서 식민지를 수탈하는 기관이 되었다.

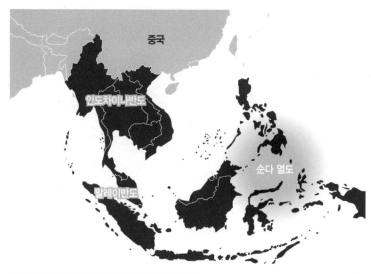

오늘날 동남아시아 지역인 인도차이나반도와 말레이반도, 순다 열도

어요. 불교 국가도 많았고, 심지어 로마 가톨릭을 따르는 지역도 있었어요. 그러니 동남아시아는 모든 종교가 녹아 있는 '종교의 용광로'라고 할 수 있습니다.

특히 무굴 제국이 들어선 후 말레이반도와 순다 열도 등에서 이슬람의 세력이 강해졌어요. 무굴 제국의 영향을 받은 것이죠. 또한 이 무렵부터 서양에서 아시아 향료의 인기가 하늘을 찔렀어요. 교역이 늘어나면서 이곳을 찾는 이슬람 상인도 크게 늘어났어요. 그 결과 이슬람교가 더욱 빠른 속도로 동남아시아에 퍼진 거랍니다.

말레이반도에서 이슬람교를 받아들인 첫 왕조는 믈라카 왕조였어요. 믈라카 왕조는 해상 무역으로 꽤나 번성했는데 16세기 초

포르투갈에 점령되고 말았어요. 이게 신호탄이었어요. 네덜란드와 영국도 동남아시아로 진출하기 시작했지요. 그 결과 16세기 이후의 동남아시아에서는 유럽 국가들이 서로 식민지 경쟁을 벌인답니다.

★ 단원 정리 노트 ★

1. 튀르크족은 누구?

① 어디에서 왔을까? 튀르크족은 중앙아시아를 중심으로 시베리아와 발칸반도 등에 퍼

져 살았던 유목 민족이다.

② 우리와의 관계는? 우리 역사와 관련을 맺은 중국 북쪽의 유목 민족 가운데 돌궐이 있

는데, 이 돌궐이 튀르크족의 일파다.

③ 튀르크족의 인종은? 아시아와 유럽에 걸친 방대한 지역에 분포해 있었던 만큼 황인

종과 백인종이 섞여 있다.

2. 튀르크족의 건국 역사

셀주크 튀르크 제국

서아시아 지역으로 진출한 튀르크족의 일부는 11세기 무렵에 이슬람으로 개종했고, 이슬

람 세계가 어수선한 틈을 타서 강력한 이슬람 제국을 건설했다. 이 나라가 '셀주크 튀르

크'다. 셀주크 튀르크는 소아시아에 있던 비잔티움 제국을 위협하고 예루살렘으로 향하는

크리스트교도의 성지 순례를 막았다. 이 일은 십자군 전쟁이 일어나는 발단이 되었다.

셀주크 튀르크 제국의 멸망

셀주크 튀르크는 십자군의 공격을 막아 냈지만, 이 전쟁으로 인해 국력이 쇠퇴했다. 마

침 중국에서 서쪽으로 진출하던 몽골 군대의 공격을 받게 되었다. 몽골과의 전쟁에서 패

함으로써 셀주크 튀르크는 내리막길을 걷다가 13세기 말에서 14세기 초 사이에 소멸

되었다.

⇩

오스만 제국

셀주크 튀르크가 몽골에 패한 뒤 셀주크 튀르크의 지배를 받던 오스만 튀르크가 독립하여 1299년 오늘날의 터키 지역인 소아시아에 나라를 세웠다. 이 나라가 오스만 제국이다. 오스만 제국은 비잔티움 제국을 정복하고 유럽으로 진출했다. 유럽 크리스트교 국가들의 연합 공격을 여러 차례 막아 내면서 이슬람 세계의 수호자가 되었고, 오래지 않아 1인자로 군림하게 된다. 16세기 초에는 오스만 제국이 정치와 종교 모두 장악하면서 술레이만 1세는 '술탄 칼리프'라는 칭호를 얻었다.

⇩

오스만 제국이 미친 영향

오스만 제국이 지중해와 소아시아를 잇는 교역로를 장악하자, 유럽 국가들은 새로운 바닷길을 찾아야만 했다. 이렇게 해서 유럽의 대항해 시대가 시작된다. 하지만 오스만 제국은 계속된 유럽 크리스트교 국가들의 연합 공격에 결국 무릎을 꿇었다. 17세기 이후에는 서양 세력의 침탈과 내부 분열로 급격하게 세력이 약해졌다.

⇩

오늘날의 튀르크족

아시아와 유럽을 연결하는 길목의 터키는 '튀르크'에서 나라 이름을 따왔다. 오늘날 튀르크족은 터키뿐 아니라 카자흐스탄, 우즈베키스탄, 아제르바이잔, 키르기스스탄, 투르크메니스탄 등의 주요 민족을 구성하고 있고, 러시아 인구의 많은 부분을 차지하고 있다. 중국 신장 웨이우얼 자치구의 위구르족 역시 튀르크 계열 민족이다.

3. 인도의 이슬람 국가들

굽타 왕조 이후의 인도

인도 아대륙은 데칸고원을 경계로 북인도와 남인도로 구분하는데, 힌두교를 장려한 굽타 왕조(320~520년) 이후 북인도에는 군소 국가들만이 존재했고, 남인도는 촐라 왕조가 지배했다.

⇩

구르 왕조와 노예 왕조

인도 북부 지역에 스며든 이슬람 세력이 12세기에 이르러 이슬람 왕조인 구르 왕조를 열었다. 그러나 구르 왕조가 고용한 맘루크(노예 용병)였던 아이바크가 반란을 일으켜 구르 왕조를 무너뜨리고 노예 왕조를 열었다.

⇩

델리 술탄 시대

노예 왕조 이후 할지 왕조, 투글루크 왕조, 사이이드 왕조, 로디 왕조가 이어졌다. 이 다섯 왕조가 모두 델리에 수도를 두었기 때문에 이때를 '델리 술탄 시대'라고 부른다.

⇩

무굴 제국

티무르의 후손인 바부르의 세력이 인도 북부를 침범하여 로디 왕조를 무너뜨리고 1526년 무굴 제국을 건설했다. 3재 황제인 아크바르 시절에 무굴 제국은 중앙아시아부터 인도 아대륙의 데칸고원에 이르는 영토를 장악했고, 6대 황제 아우랑제브 시절에는 데칸고원을 넘어 남인도까지 영역을 넓혔다.

⇩

무굴 제국의 멸망과 식민 시대의 시작

아우랑제브는 인도의 토착 종교인 힌두교와 시크교를 탄압해서 백성들의 불만이 커졌다.

그러던 중 힌두교를 믿는 마라타족이 마라타 왕국을 세우고 무굴 제국에 대항했다. 이 무

렵 향료와 면직물 등을 노린 유럽의 강대국들이 진출하면서 인도에서는 식민지 경쟁이

벌어지고, 인도는 이 경쟁에서 승리한 영국의 지배를 받게 된다.

11

신항로 개척과 유럽 지역 질서의 변화

: 유럽이 세계를 주도하기 시작하다

- 유럽의 신항로 개척 과정을 주요 인물별로 이야기해 보세요.
- 유럽의 신항로 개척 과정이 갖는 역사적 의의를 설명해 보세요.
- 유럽 여러 나라의 절대 왕정과 중상주의에 대해 살펴봅시다.
- 17~18세기 유럽에서 일어난 과학 혁명과 계몽사상에 대해 설명해 보세요.

포르투갈 선박은 왜 아프리카를 빙 돌아서 인도에 갔을까?
└신항로 개척 시대 개막

르네상스가 이탈리아에서 시작할 수 있었던 이유 중 하나는 아시아와의 동방 무역으로 부유해진 도시가 많았기 때문이에요. 이탈리아 상인들은 이슬람 지역을 오가며 향료, 비단, 도자기를 사들였는데, 이것들이 유럽에서 꽤 높은 값에 팔렸거든요. 이 중에서 가장 인기 있었던 품목은 후추나 계피 같은 향료였어요. 육류에 후추를 뿌리면 고기의 잡냄새가 없어져요. 또 고기가 부패하는 속도도 늦출 수 있죠. 그러니 후추는 비싼 값에 팔렸고, 이탈리아 상인들은 큰돈을 벌 수 있었어요.

이 무렵 마르코 폴로의 《동방견문록》이 널리 퍼지면서
서유럽에서도 동방에 대한 관심이 폭발적으로 커졌어요.
특히 서유럽 상인들이 동방 무역에 관심을 가지기 시작
했죠. 하지만 비잔티움 제국이 멸망한 후에 오스만 제국
이 지중해를 장악한 데다 이미 이탈리아와 이슬람 상인
이 교역로를 차지하고 있었어요. 결국 서유럽 상인들은
직접 새로운 항로를 찾기 위해 바다로 나섰죠.

캐러밸선

마침 중국으로부터 전해져 온 나침반을 비롯해 여러 항해 도구
가 만들어졌어요. 조선술이 발전해 먼 바다를 항해할 수 있는 배
도 만들 수 있었지요. 대표적인 것이 캐러밸선인데, 이것은 큰 삼
각돛을 단 범선이에요. 여기에 지리학이 발달해 정확한 항해 지도
까지 잇달아 나왔고, 경도와 위도를 파악할 수 있는 아스트롤라베
같은 도구도 만들어졌어요. 크리스트교를 전파하고 아시아의 향료
를 사들이겠다는 정부의 의지도 강했어요. 모든 조건이 갖추어진
셈이지요.

아스트롤라베
육지에서는 측량을 하고 바다에서는 항해
에 필요한 도구

명의 정화 함대가 한창 남해 원정을 진행하던 15세기 초였어
요. 큰 삼각돛을 단 포르투갈의 함대가 아프리카 서해안을 탐사하
기 시작했어요. 이 탐험은 포르투갈의 왕자인 엔리케가 적극 후원
했어요.

여러 차례의 항해를 거듭한 끝에 15세기 말, 포르투갈의 바르톨

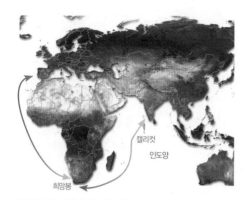

서유럽~남아프리카 희망봉~인도 캘리
컷으로 이어지는 항로

콜럼버스의 항로
콜럼버스는 자신이 인도에 도착했다고 믿
었다. 그래서 아메리카 원주민을 '인도 사
람'을 뜻하는 인디언이라고 불렀고, 북아
메리카와 남아메리카 사이에 있는 섬들은
'서인도 제도'라는 이름을 갖게 되었다.

로메우 디아스 함대가 마침내 아프리카 최남단 희망봉에 도착했어요.[1488년] 10년 후에는 바스쿠 다가마의 함대가 희망봉을 돌아 인도의 캘리컷지금의 코지코드에 도착했지요.[1498년] 드디어 유럽 ~희망봉~인도로 이어지는 신항로 개척에 성공한 거예요.

이어 에스파냐도 신항로 개척에 나섰어요. 마침 이탈리아의 탐험가 콜럼버스가 탐험 계획을 들고 에스파냐 왕실을 찾았어요. 콜럼버스는 대서양을 가로지르면 곧바로 인도로 갈 수 있다고 했어요. 물론 불가능한 이야기예요. 하지만 당시에는 아메리카 대륙의 존재를 몰랐기 때문에 충분히 가능한 상상이었어요. 에스파냐의 여왕 이사벨 1세는 고민 끝에 콜럼버스를 지원하기로 했어요.

콜럼버스는 얼마 후 항해에 나섰어요. 대서양을 가로지르니 정말로 육지가 나타났어요. 콜럼버스가 유럽 사람으로는 처음으로 아메리카 대륙을 발견한 거예요.[1492년] 콜럼버스는 이곳이 인도라고 믿었어요. 그래서 현지 주민을 인도 사람이란 뜻의 인디언이라고 불렀지요. 물론 그곳은 인도가 아니었어요. 아메리카 대륙의 서인도 제도였어요.

콜럼버스가 도착한 땅이 인도가 아니라는 사실은 곧 밝혀졌어요. 그곳엔 향료가 없었거든요. 그 대신 금과 은이 풍부했어요. 에스파냐로서는 엄청난 행운을 거머쥔 셈이에요. 이후 에스파냐는 중남미* 대륙을 본격적으로 공략해 브라질을 뺀 모든 지역을 식민지로 만들었어요. 브라질은 뒤늦게 대서양을 건너 이곳으로 뛰어든 포르투갈이 차지했지요.

필리핀 원주민들에 의해 죽음을 맞는 마젤란

15세기 말 영국도 대서양을 건넜어요. 영국 탐험대 존 캐벗은 북아메리카의 래브라도반도에 상륙했어요[1497년]. 다만 이 항로는 무역에 큰 도움이 안 되었어요. 시간이 흐르면서 사람들은 이 항로를 잊어버렸어요.

16세기로 들어선 후에는 마젤란이 에스파냐 왕실의 지원을 받아 바닷길로 세계를 일주했어요[1519~1522년]. 이때 마젤란은 유럽 사람으로는 처음으로 괌과 필리핀 제도에 도착했어요. 마젤란은 필리핀 세부섬에서 원주민과 전투하던 중 사망했고 부하들만 살아서 에스파냐로 돌아왔죠. 이 세계 일주를 통해 지구가 둥글다는 사실이 처음으로 입증되었답니다.

오늘날 세부섬 역사 박물관에 가면 흥미로운 두 개의 기념비가 광장에 서 있는 것을 볼 수 있습니다. 하나는 마젤란의 업적을 기린 것이고, 또 다른 기념비는 당시 마젤란을 격퇴한 필리핀 원주민의 업적을 기린 것이에요. 하나의 사건이지만 보는 관점에 따라

• 중남미 중앙아메리카(중미)와 남아메리카(남미)를 일컫는다. 북아메리카는 북미라고 칭하기도 한다.

역사는 다르게 해석될 수 있다는 점을 잘 보여 주는 사례라고 할 수 있지요.

끝으로 한 가지만 다시 정리할게요. 유럽이 신항로 개척 시대를 열 수 있었던 여러 원동력 중에 나침반이 있었죠? 그 나침반 기술은 중국에서 수입된 것이에요. 유럽 국가들이 신항로를 개척하면서 세계 역사를 주도하지만, 그 원동력을 제공한 것은 아시아 국가였다는 점이 흥미롭지 않나요?

가격 혁명과 상업 혁명은 왜 일어났나?
└신항로 개척이 바꾼 세계 역사

신항로 개척은 유럽은 물론 세계 전체의 역사를 바꾸는 계기가 되었어요. 사실 중세 유럽은 세계를 주도하지 못했어요. 동서 교역은 주로 이슬람 상인들에 의해 이루어졌지요. 과학 수준 또한 아시아가 유럽보다 훨씬 앞서 있었어요. 그랬던 유럽이 신항로를 개척하고 세계로 뻗어 나가면서 역사를 주도한 거예요. 신항로 개척이 어떻게 세상을 바꾸었을까요?

첫째, 무역의 중심지가 지중해 주변에서 대서양 연안으로 이동했어요. 이 때문에 이탈리아 도시 국가들의 전성기가 끝이 났어요. 처음에는 신항로 개척 시대를 연 포르투갈과 에스파냐가 번영했어요. 하지만 16세기 후반 이후 영국, 네덜란드, 프랑스가 본격적으로 해상 무역에 뛰어들면서 강대국으로 떠올랐어요. 영국은 에스파냐의 무적함대를 격파하면서 최고의 해상 강국이 되었고, 인도에 가장 먼저 동인도 회사를 세우기도 했어요[1600년].

둘째, 유럽에서 가격 혁명과 상업 혁명이 잇달아 일어났어요. 16세기 이후 아메리카의 금과 은이 대량으로 유럽으로 들어온 게 그 원인이었어요. 금과 은이 많아지니 물가가 치솟았지요. 어제 1,000원이던 물건이 자고 일어나니 1,100원으로 오르고, 내일 다시 1,200원으로 오르는 식이었어요. 이처럼 금과 은의 유통량이 증가하면서 상품의 가격이 오르는 현상을 가격 혁명이라고 해요.

이 가격 혁명으로 제품을 판매하는 상인들은 더 많은 돈을 벌었어요. 반면 일정한 액수의 토지세를 받는 지주 귀족*, 정해진 임금을 받는 노동자는 상대적으로 가난해졌어요. 상인은 성장하고 지주 귀족은 몰락한 거예요. 이것이 상업 혁명이에요. 상인들이 번 돈은 해외 무역과 회사를 설립하는 밑천이 되었어요. 이를 상업 자본이라고 해요. 이 상업 자본이 성장하면서 유럽에서는 주식회사가 등장했어요. 근대 자본주의의 토대가 마련된 거죠.

셋째, 아메리카 문명이 완전히 파괴되었어요. 지금의 멕시코 지역에서는 아스테카 제국이 발달하고 있었어요. 이 제국은 마야 문명을 계승해 아스테카 문명을 발전시켰어요. 아스테카 고유의 문자가 있었고, 달력도 사용했어요. 금속과 보석 세공, 직물 분야에

* **지주 귀족** 큰 땅을 차지하여 그 땅에서 나는 생산물을 바탕으로 부를 축적하는 귀족들

아스테카 문명의 피라미드

잉카 문명의 공중 도시 마추픽추

서 뛰어났지요.

아스테카 제국의 수도인 테노치티틀란은 지금의 멕시코시티에 있었어요. 한때 인구가 20만 명을 넘는 대형 도시로 성장하기도 했지요. 하지만 이 아스테카 제국은 에스파냐의 하급 관리였던 코르테스에게 멸망했어요.1521년.

안데스고원에는 잉카 제국이 있었어요. 이 잉카 제국에 건설된 문명을 잉카 문명이라고 해요. 잉카인들은 총 2만 킬로미터가 넘는 도로망을 건설했고, 산비탈에는 계단식 밭을 만들었어요. 건축 기술이 특히 뛰어났어요. 오늘날까지 남아 있는 잉카 도시 마추픽추가 대표적인 유적이에요. 이 잉카 제국도 에스파냐의 피사로에게 멸망했답니다1533년.

아메리카 원주민은 유럽 사람들이 옮긴 질병과 학대, 학살 등으로 인해 인구가 급격히 감소했어요. 한 조사에 따르면 유럽 사람들이 오기 전의 멕시코고원 인구는 2,500만 명이었는데, 불과 100여 년 만에 107만 명으로 줄었다고 해요. 같은 기간 동안 안데스고원의 인구도 887만 명에서 67만 명으로 줄었다고 합니다.

넷째, 아프리카의 흑인을 아메리카 대륙으로 넘기는 노예 무역이 본격화했어요. 아메리카 원주민 인구가 감소해서 금과 은 광산이나 대농장에서 일할 노동력이 부족했겠죠? 이를 메우기 위해 아프리카 흑인을 노예로 쓰기 시작한 거예요. 이와 동시에 유럽-아프리카-아메리카를 연결하는 삼각 무역이 발전했지요.

유럽 상인들은 아프리카에 무기와 면제품을 팔고 흑인 노예를 샀어요. 그 노예를 아메리카의 대농장에 팔았어요. 그 돈으로는 담배와 설탕, 은 같은 것을 사 가지고 유럽으로 돌아왔지요. 상인들의 이동 경로를 선으로 그려 보면 아프리카-아메리카-유럽을 연결하는 삼각형이 되기 때문에 삼각 무역이라고 하는 거예요. 이 무역을 통해 유럽 상인들은 큰돈을 벌었지만 비인간적인 노예 무역으로 아프리카는 신음해야 했어요. 19세기까지 약 1,200만 명의 아프리카 흑인이 노예로 끌려갔답니다. 이로 인해 아프리카 인구가 크게 줄어들 정도였죠.

다섯째, 감자, 옥수수, 카카오, 담배 등이 유럽 세계로 전파되었어요. 이 중 감자와 옥수수는 유럽 사람들의 주식이 되었고, 카카오는 19세기경 초콜릿으로 만들어지면서 전 세계의 사랑을 받는 기호품이 되었어요. 쉽게 말하자면, 아메리카 대륙의 작물이 전 세계의 입맛을 바꾸어 버린 거예요.

이와는 반대로 유럽 문화와 아프리카 문화가 아메리카로 유입돼 새로운 문화가 등장하기도 했어요. 대표적인 게 카니발이죠. 원래 카니발은 가톨릭교의 전통 축제였어요. 이것이 브라질에 수입되었어요. 브라질의 흑인들은 삼바 춤을 추었어요. 아프리카 문화까지 합쳐져 새로운 축제 카니발이 탄생한 셈이에요.

관료제와 상비군이 도입된 까닭은?
└절대 왕정의 성립

이 무렵 유럽의 정치와 경제 체제도 변화했어요. 우선 절대 왕정이 등장했습니다. 절대 왕정은 왕의 권력이 절대적으로 강한 정치 체제예요. 아시아의 중앙 집권 체제와 비슷하지요.

경제적으로는 중상주의가 나타났어요. 자기 나라의 경제를 보호하고 산업을 육성하는 정책이에요. 실로 큰 변화이지요. 16~18세기에 일어난 정치·경제 변화를 살펴볼게요.

17세기 초 영국의 왕 제임스 1세는 "왕권은 신이 내려 준 것이다. 땅 위에서 왕은 신의 권력을 갖는다. 모두 왕에게 절대 복종해야 한다."라고 선언했어요. 이를 왕권신수설이라고 해요. 이 왕권신수설은 절대 왕정의 성격을 단적으로 보여 주고 있지요. 제임스 1세는 영국의 절대 왕정을 확립한 엘리자베스 1세의 뒤를 이은 왕이에요.

제임스 1세

절대 왕정 체제에서 왕들은 왕의 명령이 즉각 이행될 수 있도록 전문적인 행정 능력을 가진 사람들을 관료로 임명했어요. 이를 관료제라고 합니다. 왕들은 또 왕의 명령이 떨어지면 바로 전투에 투입할 수 있는 군대도 양성했어요. 이런 군대를 상비군이라고 해요.

이 관료제와 상비군은 절대 왕정을 유지하기 위해 꼭 필요한 제도였어요. 문제는, 이 제도를 유지하는 데 돈이 많이 든다는 거예요. 모든 월급과 경비를 정부가 주어야 하니까요. 당연히 돈이 필요하겠지요? 그래서 왕들은 자기 나라의 산업을 보호하고 육성하기 시작했어요. 수입품에는 높은 관세를 매겨 자기 나라 제품을 보호했지요. 이런 경제 정책이 바로 앞서 이야기한 중상주의예요.

중상주의를 시행하면 누가 이익을 볼까요? 바로 상공업에 종사하는 시민 계층이에요. 왕이 보호해 준 덕분에 시민 계층은 귀족의 눈치를 보지 않고 경제 활동을 할 수 있었어요. 물론 그 대신 왕을 경제적으로 후원했어요. 이 시민 계층이 점차 힘을 키우면서 지배 세력으로 떠오르기 시작했죠. 이들을 시민 계급이라 불러요. 영국을 비롯한 서유럽 국가의 왕들은 귀족과 성직자를 점차 정치에서 배제하고 시민 계급을 끌어들였어요. 절대 왕정이 유럽 시민 사회로 가는 디딤돌 역할을 한 셈이지요.

여기서 잠깐. 시민 계급에 대해 좀 더 자세히 알아 둘 필요가 있어요. 유럽은 르네상스, 종교 개혁, 신항로 개척, 절대 왕정을 거치면서 중세에서 근대로 발전했습니다. 그 사이에 많은 봉건 귀족이 몰락했고 시민 계급이 새로운 세력으로 떠올랐지요. 앞으로 시민 계급이 자주 등장할 거예요.

시민 계급^{부르주아지}은 상공업이 발전하면서 새로이 떠오른 상인과 제조업자 등을 가리키는 용어예요. 이들은 당분간 왕과 힘을 합쳤지만 궁극적으로는 봉건제와 절대 왕정 모두를 반대했어요. 그들이 원한 건 시민이 중심이 되는 사회였죠. 이들이 중심이 된 혁명을 시민 혁명, 이들이 만든 사회를 근대 시민 사회라고 부릅니다. 나중에 산업 혁명이 발생한 후 시민 계급은 근대 자본주의 경제 체제를 확립하면서 산업 자본가로 탈바꿈한답니다.

다시 절대 왕정 이야기로 돌아갈게요. 절대 군주들은 중상주의를 강화하면서 자기 나라의 기업들이 해외에 더 많은 제품을 팔 수 있도록 시장을 개척했어요. 또 제품에 필요한 원료 공급지도 개척했지요. 바로 식민지였어요. 이때부터 유럽 국가들은 치열하게 식민지 쟁탈전을 벌인답니다.

신항로 개척과 절대 왕정은 밀접한 관련이 있어요. 절대 왕정이 대서양 무역을 장악한 서유럽에서 가장 먼저 시작됐거든요. 실제로 가장 먼저 절대 왕정이 나타난 나라는 신항로 개척에서 가장 앞섰던 에스파냐였답니다.

독일과 러시아에는 왜 시민 계급이 약했을까?
└ 서유럽과 동유럽의 절대 왕정

16세기 중반 에스파냐 왕에 오른 펠리페 2세가 최초의 절대 군주라고 보면 크게 틀리지 않아요. 펠리페 2세는 유럽 최대 왕조인 합스부르크 왕조 사람으로, 신성 로마 제국 황제를 지낸 카를 5세의 아들이었어요. 펠리페 2세는 아버지로부터 에스파냐 외에도 네덜란드, 시칠리아, 인도 등을 물려받았어요. 왕에 오른 후로는 포르투갈도 차지했지요.

펠리페 2세는 에스파냐의 전성기를 이끌었어요. 아메리카에서 들여온 금과 은은 에스파냐를 부자 나라로 만들어 주었어요. 펠리페 2세는 강력한 왕권을 바탕으로 절대 왕정을 시작했지요. 오스만 제국의 함대를 레판토에서 격퇴한 무적함대가 바로 펠리페 2세 시절에 만든 것이었어요. 이 무적함대 덕분에 에스파냐는 해상권을 장악할 수 있었고, 대서양을 안방처럼 누비고 다녔어요.

펠리페 2세 시절에 에스파냐는 전성기를 맞는 동시에 쇠퇴기로 접어들었답니다. 네덜란드가 에스파냐로부터 독립했고, 무적함대는 영국 해군에 격퇴되었어요[1588년]. 이로써 해상권을 영국에 넘겨줄 수밖에 없었지요.

에스파냐의 무적함대를 격파한 영국의 통치자는 엘리자베스 1세 여왕이었어요. 엘리자베스 1세는 "영국과 결혼했다."라며 평생을 독신으로 살았어요. 무려 45년 동안 여왕으로 있으면서 절대 왕정 체제를 확립했지요.

엘리자베스 1세는 모직물 산업을 적극 육성했어요. 그 결과 영국의 모직물 산업은 급속도로 발전하게 됩니다. 엘리자베스 1세는 또 인도에 동인도 회사를 세우고, 북아메

펠리페 2세

엘리자베스 1세
로마 가톨릭교회에서 벗어나 영국 국교회를 세운 헨리 8세와, 영국 국교회 설립의 이유 중 하나였던 앤 불린 사이에서 태어났다.

베르사유 궁전

리카에 식민지를 건설하도록 했어요. 오늘날 미국의 버지니아주는 북아메리카에 처음으로 도착한 영국 탐험대가 '처녀Virgin 여왕'을 기리기 위해 붙인 이름이랍니다.

프랑스에서는 16세기 말 종교의 자유를 인정하는 칙령을 발표한 앙리 4세 왕 시절에 절대 왕정이 시작되었어요. 절대 왕정의 절정은 17세기 중반 왕에 오른 루이 14세 때였지요. 루이 14세는 "짐이 곧 국가다."라고 선언했을 정도로 유럽의 그 어떤 왕보다 강력했어요. 루이 14세는 중상주의를 도입해 산업을 적극 양성했어요. 수입품에 부과하는 세금인 관세를 높이 매겨서 프랑스 제품의 경쟁력을 높였지요. 관세를 높이 매기면 수입품의 가격이 올라가니까 프랑스 사람들은 프랑스 제품을 살 거 아니에요? 또 군대를 강화해 팽창 정책을 추진했어요. 네덜란드, 독일과도 싸워 승리했습니다. 이처럼 프랑스의 세력이 급격하게 강화되니까 영국을 비롯한 여러 나라들이 이에 맞서 동맹을 체결할 정도였어요.

루이 14세 시절에 베르사유 궁전이 완공되었어요. 이 궁전에서는 매일 파티가 벌어졌어요. 귀족들은 루이 14세의 미움을 사지 않으려고 매일 선물을 사 들고 파티에 참석했지요. 그 결과 귀족들의 재산은 줄어들고 프랑스 왕실은 부유해졌어요.

지금까지 서유럽의 절대 왕정을 살펴봤어요. 동유럽은 어땠을까요? 미리 말하자면 동유럽의 절대 왕정은 서유럽보다 늦은 17세기 중반부터 시작됐어요. 여러 이유가 있었죠.

프리드리히 2세 시절에 프로이센과 오스트리아가 맞붙은 호엔프리트베르크 전투. 이 전투에서 프로이센은 큰 승리를 거두었다.

물론 동유럽 국가의 왕들도 서유럽 국가들의 발전을 지켜보면서 많은 자극을 받았어요. 하지만 서유럽과 같은 방식으로 절대 왕정을 추진할 수는 없었어요. 동유럽에서는 도시와 상공업이 크게 발달하지 않았거든요. 여전히 농업 경제를 벗어나지 못하고 있어서 시민 계급의 힘이 약했어요.

결국 동유럽 국가의 왕들은 시민 대신 귀족과 힘을 합쳐 나라를 개혁하기로 했어요. 이런 점 때문에 동유럽 절대 왕정 체제의 왕들은 절대 군주라 부르지 않고 계몽 군주라 불러요. 왕이 계몽사상의 영향을 받아 위로부터의 개혁을 추진했으니까요. 대표적인 나라가 프로이센과 러시아랍니다.

오늘날의 독일은 프로이센이란 국가에서 비롯되었어요. 그 프로이센의 왕 프리드리히 2세는 스스로를 '국가 제일의 심부름꾼'이라 표현했어요. 프리드리히 2세는 볼테르와 같은 계몽사상가를 자주 만났어요. 덕분에 계몽사상의 영향을 받아 국민을 계몽하고 농민을 보호했으며 교육을 보급했지요. 국내 산업을 육성하고 베르사유 궁전을 모방한 상수시 궁전도 지었어요.

러시아의 표트르 대제는 직접 서유럽으로 가서 선박을 만드는 법 등 여러 첨단 기술을 배웠어요. 러시아 귀족의 상징인 긴 수염을 모두 자르라고 명령할 정도로 철저히 서유럽을 닮으려 했지요. 스웨덴과 북방 전쟁을 벌여 발트해를 확보했고, 상트페테르부르크를 건설해 서유럽으로 나가는 통로를 확보하기도 했어요.

오스트리아의 여왕 마리아 테레지아도 절대 왕정을 이끌었어요. 마리아 테레지아 여왕은 교육과 행정을 개혁했어요. 병역을 의무화해 군사력을 강화하려고도 했지요. 하지만 귀족들의 반대로 큰 성과를 거두지는 못했어요.

지금까지 살펴본 유럽 국가들은 얼마 후 빠른 속도로 강대국이 되었어요. 그 나라들은 아시아, 아프리카, 아메리카에서 식민지 쟁탈전을 벌인답니다.

만유인력 발견이 과학 혁명을 이끌다
└17~18세기 유럽의 과학과 문화

르네상스의 근본정신이 인문주의라고 했지요? 신보다는 인간을 중심에 둔 것이 바로 인문주의예요. 르네상스가 발전하면서 철학에서도 신의 영역에서 벗어나려는 움직임이 나타났어요. 신에 의지하지 않고 인간의 이성으로 철학을 탐구하자는 것이지요. 17세기부터 나타난 이런 철학을 근대 철학이라고 해요.

근대 철학의 문을 연 인물은 영국의 베이컨과 프랑스의 데카르트였어요. 베이컨은 "아는 것이 힘이다."라며 경험주의를 강조했어요. 반면 데카르트는 "나는 생각한다. 고로 존재한다."라며 합리주의를 강조했지요. 베이컨은 경험을 통해 진리를 얻을 수 있다고 했어요. 데카르트는 명백한 진리에서 출발해 합리적인 결과를 이끌어내야 한다고 했어요. 두 사람의 철학 방법은 다르지만 이들 덕분에 근대 철학의 토대가 마련되었다는 사실은 다르지 않아요.

이와 별도로 17세기에 영국 철학자 로크는 "인간은 사회와 계약을 맺었다. 국가가 이 계약을 위반하면 국민은 저항할 권리가 있다."라고 주장했어요. 이 주장은 18세기에 계몽사상으로 발전했어요. 계몽사상은 미국 혁명과 프랑스 혁명에도 큰 영향을 주었지요.

계몽사상은 사람의 이성으로 세계를 바라보고, 인류의 진보를 위해 낡은 제도를 타파하며 사회를 개혁하자는 이념이에요. 18세기 중반 몽테스키외는 《법의 정신》이란 책에서 국가 권력을 입법, 사법, 행정으로 나누어야 한다고 주장했어요. 그래야 권력이 어느 한쪽에 집중되지 않고 균형을 이루어 독재자가 나타나지 않는다는 것이지요. 이 이념은 훗날 미국에서 최초로 민주 공화정이 수립될 때 채택된답니다.

루소는 《사회계약론》이란 책에서 "왕과 국민은 따로 계약서를

《사회계약론》을 쓴 루소

만유인력의 법칙을 발견한 뉴턴

쓰지는 않았지만 왕이 자유와 평등을 국민에게 보장한다는 계약을 맺은 것이나 다름없다. 법 앞에서 모든 국민은 평등하다."라고 주장했어요. 이 내용을 다른 식으로 풀자면, "왕이 독재를 하는 것은 계약 위반이기에 몰아내도 좋다."가 돼요. 시민 혁명이 정당하다는 뜻이지요.

과학 분야에서도 큰 변화가 나타났어요. 절대 왕정 체제에서 왕들은 부국강병을 위해 과학을 적극 지원했어요. 그 결과 과학이 크게 발전했는데, 이를 두고 과학 혁명이라 부르기도 해요.

17세기 후반 영국 왕립학회 회원인 뉴턴은 만유인력의 법칙을 발견했어요. 지구상에 존재하는 모든 물체들은 서로 끌어당기는 힘을 가지고 있는데, 이것을 만유인력이라고 해요. 이 만유인력의 법칙에 따르면 나무에서 사과가 떨어지는 것이 신의 힘 때문이 아니에요. 지구의 중력이 사과를 잡아당기는 것이지요.

만유인력의 법칙은 크게 중력의 법칙, 관성의 법칙, 작용 반작용의 법칙으로 구성되어 있어요. 이 만유인력의 법칙이 있어서 근대 과학은 탄탄한 토대를 갖출 수 있게 되었어요. 그래서 만유인력의 법칙을 발견한 사실만으로 '과학 혁명'이라 부른답니다.

과학의 다른 분야에서도 많은 업적이 이루어졌어요. 제너는 종두법을 발명해 예방 접종을 통해 질병으로 인한 사망을 크게 줄였어요. 린네는 식물학의 분류 체계를 새로 만들었고, 라부아지에는 화학 반응을 일으켜도 질량은 변하지 않는다는 질량 불변의 법칙을 발표했지요. 이들은 각자 의학과 식물학, 화학에서 근대 과학을 앞당기는 큰 업적을 남겼다고 할 수 있어요.

음악과 미술, 건축 분야에서는 17~18세기에 바로크 양식이 유행했어요. 이는 절대 왕정의 영향을 받아 나타난 현상이에요. 강한 왕의 권력을 돋보이게 하기 위해 가급적 호화롭고 웅장하게 작품을 만들었으니까요.

상수시 궁전
프로이센의 왕 프리드리히 2세가 프랑스의 베르사유 궁전을 본떠 만든 여름 별궁이다. 독일의 포츠담에 있다.

베르사유 궁전이 대표적이죠. 바로크 양식에 이어서는 경쾌함이 특징인 로코코 양식이 인기를 끌었어요. 프리드리히 2세가 건설한 상수시 궁전이 바로 로코코 양식을 적용한 건축물이죠.

음악에서는 바흐와 헨델이 활약했어요. 이들은 왕과 귀족들을 위한 궁정 음악을 주로 만들었지요. 하지만 18세기 후반부터 등장한 모차르트와 베토벤은 고전 음악이라는 새로운 양식을 만들었어요. 미술에서는 왕과 귀족이 옹호하는 크리스트교 신앙을 담은 작품들이 많았지요. 대표적인 것이 렘브란트의 〈시력을 잃은 삼손〉이에요.

★ 단원 정리 노트 ★

1. 신항로 개척을 이끈 주역들

① 포르투갈의 탐험가 바르톨로메우 디아스가 아프리카 서쪽 연안을 따라 항해한 끝에 아프리카 최남단 희망봉에 도착(1488년)

② 이탈리아 탐험가 콜럼버스가 에스파냐 왕실의 지원을 받아 대서양을 횡단해 인도로 향하던 중 우연히 아메리카 대륙(서인도 제도)에 도착(1492년)

③ 영국의 존 캐벗이 북아메리카 래브라도반도에 도착(1497년)

④ 포르투갈의 항해가 바스쿠 다가마가 희망봉을 돌아 인도의 캘리컷에 도착하며, 서유럽~희망봉~인도를 연결하는 항로를 개척(1498년)

⑤ 마젤란이 바닷길을 통해 세계 일주에 성공(1519~1522년)

2. 대항해 시대와 신항로 개척이 바꾼 세계의 지형

① 유럽의 무역 중심지가 지중해 주변에서 대서양 연안으로 이동 → 이탈리아의 도시 국가는 쇠퇴하고 포르투갈과 에스파냐가 번영을 누림

② 가격 혁명과 상업 혁명이 일어남 → 지주 귀족이 몰락하고 상업 자본이 발달하면서 근대 자본주의의 토대가 마련됨

③ 서유럽에서 옮겨간 질병, 서유럽 군대의 학살 등으로 남아메리카의 아스테카 제국과 잉카 제국이 멸망하고 원주민 인구가 급격히 감소

④ 아프리카 흑인을 아메리카의 대농장에 공급하는 노예 무역 성행 → 남아메리카의 원주민 인구가 급격히 줄어들어 유럽인이 건설한 대농장의 노동력이 감소함에 따라 아

프리카 흑인을 노예로 잡아와 아메리카에 넘김

⑤ 남아메리카에서 생산된 작물로 인해 유럽인의 음식 문화를 변화시키고, 아프리카와
유럽의 문화가 아메리카에 유입됨

⑥ 시민 계급이 성장하고 절대 왕정이 탄생함 → 신항로를 개척함에 따라 상업과 수공
업이 발달하면서 부를 거머쥔 시민 계급(부르주아지)이 나타났고, 왕은 힘이 약해
진 귀족들을 정치에서 배제함

3. 넓어지는 세계, 점점 커지는 바다

바다를 일컬을 때 크기에 따라 두 가지로 표현한다. 작은 바다는 해(海), 큰 바다는 양
(洋)이다. 영어로는 각각 sea와 ocean이다. 역사가 진행되고 문명이 발달함에 따라
세계에 관한 인식도 점점 커졌다. 고대와 중세에는 거의 '해'와 'sea'만 등장한다. 항해
술이 발달하고 무역이 확대되면서 인류는 점점 큰 바다로 나아갔고 이때부터는 '양'과
'ocean'이라는 개념이 필요해졌다.

① 동해, 황해, 남중국해, 아라비아해, 지중해 등

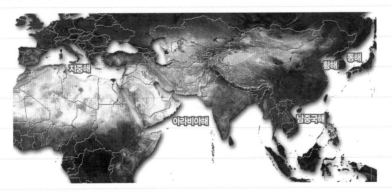

② 대서양, 인도양, 태평양

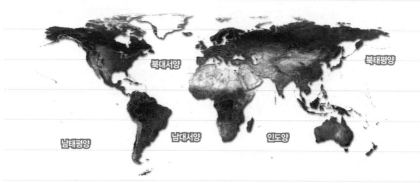

은혜중학교 [역사토달기] 친구들이
보내온 짧은 편지

역사 동아리 활동으로 진행한
이 책의 모니터링 활동은
역사를 새롭게 이해하는 기회가 되었어요.
특히 시험 기간에 이 책의 원고를 가지고
공부했는데, 어려운 단어들이 쉽게 설명되어
있어서 이해가 빨랐고 편하게 공부했어요.
결과는 대만족!!!

_한지원

역사를 좋아하는 나!
이 책을 읽으면서 개념 정리가 잘되었어요.
특히 헷갈리는 부분과 이해가 잘 안 되던 부분이
정리가 잘 되었어요.
수업과 교과서 그리고 이 책을 함께하면 효과가
좋을 거예요. 아니면 이 책을 2~3번 읽는 것만
으로도 효과 만점!!!

_김세희

역사를 공부할 때마다
모르는 단어가 너무 많아 힘들었는데,
이 책은 쉽게 풀어서 설명되어 있어서
읽기가 편했어요.
이 책을 쭉 읽으니까 역사의 흐름이 보여요.

_김대용

글쓰기를 좋아하는 나에게 이번 모니터링
활동은 커다란 자극이 되었어요.
책이 만들어지는 과정을 한눈에 볼 수 있어
좋았고, 한 권의 책이 많은 노력을 통해
나온다는 사실을 알게 되었어요.
그리고 나의 질문이 우리들의 책으로
만들어진다니 뿌듯해요.
그리고 덤으로 역사가 쉬워졌어요.

_김우서

동아리 활동으로
청소년 역사책의 모니터링을 한다고 했을 때
'역사책이 쉬워 봐야 얼마나 쉽고
재미있을 수 있을까?'라고 생각했어요.
하지만 제 생각이 틀렸다는 걸 곧 알았어요.
어려운 단어와 이해가 쉽지 않은 내용에 대해 질문을
했는데, 그 내용들이 정말 쉽게 수정될 것을 보고
내가 뜻 깊은 일을 하고 있다는 것을 알게 되었어요.

_홍서연

서울 YMCA 역사 동아리
[역사친구들]이 보내온 짧은 편지

마치 옆에서 이야기해 주는 듯한 설명 덕분에
한국사뿐만 아니라 세계사에 대한 흐름까지
잘 잡을 수 있었어요.
여러분도 한국사와 세계사 속으로 들어가
역사의 매력을 느껴 보기를 바랍니다.

— 1기 김현수

초등학생을 위한 만화 역사책과
고등학생을 위한 수능 역사 사이의 텅 빈 공간을
시원하게 채워 주는 책!
학생 때 공부하면서 읽었더라면
역사 점수가 훨씬 더 좋아지지 않았을까 하는
아쉬움과 부러움이….

— 1기 김연서

따편했던 역사 지식들이 하나의 흐름으로
연결되는 것을 느꼈고,
세부 지식들도 익힐 수 있었어요.
한국사를 단순한 암기 과목으로 접근하려는
친구들은 몇 번 반복해서 읽는 것만으로도
한국사 대부분을 꿰뚫는
마법 같은 경험을 할 거예요. 강추!

— 2기 이주현

교과서를 옮겨 놓은 것처럼 자세하면서도
배경 지식을 충분히 설명해 주고
스스로 생각하며 이해할 수 있는
여유까지 주어서 재미있게 읽었습니다.

— 3기 윤이나

역사책 중에서 제일 눈에 띄는 책인 것 같아요.
내용이 잘 정리되어 있어서
모호했던 개념을 확 잡을 수 있었어요.
중학생들이 이 책을 여러 번 읽는다면
역사를 완전 정복할 수 있을 것 같아요.

— 3기 전혜서

쉽고 간결한 문체로 쓰인 원고를 통해 얻은
배경 지식이 앞으로의 역사 해설 활동에도
큰 도움이 될 것이라고 생각합니다.

— 3기 이채현

많은 사람이 볼 역사책을 만드는 데 도움을
드릴 수 있어서 영광이라고 생각합니다.
역사는 한국인으로서 갖추어야 할 기본적인
소양이라고 생각해요.
훌륭한 책을 통해서 시험에서 좋은 점수도
받고 상식도 풍부하게 키웁시다. 파이팅!

— 3기 홍종연

역사가 딱딱하고 지루한 과목이 아니라
우리 조상들의 혼과 정신을 담은 이야기이자
앞으로도 영원히 지속될 흥미롭고 재미있는
이야기라는 사실을 깊이 느낄 수 있었으며,
저의 지식을 확장시키는 좋은 기회였습니다.

— 3기 홍현준

"역사의 인과관계를 보여 주는 친절한 역사책!"

아이가 교과서는 용어가 어렵고 설명이 압축되어서 이해하기 어려웠는
데, 이런 부분이 해소되니까 역사 속에서 왜 이런 사건들이 일어나게 되
었는지 알게 되고 이해가 된다고 합니다. 교과서보다 분량은 많지만 오히
려 아이가 읽기 편하고 다양한 자료를 통해 이해를 도와서 계속 읽고 싶
다고 이야기하네요.

_ hygirl님

"아이와 어른의 눈높이를 동시에 만족시켜 주는 책"

역사책을 자주 접하기는 하지만 기초 부분이 부실하다는 느낌이 들 때
가 많았는데 이 책을 통해 중학교 때 배웠던 세계사가 기억에서 떠올
라 더욱 흥미롭게 읽을 수 있었다. 아이들의 눈높이에서 설명하기 때문
에 흥미로우면서도 머릿속에 쏙쏙 들어와 어른도 재미있게 볼 수 있는
책이 아닐까 싶다.

_ didini님

"다른 역사책과는 확실히 다른 만족감을 줍니다."

초등학교 5학년 아들 녀석에게 읽어 보라고 했더니 이틀 만에 대략 한 권
을 뚝딱 읽더군요. 책을 읽은 소감을 물었더니, 스토리와 부드러운 말투 등
에서 학생들을 배려하는 친절함이 묻어난다고, 자기 수준에도 맞다는 겁
니다. 다른 역사책과는 다른 것 같아요.

_ thanksir님

"이제 역사 공부·걱정을 조금 덜었습니다."

각 단원마다 내용 정리를 하고 핵심을 짚어 줍니다. 우리 아이들이 역사
공부를 재미있게 할 수 있을 것 같아 기대됩니다. 시험 기간에 시험 범위
에 해당하는 부분을 2~3번 반복해서 읽고 이해하며 암기하면 시험 공부
가 수월해질 거라는 저자의 말씀에 공감합니다.

_ lacaf님